Phébus *libretto*

UNE FRANÇAISE LIBRE

Journal 1939-1945

TERESKA TORRÈS

UNE FRANÇAISE LIBRE

Journal 1939-1945

Phébus *libretto*

Illustration de couverture :
Tereska Torrès
Collection particulière

www.phebus-editions.com

A mes camarades des Forces françaises libres.

A Dominique
A Gregory, à Cedric.

Depuis l'âge de neuf ans, j'écris tous les jours sur des cahiers d'écolière. Ils se sont accumulés et je suis dans ces pages le passage des années, j'entends mes différentes voix d'enfant, de jeune fille, de femme : ma vie entière est là.

La partie que publient les éditions Phébus est celle de la guerre de 1939-1945.

En juin 1939, j'avais passé le premier bac. C'est l'été, je suis en vacances au bord de la mer avec mes parents. Le 3 septembre, je commence un nouveau cahier…

1939

Dinard, 3 septembre 1939

La guerre.

Ce mot horrible qui était, jusqu'ici, une image dans un livre d'histoire, une scène de film, un récit d'homme mûr, ce mot est maintenant une réalité pour moi, pour nous que les adultes appellent les « enfants de la paix ».

Je suis allée à la plage ce matin, comme tous les matins. Papa espérait encore. Je pensais qu'à la dernière minute ce serait comme l'année dernière, que tout allait se calmer, que la vie redeviendrait normale. Comment pourrait-il y avoir la guerre alors que nous étions en vacances, que c'était mon anniversaire.

Retour de la plage vers midi. La mère de Monique pleurait. Il était question de pommes frites brûlées. Elle parlait de nourriture, elle pleurait, elle parlait de guerre. Les villes de Pologne sont en flammes, la Pologne de mes parents. Peut-être Zgierz est-il bombardé, la maison de mes grands-parents détruite. Le monde n'est plus qu'un chaos terrible. Depuis 11 heures ce matin, *Allemand* signifie « ennemi ». C'est le masque à gaz qui sera la mode de 1940.

J'écris dans ce cahier, le cinquième. Le jour de mes neuf ans, j'ai commencé ce journal. Je me souviens des premiers mots : « Aujourd'hui j'ai neuf ans, je commence mon journal. »

Mes cahiers précédents sont à Paris, dans ma chambre. Les

retrouverai-je jamais? Retrouverai-je ma chambre? notre petite maison? l'atelier de papa?

Jusqu'à quand cela durera-t-il? Nous réveillerons-nous de ce cauchemar déjà vieux? Faudra-t-il des années de séparation d'avec ceux que nous aimons?

Mes pauvres grands-parents, qui justement sont retournés à Lodz au mois de juillet pour revoir la famille, vont-ils pouvoir revenir à Paris?

La France et l'Angleterre partent en guerre pour défendre la justice, la liberté. Papa veut s'engager dans l'armée comme volontaire, mais il a quarante-sept ans et ne s'est jamais fait naturaliser français. Le prendront-ils? Mon pauvre papa adoré.

La joie s'est évanouie avec ce dernier été parce qu'un homme était fou et que ce fou dirigeait l'Allemagne.

Paris, 18 septembre,
quinzième jour de guerre

Après un voyage impossible, nous sommes revenus à Paris. Le jardin était plein de fleurs comme si de rien n'était. Papa essaie de s'engager dans l'armée polonaise et il attend son appel. Aucune nouvelle des grands-parents. Quand je pense qu'ils sont venus vivre à Paris, qu'ils ont quitté la Pologne, leur maison, leurs amis à cause de la conversion de mes parents [1] et que leur départ en 1933 aurait pu maintenant leur sauver la vie. C'est étrange qu'il y a deux mois ils soient partis en vacances en Pologne comme à leur rendez-vous avec la mort. Maman pleure sans cesse. Elle est sûre que nous ne les reverrons jamais. Quant au père de papa, il est seul, s'il vit encore, à Zgierz, dans cette grande maison où papa est né, où il a été élevé avec ses frères et sœurs. Je pense à eux, je me souviens de notre dernière visite en Pologne. J'avais onze ans. J'ai pleuré à la gare au moment de prendre le train qui nous ramenait à Paris.

1. Les parents de Tereska Torrès s'étaient convertis au catholicisme avant sa naissance, mais ils avaient gardé le secret de cette conversion pendant onze ans pour ne pas peiner leur famille. *(Sauf mention contraire, tous les éclaircissements sont de l'éditeur.)*

Comme si je savais que je ne reverrais jamais plus la Pologne de mes parents. Presque chaque année nous allions passer l'été en Pologne et jamais je ne pleurais en repartant. Cette fois-ci, je les regardais tous à la gare, mes grands-parents de Lodz et mes grands-parents de Zgierz, mes oncles, mes tantes, mes cousins, et je pleurais. C'était avant que la conversion de mes parents soit découverte. Personne ne connaissait notre secret. Je ne savais pas qu'un an plus tard le « scandale » éclaterait et que la Pologne nous serait fermée à tout jamais.

Ce matin, M. Lafont est venu me chercher à la maison de la part de Mère Marthe, à Paris pour la journée. Le cours Notre-Dame-de-France sera transféré à Grigny, et les élèves qui veulent y continuer leurs études devront être pensionnaires. Je serai inscrite dans un lycée puisque je ne peux pas quitter maman, surtout si papa part à l'armée. Mère Marthe m'a donné beaucoup de courage. Le courage ! Dire que lorsque la Pologne flambe et que des millions d'hommes sont massacrés, il nous faut du courage, à nous qui avons un abri, de la nourriture, une tranquillité relative !

Papa nous a dit hier : « En tant que Juif, mon devoir est de combattre Hitler. » Je suis comme toujours si fière de lui, mais comment l'imaginer en soldat, lui qui n'a jamais manié que ses outils de sculpteur, ses pinceaux ?

Maman a accepté la décision de papa, comme elle accepte toujours toutes ses décisions, mais ce sera dur pour elle d'être séparée de papa. Ils n'ont jamais été séparés ; je ne sais pas comment ils pourront vivre l'un sans l'autre.

Je ne sais pas comment je pourrai vivre, moi, sans papa et sans Mère Marthe. Nos vies sont détruites.

Jusqu'ici, j'ai été tellement heureuse, je ne pouvais pas croire que ce bonheur pouvait finir.

Fin septembre

La vie continue dans un Paris noir la nuit, avec les trouées des lanternes bleues, les sacs de sable, les phares des autos en veilleuse. Cinémas, cafés, mangeaille. Nous vivons. Il faut vivre.

Hier, j'étais encore une enfant jouant au soleil dans le sable chaud de Dinard, mais un cataclysme nous a soulevés. De ce choc, nous nous relevons maintenant très vieux.

Autrefois, au temps de la paix, je pensais : je ne pourrai jamais vivre sans papa et sans Mère Marthe. Je ne pourrai jamais vivre avec un cœur déchiré, avec la guerre, la séparation, l'inquiétude. Je ne suis plus patriote comme lorsque j'étais petite, je n'ai pas vraiment de pays. Pourtant, je souffre pour la Pologne de mes parents comme pour un être cher que j'ai aimé. Je souffre pour la France où je suis née, pour Paris ma ville chérie, pour les jeunes gens qui mourront, ceux avec qui j'ai fait la route de Chartres l'année dernière, ceux de la JEC[1], ceux avec qui j'ai prié pour la paix le 11 novembre dernier au Sacré-Cœur.

Toute cette jeunesse, courageuse, pure, qui applaudissait Claudel à la salle Wagram, il y a deux ans, voici qu'elle a été jetée dans le carnage. Notre guerre est juste, mais est-ce une grande consolation ? Une guerre sainte « pour la religion, la liberté, la justice ». Une fois de plus, les « grands mots » sont en jeu. Mais à quel prix vaincrons-nous les forces des ténèbres ? Prier ? Je ne peux pas. Je ne peux plus. Rester dans un climat de prière, mais surtout ne rien dire, ne rien penser : des gestes machinaux, une vie machinale, c'est tout, car je suis trop fatiguée. La vie était belle, trop belle. Maintenant, la joie s'est enfuie et pourtant il faut vivre.

Hier, le ministre de Roumanie a été assassiné par des étudiants gardistes[2]. Varsovie, livrée toute seule aux Allemands et aux Russes, tient depuis plusieurs jours malgré les bombardements. Les Polonais se battent avec un courage qui fait l'admiration du monde entier. Aucune nouvelle de notre famille. La vie continue, mais à cause de la censure les journaux ne disent plus rien. Nous allons partir maman et moi à Lectoure[3]. Papa attend toujours son appel. On ne comprend pas encore, on ne mesure pas encore l'atrocité de

1. La Jeunesse étudiante chrétienne, fondée en 1929.
2. La Garde de fer fasciste avait exécuté Armand Câlinescu le 21 septembre 1939.
3. Dans le Gers.

ces jours. Cette guerre durera-t-elle longtemps ? Papa croit que non, mais tout le monde prédit des années de lutte. Teresa Neumann [1] est, paraît-il, morte le 8 septembre dernier en Allemagne et a prédit qu'Hitler mourrait peu de temps après elle. Si cela pouvait être vrai ! Je vois arriver avec horreur le jour où nous quitterons Paris, où le train m'emportera loin de Mère Marthe, dans une petite ville provinciale où il me faudra aller au lycée.

Nous ne savons rien de l'avenir, peut-être demain serons-nous de nouveau heureux, peut-être serons-nous bombardés, morts, en fuite ? Nous ne connaissions pas le prix de la paix que nous avions. Comme elle était belle, ma vie calme : les classes à la pension, les conférences… Notre vie où l'on pouvait faire des projets, rêver d'avenir, croire au bonheur. Ces jours reviendront-ils bientôt ? Mon Dieu, donne-nous la paix, donne-nous la paix, donne-nous la paix, je ne sais plus que répéter indéfiniment ces mêmes mots…

Pour moi, il est terrible de quitter Mère Marthe, de ne pas faire ma philo avec elle, de voir partir papa, de laisser ma vie intéressante de Paris, mes amis, mes livres, pour aller nous enterrer, maman et moi, à l'arrière, dans une petite ville de province, bien tranquille, bien en sûreté, dans un lycée qui sera si différent du couvent. Si l'on m'avait donné à choisir, j'aurais préféré aller à la guerre. L'héroïsme n'est pas si difficile, il y a une ivresse dans le courage. Mais, justement, je n'ai pas le choix.

Hier, en parlant à Mère Marthe que j'ai revue à Paris, j'ai brusquement compris qu'il me fallait une année d'épreuves pour me lâcher *seule*, avec mes découragements, contre lesquels je lutterais seule. Si j'en sors, alors je serai plus forte, avec plus de volonté, avec l'expérience de la souffrance. Je n'aurai plus jamais l'angoisse de penser que j'avais pu être poussée vers une vocation religieuse parce que je vivais dans un milieu s'y prêtant. Il faut probablement que je sois sevrée de ma grande passion pour Mère Marthe et pour papa. J'ai compris tout cela, et aussi que, dans cette guerre, moi je ne dois pas compter, qu'il faut avoir confiance en Dieu et se dépouiller, ne plus faire attention à ses propres peines, car la douleur du monde est trop grande.

1. Mystique allemande.

Peut-être demain Mère Marthe viendra-t-elle encore à Paris, peut-être la reverrai-je pour la dernière fois. J'en frémis de joie, pleine de bonheur de la revoir, encore un peu d'elle, de son sourire, de ses yeux, de ma place sur son épaule. Je resterai certainement toute ma vie (pourvu qu'elle soit courte) une petite fille enthousiaste (et candide), s'enflammant avec passion. Varsovie, admirable, tient toujours. Mon livre avance, presque fini. Je ne l'aime pas, impossible de rendre ce que je voudrais dire, impossible de saisir ce vif-argent qui m'échappe toujours. J'ai une idée dans la tête dont j'ai voulu faire un roman. L'idée est belle, la photographie que j'en ai faite est dérisoire.

Combien de temps cette guerre durera, voilà l'unique question que nous ne cessons de nous poser. Six mois dit papa, trois ans dit l'Angleterre, sept ans a dit le Führer d'Allemagne.

Je croyais que j'allais partir et nous sommes encore à Paris, entre six valises bouclées, à attendre le sauf-conduit qui n'arrive toujours pas. Freud est mort à Londres il y a quelques jours, on disait qu'il écrivait une psychanalyse du fou Hitler. Ce dernier doit, paraît-il, entrer aujourd'hui à Varsovie. Si quelqu'un avait le courage de le tuer, cela arrangerait peut-être les choses. La politique est étrange. Personne n'y comprend rien. On n'a absolument pas l'impression d'être en guerre. La Pologne prise, son gouvernement à Paris, quelques morts sur la ligne Maginot et un communiqué : « Nuit calme sur l'ensemble du front. » Il paraît qu'on se bat. Je suis inscrite au collège-lycée de Lectoure et papa attend son appel qui ne se presse pas lui non plus. Aucune nouvelle de la famille en Pologne.

Je me suis rappelé aujourd'hui « Il était un petit navire », cette chanson si triste. Suis-je ce petit navire ?

Même jour

Maman m'a appelée pour me lire de vieilles lettres. Les lettres d'amour que papa et elle s'écrivaient avant et après leur mariage en Pologne. Soudain, j'ai eu cette révélation d'un père que je ne connaissais pas. Celui des vieilles photos qui montrent un jeune homme admirablement beau, aux cheveux longs et ressemblant à André Chénier. Souvent, je me demande d'où je tiens cette capacité d'amour, ce trop-plein de romantisme, d'exaltation, ce besoin d'adoration.

Et voici que j'ai découvert aujourd'hui, il y a un instant, mon père amoureux, jeune et parlant cette langue que je comprends si bien. Les lettres de papa sont pleines de fleurs, d'oiseaux, de baisers. Mon père, comme un enfant heureux, crie son bonheur et son amour. Et ce trop-plein de frémissements en moi, je sais maintenant d'où je le tiens. C'est *tatuś*[1] qui me l'a laissé en devenant cet homme calme, sage et malicieux, cet homme saint et pondéré que j'adore. Je savais qu'il n'avait pas toujours été ainsi, je savais qu'il avait été un adolescent bohème et communiste, mais jamais je n'avais imaginé tant de tendresse inapaisée, tant de désirs fous, de mots délicieux. Je l'ai vu tout à coup comme un poète, à la fois Baudelaire, Lamartine, Musset, Vigny.

Mes amies de classe se moquent entre elles de mon adoration éperdue pour Mère Marthe. Elle-même ne doit pas toujours me comprendre et les autres ne connaissent de moi qu'une jeune fille bien élevée, silencieuse et un peu sauvage. Jamais je ne montre à personne mon *moi* vrai, car je sais que cela choquerait. Si, par exemple, je disais soudain à Mère Marthe ce que mon *moi* vrai a sur le cœur, je dirais : « Ma Mère chérie, vous êtes comme une gerbe de blé, laissez-moi mettre ma tête sur vos genoux, laissez-moi embrasser vos mains, je vous aime, vous êtes ma vie, je ne peux pas vivre sans vous, je vous adore. Je ne peux pas souffrir. Restez près de moi comme un lys blanc. »

Je dirais ainsi des folies sans fin, elle serait ennuyée, elle ne comprendrait pas, elle dirait que je suis une exaltée et elle aurait raison. Aussi, je ne dis rien, je marche à ses côtés sagement, je discute livres et philosophie. Papa, à vingt-sept ans, parlait à maman avec des mots fous. A sept, huit, dix ans, je suivais le même chemin. Mes

1. « Papa », en polonais.

conversations avec Wanda étaient de ce genre. En classe, j'ai sorti dès le premier jour tout mon bagage de candeur et de spontanéité. Les sourires et les expériences me les ont fait vite refouler au fond de moi-même. Je suis devenue au couvent une jeune fille « pleine de bon sens », comme dit maman. Mais Annie m'a dit un jour qu'elle m'a aimée parce que je n'étais pas comme les autres. C'était au début de mon arrivée à la pension. Maintenant, je crois que je suis, extérieurement, rentrée dans le cadre. On peut juste dire que je suis parfois originale, que j'ai des idées un peu baroques. Mais je ne gêne plus les gens. Il a fallu la révélation des lettres de papa pour comprendre que mon romantisme enterré dans les profondeurs, je le tenais de lui, qu'il m'avait laissé toutes palpitantes ses émotions d'autrefois. Il y a entre le caractère de papa et le mien une similitude inouïe. Nous sommes tous les deux des romantiques. Nous avons dû souffrir d'être incompris, mais nous avions assez d'humour pour nous railler nous-mêmes. Maman a reçu ce trésor des émotions vraies de papa, elle était faite pour cela, sa sensibilité l'a compris, a permis à papa de crier son amour sans feinte, ses lettres sont dans le même ton et ne brident en rien papa. Comment est-il donc arrivé à changer ? A-t-il cru que c'était mal ? Quand il laisse revenir, remonter à la surface son besoin de jadis de faire le fou, alors il me serre dans ses bras, il fait des farces, il joue avec moi par terre, mais ce sont des gestes, il ne dit plus les grands mots harmonieux, et, comme lui, je ne les dis pas non plus, ils sont ensevelis. Je ne peux les exprimer qu'ici, dans ces cahiers. Et déjà en terminant ces pages, je souris en les lisant et je me raille.

Hier, Hitler a parlé devant le Reichstag. Il parle de paix, de conciliation, de désarmement, de conférence. C'est une grande tentation pour l'Europe. Tentation de cesser la guerre, de dire oui, de s'incliner. Une grande tentation pour nous, pour chacun de nous. On voudrait la paix à n'importe quel prix, que cessent vite la séparation et l'angoisse, que revienne la paix bienheureuse. Une paix qui serait un combat tout de même, une lutte pour le bien et le beau, mais pas l'atrocité de la guerre. Pourtant, peut-on faire cela ? Abandonner la Pologne ? Croire le plus grand menteur du monde, capituler devant lui comme l'année dernière[1] ? Que sera demain, que fera le monde ? On chuchote que les Alliés accepteront, on le chuchote, mais est-ce possible ? Est-ce bien ?

Serait-ce possible que la guerre cesse si vite, que tout revienne dans l'ordre ? On voudrait tenir à deux mains son cœur pour que la flamme de l'espérance ne monte pas trop vite, car l'éteindre sera une douleur terrible.

Lectoure, octobre

Hier soir, nous sommes arrivés à Lectoure. Petite ville très changée par le grouillement des réfugiés du Haut-Rhin qui ont tout envahi, on n'entend parler qu'allemand dans les rues ! J'ai été me renseigner pour la JEC, elle est interdite au collège, je tâcherai pourtant d'y organiser une section. Si c'est impossible, j'irai aux réunions à la pension religieuse où elle existe. C'est très dur de vivre en province ; parfois, il me prend envie de pleurer, de partir, de mourir, mais je dois avoir du courage.

Il y a dans la maison deux vieilles réfugiées alsaciennes. Une sourde et l'autre aveugle, que ma marraine Mya soigne avec son dévouement habituel, plus deux beaux chats et beaucoup de désordre, mais cela est secondaire. Si j'ai beaucoup de travail au collège, où je rentre demain, cela m'occupera et j'aurai moins de peine. En passant à la pension pour les renseignements jécistes, j'ai entendu les élèves chanter à la chapelle, comme au cours à Paris…

Premier jour de classe : j'ai eu un cours d'histoire le matin et c'est tout, car plusieurs professeurs manquent encore. Collège triste, sombre, élèves quelconques, provinciaux, mais gentils. Je n'ai rien à faire, je lis le *Journal* de Marie Bashkirtseff. Je pense à Mère Marthe, lui écris, joue avec la petite Geneviève et tâche d'oublier. Vu les réfugiés espagnols logeant dans la prison, dormant

1. Allusion aux accords de septembre 1938 signés à Munich.

sur de la paille par terre, pauvres gens n'osant rentrer chez eux par crainte de Franco. Mya s'occupe aussi d'eux. Mauvaises nouvelles politiques, climat de souffrance partout. Où allons-nous ? Que se passe-t-il ?

Le *Journal* de Marie Bashkirtseff m'a fait mal, parce que je le lis à un mauvais moment. Maintenant, je ne devrais lire que des choses « regonflantes » pour ne pas perdre mon dernier souffle de courage. Ce soir, à la cathédrale, où j'étais toute seule, avec la majesté des voûtes et de l'ombre, je disais à Dieu que je désirais mourir. On me dit toujours que je suis une ermite, parce que je suis souvent seule, que j'aime me réfugier dans ma tour d'ivoire, et voici qu'ici la solitude m'est atroce, la solitude morale de ne pouvoir parler à personne, d'être loin de Mère Marthe, de mes amies, de Paris. Je ne peux pas supporter cette vie de province, je ne veux pas vivre ici, c'est terrible ce lycée, cette monotonie, cette mesquinerie, et l'unique rue, et le même paysage, les mêmes visages. Je veux le métro, les Champs-Élysées, le Louvre, le bruit de Paris, le Luxembourg, le Boul' Mich, les conférences, le théâtre, les concerts Colonne, je veux l'épaule de Mère Marthe, je veux le sourire de Monique, la tranquillité d'Annie et nos conversations, et nos fugues, et notre vie, la pension, la JEC, Paris, mon Paris chéri, *je ne peux pas* vivre ici, je veux tomber malade et mourir vite, mourir. Tout l'hiver avec ces petites filles trop gentilles, c'est comme être enterrée vivante, le préau sombre, les tabliers noirs, l'accent gascon. Je n'ai plus de courage, mon Dieu, je n'ai jamais vécu ainsi. Ne pourrais-je être poitrinaire ou cardiaque pour que cela finisse ? Je préférerais vivre dans un désert avec un seul homme intelligent et aimé qu'ici dans cette foule banale. Mon Dieu, pardonne-moi, je ne devrais pas me plaindre, je ne pleurerai pas, je ne dirai rien à personne, mais puisque ici je suis seule avec ce cahier, le chat près de moi, je peux me délivrer.

Il fait froid aujourd'hui, je gèle toute la journée. Le sentiment de mon impuissance m'épouvante. Comment fonder la JEC ici ? Cela n'intéresse personne. Je suis lâche et sans forces. Je tiens encore à ne pas me permettre de pleurer, car ce jour-là je serais tout à fait perdue. Quand j'en ai envie je pense à autre chose. Si papa part à l'armée maintenant ça sera terrible, papa ne me parle pas, ne m'embrasse pas, je ne le vois presque pas et n'essaie pas de le voir. Trois fois par jour : « Bonjour papa, bonjour ma chérie », et c'est tout. Veut-il que je me déshabitue de lui ? Comme si cela m'était possible ! Cela m'use simplement. J'ai en moi un besoin terrible d'amour. Je n'aime pas facilement mais quand ça y est alors ma passion n'a plus de limite, papa et Mère Marthe je les aime ainsi, les quitter m'est une mort.

Premières nouvelles de Pologne. Mon oncle Oleś est arrivé à Anvers après, paraît-il, d'incroyables aventures. Raison de plus pour revenir à Paris. Ma tante et leurs enfants sont restés en Pologne. Oleś va essayer de les en faire sortir. Il était capitaine dans l'armée polonaise. Comment est-il arrivé à s'enfuir ? Oleś est le plus jeune frère de papa. Je crois que lui aussi, comme toute la famille de papa, a rompu entièrement avec nous lorsque la conversion de papa et maman a été découverte.

La Russie a attaqué la Finlande.

La tragédie polonaise recommence là-bas. La Russie a envoyé un ultimatum à la Finlande. S'il est repoussé, huit cents avions russes bombarderont la capitale finlandaise…

Certaines choses en philosophie ne me sont pas claires. Notre vérité est-elle la vérité ? Pouvons-nous connaître la vraie vérité ? Notre vérité ne l'est pas pour les autres. *Leur* vérité, nous l'appelons erreur ; pourquoi *notre* vérité est-elle vraie et la leur fausse ? Pour eux, *notre* vérité est erreur. Alors pourquoi *toutes* les vérités ne sont-elles pas erreurs ? Est-ce que *notre* vérité ne l'est pas pour nous, à cause de nos idées préconçues, notre éducation, notre milieu ?

Une nouvelle fantastique. Mes grands-parents ont réussi à revenir de Pologne et sont déjà chez eux à Paris. Nous venons de recevoir une lettre, comme épouvantée de ce qu'ils ont vu là-bas. Ils parlent de l'« enfer hitlérien ». Maintenant, j'ai l'espoir de quitter Lectoure. Espoir… comme une flamme qui rapidement augmente, tout éclate en moi et flambe. Retour à Paris ! Maman veut revenir, ô bonheur, est-ce possible ? Paris, être de nouveau à Paris, dans son odeur délicieuse, dans ses rues aimées, dans son bruit, son va-et-vient, avec Annie, avec Monique au lycée Henri-IV, respirer tout près de Mère Marthe, la savoir à quelques kilomètres. Paris, revenir à Paris, mon Dieu, ne m'enlève pas cet espoir, je t'en supplie, ne me désillusionne pas, laisse-moi partir ! Que maman trouve du travail là-bas pour pouvoir revenir. Papa est à la légion polonaise à Coëtquidan, notre cher soldat n'est pas encore habitué à cette vie, nous écrit-il. Mon Dieu, je t'en conjure, fais-nous revenir tout de suite à Paris. Annie est reçue au bac. Cependant, Mya et tous nos amis de Lectoure supplient maman de ne pas partir. Ils pensent que Paris sera bombardé, que notre seule chance, c'est de passer la guerre ici, à l'abri. Alors, nous sommes encore là…

Papa va faire le buste du général Sikorski [1], nous attendons un télégramme de lui pour partir. Je suis désorientée, que faire ? Toutes ces souffrances, ces inquiétudes matérielles, ces responsabilités sont dans ma tête comme un chaos qui tourne follement. Faut-il revenir à Paris, exposer maman à la guerre qui commencera au printemps ? Ou rester tranquillement ici, faire venir les grands-parents au printemps puisqu'ils s'y refusent maintenant, rester au collège ?

Pour la première fois de ma vie, j'ai fait l'école buissonnière ! Cet après-midi, j'avais de trois à quatre un cours de chimie ; cela m'ennuyait tant de remettre les pieds au collège que je suis partie

1. Homme d'État polonais (1881-1943), chef du gouvernement en exil en France (1939), puis à Londres (1940).

à 3 heures, mon cartable sous le bras, sur les remparts. Il faisait un froid vif. J'ai erré dans les ruelles, le long des vieux murs, et vers la fontaine de Diane, les yeux pleins de larmes, dans le brouillard bleu et le vent humide. Puis je suis entrée dans l'église du Saint-Esprit, toute noire et vide, et je suis restée là longtemps. Après, j'avais rendez-vous avec mon prof d'histoire-géo, chez lui. C'est un homme très intelligent, charmant, intéressant, qui a fait ma conquête. Il m'a offert des cigarettes (!), du thé et des biscuits, et surtout le plaisir de parler d'art, de poésie et de voyages, chose qui ne m'était pas arrivée depuis Paris. Sa femme est très gentille, sa petite fille très spontanée. Son petit garçon a des yeux malicieux au possible. C'était un bon, bon moment. Maintenant, à ma table, sous ma lampe, dans la chambre étrangère, j'éprouve une nostalgie encore plus forte après avoir de nouveau « goûté » à mon milieu. Que dira le télégramme de papa ? J'espère, j'ai peur, j'espère encore et un petit pincement au cœur me dit que je crains.

Demain soir, nous quittons Lectoure pour Paris.

Les valises sont fermées. Presque tous les adieux sont faits ; au collège, les élèves ont toutes crié à l'annonce de mon départ et cela m'a touchée.

Dieu m'a exaucée dans l'église du Saint-Esprit quand je lui ai dit mon désespoir. Je pars. Je sais qu'une fois arrivée je désirerai de nouveau partir. Toujours en moi cette impossibilité de me fixer. J'ai le sang du Juif errant dans les veines. Je ne serai rassasiée que le jour de mon arrivée au paradis. Auparavant, je sentirai toujours cette inquiétude, ce désir insatiable d'aller plus loin, ailleurs, au bout du monde, d'atteindre la ligne de l'horizon. Maintenant, je pars. J'ai pris sur moi cette immense responsabilité, il faut savoir risquer. Tout le monde ici me désapprouve, je le sais. Ces gens raisonnables ne comprennent pas les vagabonds qui errent et ne peuvent jamais s'acclimater.

Paris, décembre

Enfin Paris ! Joie ! Le cher, le beau Paris. Wanda ira avec nous à la messe de minuit. J'ai vu Annie et Monique.

Papa arrive en permission ce soir ou demain. Les nouvelles de Pologne que nous donnent mes grands-parents sont atroces, pauvres Juifs martyrisés, mon peuple, mon pauvre peuple. Je suis si fière d'être juive. Si j'étais en Pologne, je le proclamerais sur les toits afin de mourir pour ma race.

1940

8 janvier 1940

Tant de choses. Papa est venu. Il est reparti. Si beau dans son uniforme, avec l'aigle de Pologne sur son képi. Mais pauvre papa, il n'est pas encore habitué à l'armée. Puis nous avons vu mon oncle Oleś, presque fou de chagrin, se tuant pour avoir des visas pour sa femme et ses enfants restés « là-bas ».

C'est un miracle que *Baba* et *Dziadziuś* [1] aient pu quitter la Pologne en pleine guerre. Grand-père est allé à la Kommandantur et a montré sa « carte de séjour » française. Il a expliqué que depuis six ans ils vivaient à Paris, qu'ils n'étaient venus en Pologne qu'en vacances, et un officier allemand les a laissés partir, par l'Italie – comme ça !

Récits horribles des grands-parents sur la guerre, l'atrocité des Allemands, récits de mon oncle, sa fuite extraordinaire alors que les Russes le conduisaient vers la Sibérie… récits tous affreux. Toute notre famille là-bas est en grand danger. Les reverrons-nous jamais ?

Enfin, j'ai été à Grigny voir Mère Marthe. Samedi soir et tout dimanche avec elle. Le visage dans le creux de son épaule, ma place d'autrefois, j'ai déversé mon trop-plein de pleurs, de chagrins, d'inquiétudes, de peines, maman, papa, les massacres en Pologne, Oleś et tout le reste.

1. « Grand-mère » et « grand-père », en polonais.

Ma douce maman Marthe, comme toujours, m'a donné courage. Quand cesserai-je d'être un bébé? Je suis faible et j'ai besoin d'amour comme d'air pour respirer.

La Finlande héroïque tient toujours.

25 janvier

Après un court séjour au cours Valton, j'ai été admise au lycée Henri-IV. Oleś est revenu de Trieste avec tante Sonia et les enfants. Il a réussi à les faire fuir par la Roumanie. Sonia nous a donné les dernières nouvelles. Nouveaux récits d'atrocités. Elle nous a raconté la mort tragique du père de papa à Zgierz. Elle n'osait pas le dire à Oleś : c'est moi qui en ai été chargée. Je dois aussi l'écrire à papa.

Grand-père est mort tout seul dans sa maison. Les Allemands sont venus chez lui et lui ont annoncé qu'ils venaient saisir sa bibliothèque pour la brûler. Cette bibliothèque composée de livres très anciens était l'occupation de toute sa vie. Il paraît que c'était une collection unique. Grand-père a dit à l'officier : « Tant que je serai vivant, vous ne toucherez pas à ces livres », et en parlant il a eu une attaque cardiaque et il est tombé mort. Les Allemands ont emporté les livres.

Je garde le souvenir d'une promenade que j'ai faite toute seule avec lui lorsque j'étais petite, ma main dans sa main. Je le revois assis dans son bureau sur sa chaise à bascule, sa *kippa* brodée sur la tête, entouré de ses livres, le regard distrait. Lui mort, cette maison que j'aimais tant sera vendue, je ne la reverrai plus, ni tout ce que j'ai aimé en Pologne. Parfois, je me dis que, si je revenais en Pologne un jour, ça me serait non pas une joie mais une souffrance, car rien n'existe plus de ce qui dure dans mon souvenir : l'appartement des parents de maman à Lodz, les grandes pièces, le magasin de fourrures, le tapis en ours blanc, les balcons; les rues telles que je les vois, les forêts immenses et les champs de blé et cette clairière à la sortie d'une forêt avec son sentier de conte de fées moussu et bordé de clochettes mauves que je voudrais pouvoir peindre. Plus rien, je ne retrouverai jamais plus rien.

Maintenant, c'est la guerre dont on ne voit pas l'issue.

Je lis Proust. Je suis plongée dans l'admiration. Je n'ai jamais rien lu de tel qu'une page de Proust sur une conversation mondaine dans un salon. Maman est malade. Grippe ou bronchite qui traîne. Elle est fatiguée et se plaint sans cesse.

C'est une horrible souffrance que de sentir l'incompréhension. Annie, j'aurais cru qu'elle saurait voir en moi-même un tout petit peu et je découvre que c'était une illusion. Elle ne peut admettre que je puisse ne pas être l'idéal qu'elle se fait de moi. Pour elle, je dois toujours être héroïque, sans nulle faille, cornélienne, inhumaine. Pourtant, je lui ai laissé deviner l'état d'abrutissement où j'étais les premiers temps de notre retour à Paris, où je suis encore maintenant. Mère Marthe, je crois, me comprend, cependant avec elle j'ai l'impression que je ne suis pas moi, mais une autre, qu'elle connaît un aspect de moi différent et qui n'est pas complet.

Avec maman, il y a des moments où je crois devenir folle, elle est épouvantable, elle n'a absolument aucun *self-control* : un paquet de nerfs qui pleure à tout moment. C'est souvent à perdre la tête.

On vient d'annoncer que la synagogue de Lodz a été brûlée. La synagogue où maman m'emmenait les jours de fête du Nouvel An juif, les années où nous étions encore en Pologne à la fin de l'été. Mes grands-parents ne savaient pas alors que nous étions catholiques. C'était un très grand secret que papa m'avait confié lorsque j'ai eu six ans. Nous allions donc à la synagogue. J'apportais un bouquet de fleurs à Baba, qui était assise en haut au balcon avec les dames et me présentait avec fierté : « Ma petite-fille de Paris. »

Devinette : Que suis-je ?

Je suis légalement française, mais les Français me considèrent comme polonaise, puisque mes parents sont polonais.

Les Polonais, eux, trouvent que je suis française, puisque je suis née et élevée en France.

Je suis juive, mais les Juifs ne veulent pas de moi puisque je suis aussi catholique.

Je suis peut-être catholique polonaise ?

Non, les catholiques polonais me considèrent comme juive et française.

Mon avis ?

Je ne suis pas vraiment française.

Je ne suis pas polonaise, puisque je ne suis pas née en Pologne et que je n'y ai pas été élevée.

Je suis juive, mais répudiée par mon peuple, sans pays puisque la Palestine est anglaise.

En somme, je suis juive de religion catholique. Ce qui, paraît-il, n'existe pas. Pourtant, j'existe.

Lundi 26 février, soir

Quelle pétarade ! Nuit admirable, ciel couvert d'étoiles, vrai temps d'alerte et, en effet, tout à coup, vers 9 heures, la DCA [1] se met en branle. En bonne Parisienne, je me précipite au jardin, le nez pointé vers le ciel, et maman me suit, tremblante et épouvantée. Quelle réunion : les Tchécoslovaques du fond, les deux cousines russes, la jeune Allemande, nous, représentant la Pologne, les Hollandais, etc., il se trouvait même un ou deux Français ! Tout ce monde commentait l'événement, s'interpellait, riait, parlait. Le ciel était balayé par de larges rayons lumineux, les agents sifflaient sur le boulevard, les chiens aboyaient, les chats miaulaient, le canon tonnait, les avions ronflaient, on commençait à se sentir en guerre. Puis tout revint au calme, les portes claquèrent sur les curieux, les rayons lumineux disparurent, les canons se turent, maman retourna à son roman, moi à ma chambre, les gâteaux reposent dans l'assiette, les fleurs parfument la table, la lampe éclaire la pièce, le poêle grésille doucement, cette paix-dans-la-guerre, ou cette guerre-dans-la-paix, continuera-t-elle longtemps ?

1. « Défense contre les aéronefs ».

Le lycée est toujours aussi ennuyeux. J'ai écrit dix chapitres de mon roman qui me plaisent, et j'ai écrit un conte sur le Juif errant que je vais envoyer à *Temps présent*[1].

La Finlande tient bon.

Mardi matin, 27 février

Je me suis couchée bien tranquillement et j'étais plongée dans de doux rêves quand, soudain, un bruit lugubre, un cri sinistre, me réveille brusquement. La sirène, l'alerte ! J'hésitai quelque cinq bonnes minutes à réveiller ma mère paisiblement endormie, puis héroïquement je quittai la chaleur de mon lit et descendis chez maman. Nous nous habillâmes à la très faible clarté d'une lampe de poche, toujours bercées par la criarde sirène. Il était quatre heures et demie, la nuit était encore étoilée, dans le jardin les Russes chuchotaient en observant le ciel, nous avons fini la nuit chez elles. Pittoresque atelier, désordre charmant. Véra, Nina et leur mère Ninoutchka nous reçurent à bras ouverts. Elles nous firent écouter *Prélude à l'Après-midi d'un faune* de Debussy, puis, lassées de l'inaction, nous décidâmes d'aller regarder un peu ce qui se passait au-dehors. Là, calme plat, pas une lumière, nous nous aventurâmes jusqu'à la rue pour voir s'agiter la défense passive. Le boulevard était plongé dans la nuit. Seules une ou deux lanternes bleues l'éclairaient très faiblement. Des ombres couraient çà et là, c'étaient les braves des braves de la défense passive qui cherchaient probablement les bombes. Nous revînmes chez les Russes, papotâmes encore quelque temps, puis, à cinq heures et demie, nouvelle sirène. C'était la fin. Adieux, remerciements aux Russes. Retour chez nous, nous jetons nos vêtements, je me précipite dans mon lit… et je continue mes rêves interrompus.

C'est ainsi que se passa notre deuxième alerte à Paris et notre première alerte de nuit. Le plus comique est qu'hier, toute la journée, j'étais persuadée qu'il y aurait une alerte. Ce matin, réveil à 9 heures. Naturellement, lycée à l'eau, c'est déjà ça de gagné !

1. Périodique catholique fondé en 1937.

Le Père Caffarel va venir à Paris à Pâques. Ce soir, je vois mille choses à lui dire, mais dans trois semaines, quand je serai devant lui, je ne trouverai sûrement plus rien, ni les mots, ni les idées, ni le courage de les dire, c'est terrible. Je voudrais pouvoir lui expliquer qu'il y a deux êtres en moi, l'un qui adore la vie, le luxe, les robes, la joie, l'art, qui déteste le seul mot de *couvent*, et l'autre qui a eu tant de joie à la pensée d'une vocation, qui aime la solitude, qui comprend la « vanité des vanités », qui voudrait ne penser qu'à l'éternité. Lequel est le vrai ? Les deux, je crois. Il y a un tel tumulte en moi. Maintenant, quand je pense que je ne rentrerai pas au couvent à cause de mes parents, je respire, c'est une joie immense, un soulagement, une espèce de tristesse aussi. Je voudrais surtout tout oublier, être pirate ou aventurière, partir dans des pays où je ne connaîtrais personne, où personne ne me connaîtrait. Cela a l'air romantique, mais c'est absolument ce que je sens. Je voudrais être coupée de tout et libre de moi-même. Je voudrais que le Père me connaisse vraiment telle que je suis. Je n'ai jamais pu lui expliquer tout cela, c'est trop compliqué. Pourtant, il devrait me connaître à fond, mieux que je ne me connais moi-même, puisqu'il est mon directeur de conscience.

J'ai lu le premier volume de *Kristin Lavransdatter*[1]. Quel chef-d'œuvre ! Je suis surtout frappée par la tristesse qu'engendre le péché dans ce livre, on y sent cependant un certain protestantisme. Tout à l'heure je voulais aller au cinéma, maintenant je n'en ai plus envie. Le cinéma est pour moi le refuge contre le spleen, je vis une autre vie, j'oublie ma pauvre famille en Russie, en Pologne. Le cinéma est comme un sommeil.

Mon roman n'avance plus parce que je ne suis pas en état d'écrire. Pour Pâques, il faut que j'aille faire de l'algèbre à Grigny. Je n'ai pas envie d'y aller parce que je ne veux plus tourner, retourner, contrôler, examiner ce qui me fait mal, de nouveau parler de moi, de mes peines, de mes idées. Je n'en ai pas le courage, j'aimerais aller à Grigny seulement pour poser ma tête sur l'épaule de Mère Marthe et rester en silence sans parler.

1. Trilogie de Sigrid Unset, dont le premier volume, *La Couronne*, avait paru en 1920.

Maman est comme une toute petite fille, j'ai l'impression qu'elle est ma fille. Si j'étais libre de moi, j'aimerais peut-être partir en Finlande, aider là-bas. Tout ce que j'écris en ce moment n'a aucun sens, aucune phrase ne se suit, c'est mon état d'âme compliqué qui me dicte une page aussi absurde. Mère Marthe m'a écrit une lettre très bonne. Je déteste le lycée. Hier, j'ai vu Mme de Monjamont, toute lumineuse, paisible. Elle a l'air extrêmement heureuse, vraiment heureuse. D'où vient son bonheur? Je l'envie. J'aimerais poser cette question à quelques personnes : pourquoi êtes-vous heureux, comment faites-vous pour l'être, pour ne pas laisser la souffrance vous grignoter? Moi, la souffrance me mord, m'assaille, m'enveloppe, m'anéantit. Je prie d'ailleurs peu et très mal et, quand je prie, c'est seulement pour dire à Dieu que je ne sais rien lui dire.

Lu *Les Nourritures terrestres* de Gide. Admirablement écrit, une musique continuelle. Mais Gide exprime les désirs des hommes sans répondre aux questions que posent ces désirs. Ce qu'il y a d'idées est vide, sous un flot de paroles merveilleuses. Lu *La Garçonne* de Victor Margueritte, qui se pique de moralité, plein de bonnes intentions, mais c'est mal écrit, la fin mélo idiote. Vu plusieurs films, entre autres *L'Ange bleu*[1], si tragique, et au même programme un documentaire sur les monstres marins et la faune marine. Des pieuvres épouvantables, je pensais en les voyant que le péché devrait nous faire le même effet qu'une pieuvre, une répulsion horrible, aucune envie de l'approcher, tandis que le péché a des « charmes », il ne nous répugne pas, malheureusement.

La Finlande s'est rendue cette nuit. Moscou en prend une bonne partie. Honneur aux vaincus !

Sommer Welles, envoyé américain, est à Londres; on annonce pour après son départ la guerre totale, bombardements, gaz et

1. De Josef von Sternberg, 1930.

autres gracieusetés. Mais alors la guerre sera plus courte, peut-être même finira-t-elle dans deux mois.

Grande résolution, je lis chaque jour un psaume, cela me fait du bien. Je ne me suis jamais autant rendu compte de ma nullité que maintenant. Je réfugie tous mes spleens au cinéma, au moins à la maison je ne les montre pas, c'est déjà ça.

Aujourd'hui vu Mlle Hatem, si gentille. Elle m'a dit que je serai très heureuse plus tard, qu'elle me prédisait le Bonheur, cela m'a fait du bien. Elle nous a aussi promis la fin de la guerre, pour le mois de mai.

Le Bonheur ? Je l'appelle de toute mon âme, de toutes mes forces, de tout mon corps. Mais n'est-ce pas une illusion ? Serai-je heureuse ? Aurai-je ce bonheur inouï de trouver l'homme que j'aimerai et d'avoir des enfants ? Ou rentrerai-je au couvent ? Le couvent me semble un gouffre où me plongerait un destin horrible.

Pour le moment, je me laisse vivre.

Lu, ou plutôt relu, *Climats* [1], qui me paraît insignifiant. Vendu chez Gibert des livres pour soixante francs sans en rien dire à maman ! Suis brouillée avec Monique, parce que je lui ai dit franchement que je désirais qu'elle et ses parents cessent toutes leurs plaisanteries et suppositions sur mon entrée future au couvent. Là-dessus, Miss Monique m'en veut et me boude. Annie part au camp guide, aujourd'hui commencent les vacances de Pâques. J'attends le bonheur promis par Mlle Hatem.

Bilan des morts de la dernière quinzaine de mars et de la première quinzaine d'avril : Édouard Branly, Selma Lagerlöf, André Lichtenberger, un général, un journaliste d'Action française, et ce matin à 3 heures le cardinal Verdier, archevêque de Paris.

Situation politique : l'Allemagne a envahi le Danemark et la Norvège. Le Danemark s'est laissé lâchement prendre, la Norvège a déclaré la guerre.

1. D'André Maurois, 1928.

Dix-huit navires de guerre allemands coulés – quatre navires alliés. Les Norvégiens aidés par les Français et les Anglais repoussent les Allemands. La guerre enfin est vraiment commencée. On pense qu'Hitler attaquera sur le front français un de ces quatre matins. D'après la source de sainte Odile, la guerre sera finie dans deux mois. Je crois à cette paix prochaine et à l'écrasement de l'Allemagne.

2 mai

Fini mon roman.

10 mai

Ce matin, à 3 heures, la Belgique, la Hollande et le Luxembourg envahis par la horde allemande. A 5 heures du matin, alerte sur Paris et sur l'Angleterre. J'ai vu l'avion allemand passer au-dessus de nos têtes et on entendait parfaitement les mitrailleuses. Tout le monde dans le jardin, nez en l'air, commentait l'événement, plaisantait et riait. Peut-être demain ne rirons-nous plus…

Lille, Roubaix, Lyon, Clermont-Ferrand, Pontoise, Luxeuil et d'autres villes ont été bombardées en France. Ainsi que Bruxelles, Anvers, Gand et le canton de Solem en Suisse, la Hollande et le Luxembourg.

Les nazis ont essayé de kidnapper la reine Wilhelmine. La Belgique résiste, la Hollande a inondé son territoire. Le Luxembourg est à peu près pris, la Norvège également. Ce matin, à 6 heures, deuxième alerte. On s'attend à un bombardement de Paris. Le nouveau cardinal de Paris sera Mgr Suhard.

Le roi Léopold a pris le commandement de ses troupes. Chamberlain va tomber. Paul Reynaud n'est pas non plus bien solide.

Me suis fait couper les cheveux.

Les Allemands sont à Liège, Namur, Longwy et Sedan. Les princes héritiers belges sont en Italie auprès de la princesse de Piémont, et la princesse Béatrix de Hollande est arrivée à Londres. Quatre cents avions allemands détruits, mais les Allemands avancent. Toutes les nuits, alertes sur Paris, ça devient rasant de devoir se réveiller et s'habiller, parfois deux ou trois fois par nuit. Moi qui aime dormir. Enfin, mieux vaut mille fois cette période active que la période mortelle de tout cet hiver, à attendre sans bouger.

La Hollande a rendu les armes. Les princes belges sont en Angleterre, les Allemands sont à Sedan. Ils ont détruit, dit-on, mille tanks.

UNE BATAILLE SANS PRÉCÉDENT S'AMORCE

Du correspondant de l'agence Havas aux armées en Belgique. – *La ruée des armées allemandes provoque une situation sérieuse. La tactique allemande semble avoir pour but de percer en direction de Bruxelles le plus rapidement possible, tout en balayant la région des Ardennes.*

Anvers aurait été l'objet de violents bombardements aériens. La grande bataille d'artillerie, de chars et d'aviation qui s'amorce sera sans précédent dans l'histoire, mais la ligne de résistance belge derrière la Meuse et la Sambre s'organise très solidement et va permettre de soutenir le choc gigantesque que les armées allemandes dirigent en direction d'Anvers, Louvain et Charleroi.

LES AMÉRICAINS SONT INVITÉS A QUITTER L'ITALIE

Washington, 15 mai. – *A sa conférence de presse, M. Cordell Hull a fait savoir qu'il avait envoyé des instructions à Mr. Philipps, ambassadeur des États-Unis à Rome, pour qu'il conseille aux dix-neuf mille Américains résidant en Italie de quitter rapidement ce pays.*

Les Allemands sont à Laon. Ça va très mal. Ils ont passé la Meuse en plusieurs endroits.

Au lieu d'aller au lycée, j'ai décidé de servir à quelque chose et je suis allée proposer mes services au centre d'accueil des réfugiés belges à la gare Saint-Lazare, où j'irai maintenant chaque jour. Situation très grave. Annie et ses parents partent demain matin.

La gare Saint-Lazare en mai 1940. Une toute petite salle où s'entasse un véritable bétail humain, affolé, sale, affamé. Réfugiés belges et du nord de la France. Pauvres gens traînant des paquets hétéroclites, enveloppés de journaux, ficelés à la hâte, et des troupeaux d'enfants en loques qui pleurent autour des mères. Dans une petite cuisine, je fais des sandwichs, je prépare des biberons; dans la même cuisine, derrière un paravent, on peut se laver le bout du nez dans une cuvette de la taille d'une assiette, c'est là que les pauvres femmes qui ont marché des jours et des nuits sur les routes viennent débarbouiller leurs gosses entre des piles de pains, des boîtes de thé et du jambon d'York. Dans cette cuisine s'agitent environ six « infirmières » de mon genre, une partie lave la vaisselle et l'autre taille le pain, les femmes s'y lavent aussi et les gosses courent partout. On a à peine la place de remuer un bras.

Dans la « salle », qui peut avoir six mètres de long sur quatre ou cinq de large, une cinquantaine de personnes sont assises devant les tables de bois ou debout, mangeant entre deux trains. Tous ces gens sont en loques, il y a des femmes enceintes, des vieillards à moitié paralysés, des bébés de quelques jours, des hommes, des jeunes filles. Ils parlent très peu, ne se plaignent de rien. Parfois, ils racontent leurs bombardements. Un petit garçon m'a montré un morceau d'obus qu'il avait ramassé. Une femme me dit en lavant son bébé que son mari et ses fils étaient restés dans l'usine d'une ville du Nord, qu'elle avait fui sous le bombardement, qu'ils étaient certainement morts; j'essayais de la consoler, mais à mes premiers mots cette femme m'arrête : « Oh! mademoiselle, tout cela ce ne sont que des mots. » Je n'ai rien répondu, mais jamais de ma vie je n'oublierai cette femme. Oui, c'est vrai, j'avais bien dormi, bien mangé, j'avais des vêtements propres et je prétendais la consoler... Je ne pouvais que lui donner des « mots », c'est vrai – je ne l'oublierai jamais.

Annie est partie. Monique est partie. Grande bataille sur la Meuse, des milliers de morts. La Hollande s'est rendue. Narvik est pris par les Alliés. Reims est évacué. Paris ne sera pas (paraît-il) défendu, pour qu'on ne puisse détruire la ville.

Maman veut partir avec toute sa famille, grands-parents, cousins, cousines, tantes, etc., à Montauban... Repartir !

Je ne dis plus rien, à quoi bon ? On prévoit même une entrée des Allemands à Paris. Du coup, la famille a perdu la tête et maman, comme d'habitude, se laisse faire par tout le monde. Vendredi prochain, nous ne serons donc peut-être plus à Paris, mais quelque part en France, accompagnées de l'illustre famille geignante, affolée et larmoyante. Mentalité de cette famille : « fuir le danger » au lieu de lui faire face.

Aujourd'hui, cérémonie à Notre-Dame pour la victoire, avec Daladier, Reynaud, le maréchal Pétain et plusieurs autres ministres, députés et personnalités. La cathédrale pleine à craquer, des galeries du haut où nous étions jusqu'à la moindre chapelle de côté. Foule immense et, devant, sur le parvis, toute la place, de la préfecture à la Seine et à l'Hôtel-Dieu, noire de monde priant à haute voix, chantant, demandant la victoire. Très émouvant. Daladier, Pétain, etc., étaient juste sous moi, je les voyais très bien. A la fin du salut, l'orgue joua *La Marseillaise.* Dieu écoutera-t-il nos prières ?

Si nous quittons Paris maintenant, c'est une *folie*. Une folie inimaginable.

Les Allemands sont à Arras et à Amiens, ils tentent d'atteindre la mer et de couper ainsi les Français des Anglais. Situation très grave. Il est 10 heures et, par la fenêtre ouverte, m'arrive le ronflement continu des avions. Atmosphère lourde. Cet après-midi, alerte. Nous attendons les sauf-conduits pour vendredi, alors nous verrons ce qu'il y aura à faire.

La situation est de plus en plus grave. Peut-être devrons-nous quitter Paris demain ou après-demain, à moins de changements. Beaucoup de trahisons dans l'armée française, on dit qu'il y a eu pour cette raison trois généraux fusillés ainsi que la femme de l'ancien ministre de l'Air. Les Allemands avancent toujours. On a confié le commandement général de l'armée à Weygand, Reynaud est au gouvernement avec Mandel, des hommes forts et énergiques sont donc au pouvoir, pourtant les Allemands entrent en France « comme dans du beurre », selon l'expression du Führer. Chaque minute est couverte de sang. Centaines de milliers de morts : toute la jeunesse française tombe, et celle d'Angleterre, de Belgique, de Hollande, comme sont tombées celles de Pologne, de Finlande, de Norvège. C'est atroce. Je revois toujours le Sacré-Cœur l'année dernière, le dimanche après le 11 novembre, et cette nef immense remplie uniquement de jeunes gens et de jeunes filles. Maintenant, tous ces garçons sont fauchés. Il y a un an, ils étaient venus prier pour la paix. Aujourd'hui, ils sont obligés de tuer et de se faire tuer. C'est la civilisation du XXe siècle.

Vu un instant Mère Marthe de passage à Paris, car les religieuses de Belgique y sont arrivées après un voyage mouvementé. La pension vide d'élèves, le grand jardin calme, croulant de verdure, c'était toute mon enfance que je regardais. La terrasse où je jouais, les sentiers où je courais avec Lucie de Castro. Ses chaussettes tombaient toujours et ses cheveux blonds lui balayaient les yeux. Nous mangions des glaces dans les cabinets et rampions dans les massifs en jouant au gendarme et au voleur. Nous montions sur le toit, nous nous arrosions d'eau froide dans les escaliers, nous riions, nous chahutions. Nous avions dix, onze, douze ans.

Hier, j'étais assise sur le rebord d'une fenêtre et je regardais le jardin en évoquant tous ces souvenirs. Je voyais Lucilla, Annie avec ses cheveux courts, Monique, Mère Marthe, Mère Geneviève. Le temps des rires et des jeux dans la grande maison blanche et calme. C'était si loin mon enfance, même les deux dernières années avec Mère Marthe, cette adolescence fiévreuse, inquiète en moi. Cet amour tourmenté, passionné, ces rêves, ces désirs, si loin. Tout était autre, différent. Je regardais déjà mon pensionnat en étrangère qui se souvient. Il était hors de moi dans le passé, ce n'était plus *ma* pension. Je regardais Mère Marthe, chaque trait de son visage, chaque lueur noire de ses yeux ; elle aussi était en quelque sorte hors de moi et moi je n'étais plus la même. J'en ai peut-être fini avec l'adolescence, elle est restée à Dinard, ou dans quelque coin obscur de la pension.

Le passé est dans mes albums de photos. Je voudrais ne plus m'attacher à rien, ne rien désirer, ne rien attendre. Agir au jour le jour sans trop penser, sans souffrir, sans regretter, sans rêver.

Les Allemands sont à Boulogne et à Saint-Omer. Nous partirons peut-être à Biarritz.

28 mai

A 4 heures du matin, la Belgique a capitulé sans même avertir les généraux français. L'Italie bouge un peu et se prépare également à assassiner un de ses voisins. La Turquie s'arme. Nous partons jeudi soir pour Saint-Jean-de-Luz, où nous pouvons débarquer chez Élisabeth de Lasterie du Saillant en attendant d'y trouver un appartement pour nous et les grands-parents. Élisabeth a adopté six enfants et nous adoptera donc aussi, mais pour quelques jours.

Le soir

On peut à peine croire à la trahison du fils de celui qu'on appelle le roi chevalier[1]. Le gouvernement a rejeté son roi indigne et continue la lutte.

Adieux à Mère Marthe. Quand et comment la reverrai-je ?

Mon Paris, dans quel état va-t-il être mis ?

Ce départ est comme une mort.

1. Surnom du roi des Belges Albert Ier (roi de 1909 à 1934), dont le fils Léopold III capitula devant l'envahisseur.

29 mai

Ma petite maison, adieu !

Pièces aimées où s'est passée mon adolescence, je vous abandonne peut-être pour toujours. Les murs sont nus, les cadres vides. Une dernière rose s'effeuille dans un vase, mon ours assis sur mon lit regarde tristement dans le vide en tendant les bras. Les tapis roulés dans un coin forment une grosse masse ronde, des journaux recouvrent la bibliothèque que j'aimais. Mes livres très chers dorment les uns contre les autres et personne ne les ouvrira plus. Ma petite chambre tranquille, je te regarde une dernière fois. Comme tu es étrangère, ainsi dépouillée ! Une image est restée au mur, une ficelle traîne sur le parquet, un rayon de soleil glisse entre les ouvertures des persiennes. Ma table de travail est vide elle aussi. Seul un buvard taché d'encre montre que quelqu'un écrivait là.

Et voici l'atelier. Les statues sont restées à leur place, les outils sont abandonnés sur la table de marbre. Plus un bruit de marteau, plus de sifflement joyeux, plus un son. La maison dort, comme dorment les livres, les statues et les meubles. Le Christ étend les bras sur le mur. Il reste pour veiller sur notre foyer désert. Demain, tout cela ne sera peut-être plus qu'une ruine. Les flammes s'échapperont des fenêtres. Les obus troueront les toits. Ma maison chérie, adieu ! La porte claque une dernière fois. Le jardin étincelle au soleil de mai, le rosier agite ses longues branches garnies de fleurs. Adieu rosier ! Adieu jardin !

Voici la rue, le taxi qui nous emporte.

Ma maison, tu as disparu.

Saint-Jean-de-Luz, 1er juin, soir

Arrivés à Ciboure[1] chez Élisabeth. Nous cherchons un appartement. Toute la ville est prise d'assaut, pas une place. Après mille recherches, nous avons trouvé cet après-midi un deux pièces-cuisine

1. Dans les Pyrénées-Atlantiques.

à huit minutes de Saint-Jean-de-Luz. Temps superbe, paysage de montagne et de mer, océan bleu, air salé, shorts et chapeaux brésiliens. La guerre semble très loin, enfoncée dans la brume. Ici, c'est la paix, et seules les sirènes des bateaux troublent le silence. Demain, je recommence à étudier, le bac approche, un bac bien compromis car je ne sais rien. Intention d'aller à Hendaye et à Biarritz voir Lucilla. Peu de nouvelles de la guerre, les journaux de Paris arrivent avec deux jours de retard. Dunkerque tient-il ? Où sont les Allemands ? Maman est enchantée, les grands-parents sont ravis. *Tout va très bien, madame la marquise.*

Ce qu'on attendait est arrivé.

Le 3 juin, à 1 h 15 de l'après-midi, la horde germaine a bombardé mon Paris. Neuf cents victimes, dont deux cent cinquante morts. Mon beau Paris ! Que vont-ils faire de toi, ces barbares ? Aucun détail, aucune autre nouvelle. Inquiétude terrible. Mon Paris bien-aimé en ruine. Dunkerque tient toujours.

La banlieue a été très atteinte, ainsi qu'Auteuil, Versailles et la porte de Vanves. Aucun monument public, peu de dégâts dans Paris même. Ce n'était encore qu'un avertissement.

La Russie a fait un pacte avec la Yougoslavie pour la défendre contre l'Italie. La Russie semble se tourner vers les Alliés. L'Italie fait du chantage et attend de voir de quel côté penchera la balance. Les États-Unis envoient force munitions.

La côte d'Argent est un enchantement. Pays bleu aux rochers déchiquetés sur lesquels la mer se jette furieusement dans des éclats d'écume blanche. Derrière le pays montagneux, à travers des rideaux de pins, larges trouées sur la mer, encadrements de monts sauvages, soleil d'or sur les maisonnettes où grimpent des roses pompons, blanches et rouges. Barques de pêcheurs dans le port. Les poissons étincellent comme les miroitements d'eau sur l'océan. Les hommes sont hâlés, pieds nus, portant le béret basque et des pantalons d'un bleu cru. C'est déjà l'Espagne, mais c'est encore la France.

Moi-même, je ne fais plus qu'un avec le soleil, je sens sa brûlure sur mes jambes nues, sur mes bras, sur mon dos et ma nuque, sa brûlure qui étreint et s'infiltre par chaque pore. Soleil sur la peau chaude, vent dans les cheveux fous, sel sur les lèvres sèches. La joue sur mes bras repliés, je ferme les yeux, je me colle contre le sol, contre l'herbe et les fleurs. Être si petite dans les herbes, disparaître au milieu d'elles. Mon costume de bain n'est plus qu'un bleuet sur la colline, les insectes, les papillons volent au-dessus de mon corps immobile. Au-dessous, la mer s'étire, danse, gronde puis se calme. Pas une voile à l'horizon, pas un homme sur la falaise, pas un enfant sur la plage.

Comme dans un conte, toute la côte d'Argent est assoupie sous le lourd ciel de feu. Les herbes ne remuent plus, le corps allongé se grise d'immobilité et de chaleur. Midi sonne, un angélus triste, mais peut-être est-ce un rêve, le son est si voilé, si lointain. Je respire lentement, sans penser, dans un grand repos de tout mon être.

10 juin, sept heures et demie du soir

Les Allemands sont à Soissons et, dit-on, à Rouen.

L'Italie a déclaré cet après-midi la guerre à la France et à la Grande-Bretagne. La Norvège a mis bas les armes. Les États-Unis sont passés à la politique de non-belligérance. Superbe discours de Reynaud, terminant par ces mots : « La France ne peut pas mourir. »

Les Allemands sont près de Rouen et le long de la Seine et de l'Oise. Le gouvernement aurait quitté Paris, qu'on évacue. Deux cent cinquante mille personnes attendent leur tour de prendre le train à la gare d'Austerlitz. La Bourse est arrêtée. Canonnade continuelle autour de Paris. Le feu n'a pas encore été ouvert avec l'Italie. On est atterré, mais on garde espoir envers et contre tout.

L'Italie a attaqué la Tunisie, la Corse et Malte. Mussolini a été nommé maréchal par son roi-nain. Les Boches sont à Rouen et ont passé la Seine à plusieurs endroits, ils se rapprochent de notre très cher et pauvre Paris.

Je voudrais tuer un Boche et un Italien, les écraser en bouillie.

Temps superbe, coups de soleil, je ne fais rien pendant que la destinée du monde se joue. Le bac approche.

14 juin

Les Boches sont aux portes de Paris. Appel désespéré de Reynaud à Roosevelt. Bataille acharnée. Je vais donner avec maman mon sang pour les blessés comme on le demande. Situation affreuse. Tout le monde est au désespoir, mais on croit, on veut, il faut croire malgré tout.

Même jour, 8 heures du soir

Les Allemands sont à Paris.

A l'église, la foule est venue prier, supplier Dieu, c'était extrêmement émouvant. Toute cette journée est comme un mirage. « Ils » sont à Paris, on ne peut y croire. Bachot à Bayonne mardi. Je ne sais rien.

Lu *L'Épée de feu* de Daniel-Rops, peinture parfaite de notre époque tourmentée et surtout des hommes. Un jour, toute une vie. Me laisse une très grande impression.

Sans cesse la pensée de Paris me revient au cœur avec un choc douloureux.

Ce soir, Roosevelt doit répondre à l'appel de Reynaud, on attend avec une angoisse affreuse. Chaque instant arrivent ici des voitures archibourrées de valises, sacs, matelas, avec des enfants et des femmes à moitié fous. On les mitraille sur les routes, les femmes attachent leurs petits avec des cordes pour ne pas les perdre, tout le monde fuit éperdu. C'est atroce. J'ai écrit à papa pour qu'il me permette de m'engager dans l'armée auxiliaire féminine. L'idée de ne rien faire ne m'est pas supportable.

Les Boches sont presque à Troyes, ils avancent à une vitesse inouïe. Hitler avait bien dit que le 15 juin il serait à Paris ; cet homme est le démon incarné, il a une force démoniaque.

Paris, ville ouverte, n'a pas été défendue. « Ils » sont entrés par la porte de Saint-Cloud, la porte de Versailles et la porte d'Auteuil.

Pas encore de réponse de Roosevelt.

La Russie a pris la Lituanie aujourd'hui.

Les Boches sont à Troyes, près de la frontière suisse, ils ont contourné la ligne Maginot vers Gray.

Le drapeau hitlérien flotte sur la tour Eiffel et sur le château de Versailles. Les soldats boches montent la garde auprès du Soldat inconnu et de la tombe de Napoléon.

8 heures du soir

Roosevelt a répondu que l'Amérique ferait tout ce qu'elle pourrait, enverrait des armes, munitions, avions, mais que l'entrée véritable en guerre ne pouvait être décidée que par le Congrès.

Monique, après trois jours de voyage, est rentrée à Paris ; ce matin, carte désespérée d'elle, me disant qu'on ne peut imaginer ce qu'est Paris, qu'elle a vu des choses atroces. J'ai envoyé ma demande au préfet pour m'engager dans l'armée auxiliaire féminine. Maman m'a permis, c'est chic de sa part.

Le cabinet Reynaud a démissionné. Le cabinet Pétain s'est formé. Les Boches sont au plateau de Langres et à Gray.

Demain, bachot. Les Boches sont à Paris.

17 juin, 1 heure de l'après-midi

La France a déposé les armes et demande la paix, écrasée par un ennemi supérieur en armes et un autre ennemi qui l'a frappée lâchement dans le dos.

19 juin

Le 18, la France a repris les armes pendant que les négociations continuaient. L'Angleterre poursuit la guerre. La Russie a pris la Lettonie et l'Estonie. Je suis allée passer mon bachot à Bayonne.

Aujourd'hui, nous apprenons que, par ordre du général Sikorski, une partie de l'armée polonaise est passée en Suisse et une autre en Angleterre. Des soldats polonais refusant de fuir ont lancé de l'essence enflammée sur les Allemands et sont morts héroïquement. Nous ne savons pas où est mon père adoré. Le climat à la maison est terrible : mes grands-parents vivent dans la terreur de se retrouver au pouvoir des Allemands. Maman est très courageuse quand elle ne se laisse pas influencer par les gens peureux. Il vaut mieux ne pas penser à ce qui va se passer. Les négociations continuent, on ne sait rien sur elles. Les Boches avancent. Papa, mon papa.

Saint-Jean-de-Luz a pris un visage de guerre. Toute la ville est pleine de soldats, de matelots et d'officiers polonais. En mer, huit navires anglais sont prêts à embarquer les soldats polonais et anglais. Tante Sonia est arrivée avec les enfants. Ils partent au Portugal, nous aussi probablement. Demain, nous irons à Biarritz ou à Bayonne pour avoir des visas portugais. Grande panique ici. Vu des soldats enfuis de Dunkerque, harassés de fatigue, sales, pas rasés ; Bordeaux bombardé.

Nous avons les visas portugais [1] grâce à mon cousin Natek. Lui, sa femme et leur petite fille Ryśia, qui a huit ans, passaient leurs vacances en Belgique à la déclaration de la guerre. Nous nous sommes retrouvés ici par hasard. Des milliers de soldats polonais ne cessent d'arriver, mais papa n'est pas encore là. Nous ne savons pas où il est, mais nous espérons le voir apparaître d'un instant à l'autre. A chaque tournant de rue, je crois l'apercevoir. Ryśia est avec nous depuis hier, petite fille délicieuse, et, le soir, nous avons discuté de la mort. Dans la rue, j'ai croisé Élisabeth, qui m'a parlé de l'appel d'un général de Gaulle. Elle m'a dit : « Vous devez tous fuir, les Allemands vont arriver, vous êtes juifs, vous serez en grand danger. » Je veux partir en Angleterre m'engager dans l'armée de ce général de Gaulle.

Les Boches sont à Saint-Malo, à Limoges, à Châteauroux, à Nantes, ils ont dépassé Lyon et La Rochelle. Pas encore de réponse aux exigences d'Hitler. On croit cependant que la France n'acceptera pas; espérons-le. J'étais hier à Biarritz, où j'ai vu Lucilla, toujours aussi jolie et intelligente. Nous avons parlé des années à la pension, de nos souvenirs. Tous les grands hôtels sont réquisitionnés pour les blessés militaires. C'est terrible de voir tous ces jeunes gens, le bras en écharpe, la tête bandée, se promenant tristement le long de cette plage qui fut si mondaine. Pourvu que papa arrive et qu'il puisse nous conseiller. Je ne sais que dire, je n'ose prendre la responsabilité d'approuver notre départ au Portugal.

Matinée passée en courses avec mon cousin Natek pour tâcher de nous embarquer à destination de l'Angleterre. Pluie. La ville est pleine d'aviateurs polonais. On ne sait que faire pour le moment,

1. Le sauveur était le consul du Portugal à Bordeaux, Aristide Mendes de Souza qui, bravant les instructions de Salazar, signa des milliers de visas, quelques jours avant son arrestation, permettant à de nombreux réfugiés, notamment juifs, de quitter la France. (Voir J. Nery, *La Résolution de Bordeaux*, Mascaret, 1993.)

on n'embarque plus de civils. Tous les visas portugais ont été annulés. Papa est probablement en Angleterre. Maman, comme toujours, veut que je prenne toutes les décisions.

25 juin

A quatre heures et demie hier après-midi, décision de gagner l'Angleterre. On fait les valises et on attend mes cousins. A 8 heures, ils arrivent et ne veulent plus partir à cause du mauvais temps. Je leur dis que je m'en irai toute seule, que je veux m'engager dans l'armée, rejoindre le général de Gaulle. Mes grands-parents poussent des cris, maman pleure, mes cousins m'accusent de vouloir les abandonner tous.

Ce matin, la famille décide de partir à Pau, puis de rester, puis d'aller au Portugal. Carte de papa de La Rochelle, mais depuis, où est-il ?

Ce soir, partout des affiches sur les murs de Saint-Jean-de-Luz pour annoncer l'arrivée imminente des Allemands. Les drapeaux sont en berne, tous les soldats polonais sont partis. Gardes mobiles, attroupements, les magasins sont fermés. Scission entre les deux gouvernements français, celui de Bordeaux et celui de Londres avec de Gaulle.

10 heures. Avec maman, nous avons habillé six jeunes soldats polonais qui étaient restés seuls ici, sans nourriture, sans connaître la langue ; ils ne savaient même pas que les Allemands arrivaient ; courses pour leur trouver des habits civils et de quoi manger. Aidées par quelques femmes, nous les avons équipés et leur avons trouvé un guide pour qu'ils passent la frontière illégalement. Ils sont partis.

Cette nuit, les Boches entrent à Saint-Jean-de-Luz. Nos cousins sont partis au Portugal. Nous aussi, nous allons partir, mais nous attendons encore au cas où papa arriverait. C'est affreux. Où est-il ? Mes pauvres grands-parents, qui ont déjà vécu une fois l'arrivée des Allemands, sont absolument affolés.

26 juin

Demain, nous quittons la France presque entièrement occupée. L'armistice est signé avec l'Allemagne et l'Italie. Ce matin, maman et moi sommes parties à Hendaye en auto-stop chercher nos visas de transit espagnols. Nous y avons vu Aniouta et Stanislas Fumet[1], qui voudraient aussi partir. L'Angleterre continue la guerre, ainsi que quelques colonies françaises ralliées à de Gaulle. Voici les derniers mots que j'écris en terre de France. Adieu mon beau pays trop insouciant, adieu pays où je suis née, qui m'a donné sa culture. Adieu amies de France : Lucie, Annie, Monique, Wanda et les autres. Comme le Juif errant, nous repartons vers l'inconnu. Adieu ma Mère chérie, je ne sais où vous êtes. Adieu Paris.

La vie recommence encore une fois pour moi. Mon Dieu, donne-moi la force de vivre là-bas, de gagner ma vie pour maman et mes grands-parents. Fais que j'oublie la France et le passé. Il n'y a plus maintenant ni amies, ni pays, ni souvenirs, nous sommes comme bien d'autres, des exilés qui partent, qui fuient vers un inconnu mystérieux. De Palestine en Espagne, d'Espagne en Pologne, de Pologne en France, de France maintenant au Portugal, et de là-bas… à la grâce de Dieu.

En gare d'Irun (Espagne), 27 juin

Nous voici sur la route de l'exil. A 4 heures cet après-midi, nous atteignons la frontière à Hendaye. De l'autre côté du pont international flotte le drapeau rouge jaune rouge. Du côté de la France, pas de drapeau, mais heureusement le drapeau à croix gammée n'a pas encore été hissé, quoique les Boches circulent déjà. La foule les regarde en silence, avec haine. Le douanier français me dit, pendant qu'il timbre nos passeports : « Les salauds, ils ne resteront pas longtemps. »

Nous franchissons le pont, un dernier regard à la France et nous

1. Homme de lettres français (1896-1983).

sommes en terre espagnole. Alors commencent les mille formalités de douane, passeports, argent… Je me débrouille très bien en espagnol, c'est amusant. Nous prenons un taxi pour la gare d'Irun ; en route, il s'arrête et maman va au bureau militaire avec nos papiers. Alors que j'attends avec mes grands-parents, arrivent plusieurs autos pleines de soldats boches qui s'arrêtent devant notre taxi. Tous les Espagnols attroupés crient « Heil Hitler ! », notre chauffeur salue la main levée et ces sales gueules blondes rient à un mètre de moi, qui bous de la tête aux pieds, tandis que ma grand-mère s'évanouit presque.

Dans la rue, nous avons rencontré un Espagnol qui nous a donné du pain et des fruits, sans rien vouloir accepter en échange, parce qu'il avait été en France, où l'on s'était montré « bon pour lui ». Un autre Espagnol s'est approché pour nous dire : « La France est le meilleur pays du monde. » Malgré cela, dans les kiosques, pas de journaux français ; par contre, trop de journaux boches, ils ont l'air de bien s'entendre ici avec la racaille d'outre-Rhin.

L'Allemagne occupe en France : la Bretagne et tout le Nord jusqu'à Bourges et Dijon d'un côté. Lyon, Clermont-Ferrand, Pau, Cannes, Nice, restent… encore français.

Dans le train près de Salamanque

Que l'Espagne est belle ! Hier soir, j'ai vu du train Saint-Sébastien tout illuminé qui semblait une ville sortie d'un rêve. Burgos est passé dans la nuit et, au matin, nous sommes arrivés à Valladolid. Sur les chemins déambulent de petits ânes que montent à califourchon une ou deux personnes. Des femmes passent pieds nus, portant une cruche de grès sur la tête. De loin, on aperçoit une tour autour de laquelle vole une nuée d'oiseaux. Des étangs bleu sombre brillent çà et là. D'extraordinaires voitures nous croisent : espèces de charrettes tirées par des bœufs et entourées d'un gros filet de tous les côtés. Notre wagon est plein d'Anglais, pas un seul Espagnol, quelques Français. On fait la moisson dans les champs. Les femmes ont des jupes rouges et de larges chapeaux de paille.

Frontière hispano-portugaise, 9 heures

Le train est arrêté à la frontière, douane espagnole. Des paysans vendent du lait, des fruits, du fromage sur le quai. Nos voisins de compartiment sont de charmants Canadiens venant de Paris. Tout à l'heure, il y aura la douane portugaise, les changements des pesetas en escudos, et adieu l'Espagne !

Même jour, 9 heures du soir

Nous sommes restés trois heures à la frontière : de nouveau, douane, passeports, puis on nous annonce que nous sommes dirigés sur Figueira da Foz, d'où nous n'aurons pas le droit de bouger avant d'avoir une invitation de Lisbonne. Désespoir de maman qui espérait que nous irions tout droit à Lisbonne chez mon oncle Samuel, qui vit au Portugal, je crois depuis trente ans, et qui est le frère aîné de papa. Changement de train ; un moment de découragement, mais l'espoir renaît en moi. C'est vrai que nous avons dépensé un argent fou à cause du change, il ne nous reste presque plus rien. Le pays est si beau que je suis éblouie. Pendant ce temps, que fait mon père chéri ? Est-il en Angleterre ?

Ce soir, nous arriverons au bord de la mer à Figueira.

Portugal, Figueira da Foz, rua da Liberdade

Nous sommes arrivés au Paradis terrestre : une plage admirable, immense, aux palmiers touffus, aux maisons multicolores. Sable brûlant, mer extraordinaire aux immenses vagues qui se précipitent en écumant depuis une centaine de mètres. Les femmes sont très belles. En chantant, elles passent dans leurs robes aux couleurs vives ; sur la tête, elles portent des cruches ou des paniers. Tous, hommes et femmes, sont prêts à nous rendre service. En arrivant ici, nous avons retrouvé la famille des cousins de maman, Natek, Lucia et Ryśia, et nous avons décidé de rester ensemble.

A notre descente du train en pleine nuit, le comité d'aide aux réfugiés nous a accueillis d'une façon extraordinaire. Nous avons choisi une pension de famille non loin de la mer. Nous avons télégraphié à mon oncle Samuel pour qu'il vienne nous chercher. Nous dépensons ici un argent fou, mais Natek croit que le consulat polonais va nous prendre en charge. Figueira est pavoisée pour les réfugiés polonais, français et belges. Aussi longtemps que je vivrai, je n'oublierai pas l'accueil des Portugais, leur gentillesse, la beauté de leur pays. Maintenant que nous vivons ici, il s'agit de trouver du travail pour moi, pour que je sois vraiment le chef de mes trois enfants.

Nous déménageons tous les sept aujourd'hui dans un très joli appartement, parce que la pension de famille devient vraiment très chère. Le consulat polonais et une organisation juive vont nous verser une aide financière.

Nous nous sommes tous inscrits pour partir au Canada avec l'émigration polonaise. Nous n'avons toujours pas de nouvelles de papa, nous ne savons pas où il est. Nous espérons seulement qu'il a pu s'embarquer pour l'Angleterre avec l'armée polonaise et qu'il est quelque part là-bas. Lui non plus ne sait pas où nous sommes.

On dit ici que les Allemands sont à Gibraltar, qu'ils traversent l'Espagne, qu'Hitler est à Paris.

Même soir

Nous sommes installés dans notre appartement, qui a vue sur la plus belle campagne d'Europe. Natek s'occupe de tout, heureusement que nous l'avons. Maman pleure toute la journée. Qu'allons-nous devenir? Cette année a été si pleine de souffrances et d'inquiétudes que j'en reste abrutie. J'ai calculé que depuis le 3 septembre 1939, premier jour de la guerre, j'ai dormi dans dix chambres différentes, dans six provinces différentes, dans trois pays différents. J'ai fait cinq voyages. J'ai été dans quatre établissements scolaires (en comptant la pension), j'ai eu quatre profs différents de philo et quatre profs de sciences nat. J'ai emballé des valises sept fois. En dix mois, cela n'est pas mal.

Cet après-midi, j'accompagne maman chez l'acteur Dalio[1] pour une interview qu'elle va essayer d'écrire à l'intention d'un journal portugais. Nous espérons partir à Lisbonne, où oncle Sam m'a peut-être trouvé une situation de prof de français auprès des petites filles d'une comtesse.

Aucune nouvelle de papa.

Parfois dans la journée, lorsque Natek embrasse Ryśia ou qu'il dit certaines plaisanteries, la nostalgie de papa m'empoigne à me briser.

La nostalgie de ses yeux, de ses mains, de sa poitrine où cacher ma tête. Où est-il, mon unique amour, mon père adoré ?

Maman ne vit plus sans papa, tout le monde la tranquillise et pourtant tout le monde est inquiet et ne comprend pas cette absence de nouvelles. Moi, je veux avoir la foi. La foi de la petite Sarah dans le film *Petite Princesse*[2], que nous avons vu cet hiver à Paris. Paris ! Devant mes yeux sans cesse passent les rues aimées, les bords de la Seine, je sens l'odeur de Paris, ses bouffées de vent chaud imprégné d'essence, de fumée, de roses, de marronniers, de parfums.

Le gouvernement français, qui a trahi son pays, qui a vendu la France à l'ennemi depuis déjà longtemps, ce même gouvernement à la solde de l'Allemagne, résidant à Vichy, vient de rompre les relations diplomatiques avec l'Angleterre. C'est d'une telle indignité que j'ai honte d'être française. Heureusement qu'il y a de Gaulle. Chaque soir, nous écoutons à la TSF la BBC, affreusement brouillée. Que ces voix françaises font du bien ! C'est le meilleur moment de la journée. Enfin, on a des nouvelles vraies, elles sont peu nombreuses, étouffées, interrompues, mais c'est si bon, ces voix. Nous attendons toujours notre sauf-conduit pour Lisbonne.

1. Acteur français très populaire depuis l'avant-guerre (1899-1983).
2. *The Little Princess*, comédie dramatique de Walter Lang (USA, 1939).

Figueira est une étrange ville, à cause de l'atmosphère que les réfugiés y ont créée. La rue des cafés, promenade principale, nous l'avons appelée les « Champs-Élysées ». Là, tout le monde se retrouve, tout le monde se connaît. Il y a le consulat polonais dans une librairie, les « annonces » sont affichées sur un placard devant la porte et tout le monde les commente en français, polonais, flamand, hollandais, voire allemand ! Le matin, les réfugiés se dorent au soleil sur l'admirable plage de Figueira. L'après-midi, chacun reste chez soi à cause de la chaleur jusqu'à 4 heures. Pour le *five o'clock*, on se retrouve tous sur les Champs-Élysées. Assis à la terrasse des cafés, on s'interpelle, on commente les dernières informations, on discute les départs vers le Brésil, le Canada ou ailleurs. Les femmes sont en pyjamas de plage, en robes élégantes, les hommes en vêtements de sport. On croirait être sur n'importe quelle plage mondaine, si l'on ne savait pas que tous ces hommes sont en quelque sorte des prisonniers à qui il est interdit de bouger de leur cage dorée et qui ont fui comme des bêtes traquées en laissant tout derrière eux. Il fait un temps superbe, je suis noire comme une mulâtresse, le dos me cuit, je nage, je me dore au soleil, je me promène. Vie mondaine, musique, nourriture portugaise, curiosités régionales.

L'Angleterre continue la guerre, la Russie s'est emparée d'une partie de la Roumanie, nous n'avons pas d'argent, nous ne savons pas où est papa, l'Europe est un volcan. Que la vie est étrange !

L'Italie reçoit de bonnes raclées des Anglais, à notre immense joie. La France devient un État fasciste, copié sur l'Allemagne ; le président Lebrun a été remplacé par Pétain. La Constitution a été annulée et refaite, le droit général de vote a été enlevé et l'économie du pays axée uniquement sur l'agriculture… tout cela se passe de commentaires. Le seul espoir du monde est maintenant l'Angleterre.

Ici, tout est pareil. Les palmiers me semblent chaque jour plus beaux et les ruelles blanches, les mimosas, le ciel, l'océan bleu, les Portugaises aux yeux noirs. Pourtant, comme ce serait bon d'être dans le cher Paris d'autrefois en train de parcourir le Boul' Mich avec les amies !

Demain, 14 juillet...

Il y a un an, Paris était en fête. Il faisait un chaud soleil, il y avait foule autour de la place de la Concorde, et les soldats défilaient, armées française et anglaise côte à côte. A tous les coins de rue, les Parisiens dansaient selon la tradition, les maisons étaient pavoisées, les devantures des magasins, les terrasses des cafés ornées de lanternes chinoises et de guirlandes de papier. Nous ne savions pas quelle tragédie se préparait, nous ne savions pas que nous allions être anéantis, que Paris serait allemand, que la croix gammée flotterait sur la tour Eiffel, que la France serait souillée, déshonorée. Nous ne savions pas...

Cet après-midi, au parc de Figueira rempli de palmiers, de pins, de fleurs et de cactus, des voix chantaient *La Marseillaise.* C'était douloureux, cet hymne de victoire, on avait envie de se boucher les oreilles pour ne pas entendre ce chant couvert de honte maintenant.

Le casino donne ce soir un bal en l'honneur des réfugiés. Nous irons. Ce sera mon premier bal. Un 14 juillet de guerre, au Portugal, pendant qu'en France Hitler a interdit toute manifestation.

Toute jeune fille *doit* écrire dans son journal ses impressions de premier bal. Voici donc les miennes : un bal triste. Dans la salle de danse, où je ne suis restée qu'environ dix minutes, les couples tournaient lentement. Langoureux tango dans la demi-obscurité d'ampoules vertes. L'orchestre les dominait. Les gens étaient songeurs, avaient l'air de s'ennuyer, les robes courtes ne donnaient pas l'impression d'une fête. Après une danse, nous sommes allés dans une autre salle où, assis devant une petite table, nous avons parlé avec d'autres réfugiés de départs outre-mer, au Brésil, au Chili ou en Argentine.

A 2 heures du matin, nous sommes sortis et avons fini la soirée (*sic*) dans une pâtisserie. Un premier bal peu ordinaire pendant lequel les danseurs ne parlaient que visas, consulats, *clipper*[1] et politique.

1. Avion qui faisait alors la traversée transatlantique.

Le Portugal s'attend à être pris dans la guerre d'un mois à l'autre. Nous serons probablement partis avant. Il n'y a pas à lutter contre le sort. Le courant nous a emportés, il nous emportera plus loin, nous ne pouvons plus essayer de nous en dégager.

15 juillet, 9 h 20 du soir

Joie ! nous venons de recevoir un télégramme de Lisbonne, de mon oncle Samuel. Il a reçu une lettre de papa, d'Angleterre. Papa est vivant, il va bien, mon papa adoré, notre amour, notre trésor. Merci mon Dieu, nous supporterons tout maintenant, puisqu'il est vivant.

Demain, nous télégraphierons à papa. Nous avons son adresse. Il nous croit encore en France. Dans la lettre à Samuel, il le supplie de nous sauver. Mon pauvre papa, comme il doit se soucier pour nous !

Nous attendons la première lettre de papa. C'est le soir, pendant que j'écris, les voix de notre propriétaire et de ses sœurs chantent merveilleusement au-dessus de nous.

J'ai reçu une lettre de Monique, je suis reçue au bac. Que c'est étrange d'être bachelière !

Un prêtre portugais auquel maman a parlé lui a exprimé son indignation. Il paraît que les réfugiés choquent toute la population à cause de leurs tenues à la plage, leurs costumes de bain indécents. Maman, interdite, lui a dit qu'elle ne voyait aucun mal à ces costumes de bain et que sa fille (moi) portait aussi un costume de bain deux-pièces.

Août, Largo Dr Pereira das Nevas

Ce soir, nous avons redéménagé, car notre appartement n'était libre que pour le mois de juillet. Nous l'avons quitté à regret. Celui de maintenant est sous les toits, on y étouffe. Mais il est bon marché et nous n'avons rien trouvé d'autre. Ce soir, je dormirai donc dans ma onzième chambre depuis la guerre. Nous espérons avoir bientôt une lettre de papa nous disant d'aller le rejoindre. Entre autres malheurs, j'ai perdu mon stylo.

Lettre de Jacques Maritain[1] des États-Unis, qui tâche de nous avoir des visas pour l'Amérique. Je ne pense pas que nous resterons encore longtemps à Figueira da Foz.

Deuxième lettre de papa adressée chez Samuel à Lisbonne.

« 28 juillet 1940.

« Chérie, mon Espérance,

« C'est ma seconde lettre et j'espère que tu as reçu la première, datée du 15 juillet. Maman a-t-elle reçu ma lettre d'hier? Aujourd'hui, comme c'est dimanche, je te consacre la journée à toi, mon tout. Tu sais déjà d'après ma lettre à maman que j'estime *absurde* votre départ pour l'Amérique du Sud. Tandis que je serais heureux de vous savoir aux États-Unis, car c'est un pays qui est loin de la guerre. Un pays où nous avons des amis et des parents, où se trouvent mes œuvres et où enfin, je pense, vous pourrez, en étant aidées, trouver une existence. Le Canada, en attendant de pouvoir entrer aux USA, serait aussi à conseiller; puis, en dernier lieu, l'Angleterre. Car ici vous seriez de nouveau dans un pays en guerre et vous savez déjà un peu ce que cela signifie. Quant à me voir, c'est très difficile, car je suis dans un camp militaire fermé, où venir est bien impossible. La circulation ne vous serait pas facile et vous seriez mises en commun avec les exilés polonais, tandis qu'en Amérique du Nord vous seriez libres.

« Tu t'y feras vite et tu auras une situation grâce aux relations d'Emmanuel Chapman[2] ou de Jacques Maritain.

« J'ai souffert en lisant vos lettres tout en étant heureux de les recevoir. Je ne puis rien hélas pour obtenir des visas pour vous. Un soldat est peu de chose. La femme d'un soldat peut beaucoup plus dans un consulat.

1. Philosophe néothomiste (1882-1973).
2. Philosophe et écrivain américain, professeur à l'université de Fordhan.

« J'aurais tant voulu te décrire notre odyssée, puis notre vie ici, mes sentiments, mais je pense que vous devez déjà savoir un peu par les journaux et puis je vous lirai les lettres que je vous ai écrites du bateau et de la route. Je les garde et je pense que le moment viendra où nous nous verrons et je vous raconterai toute ma souffrance d'être loin de vous, sans nouvelles. Je remercie Natek et sa femme de leur bonté pour vous. Êtes-vous libres de pratiquer ? Ici, c'est bien difficile et je mets tout sur la balance...

« J'ai pensé vous envoyer de l'argent aussitôt que notre solde serait réglée, mais maman m'écrit qu'elle m'avait envoyé un dollar par une dame (je n'ai rien reçu jusqu'ici). Je suppose donc que vous n'êtes pas sans le sou. Je m'achèterai un peu de linge d'hiver, car je n'ai rien pu emporter avec moi. Je n'ai pas trop chaud dans ce climat d'Écosse. Nous dormons sous des tentes. Demain, je dois recevoir un nouvel uniforme et ton papa sera un "beau" soldat britannique. Personne ne croit à mon âge. Je crois que je resterai jusqu'à la fin de la guerre soldat, mais il m'est difficile de l'affirmer, car il suffit qu'un décret règle l'âge et alors tout serait changé. Que ferais-je alors, je ne sais pas, mais je ne m'inquiète pas à l'avance. Je t'embrasse ma chérie. Dieu a gardé mon Espérance, que Dieu soit loué. Je t'aime et je vous embrasse. Embrasse Samuel, Agathe et Clarette, Oleś et sa famille. Embrasse maman mille fois, je voudrais tant être à côté de mon amour. Ça viendra. Croyez-le. Je reste ton papa qui t'adore et qui espère bientôt être avec toi.

« Marek. »

Mardi

Quelle vie agitée, mondaine nous menons, ne permettant pas une seconde de recueillement ! J'ai la nostalgie du silence d'Héas, dans les Pyrénées, des vacances calmes, dans la paix d'Héas lorsque j'avais dix ans, douze ans.

Ici, du matin à minuit ou à 1 heure, sans arrêt nous sommes entraînés dans un tourbillon. Où est ma vie régulière, tranquille d'autrefois ? Le « monde », que je connaissais peu, me fatigue déjà.

Il est hypocrite, envieux. Ma place serait mieux en Angleterre dans l'armée qu'au casino d'une plage mondaine.

Vu *La Maison du Maltais*[1] au cinéma. Très beau et bien joué. Belles photos. Un jeune Portugais, Carlos, fort beau garçon, s'est, je crois, épris de ma personne. Après avoir dansé avec moi au casino, il ne me quitte plus ni sur la plage, ni à la mer, ni aux Champs-Élysées. Aujourd'hui, il nous emmène tous dans son auto visiter la sierra Boa Viagem. J'ai écrit à papa pour qu'il vienne ici et me permette de partir à sa place dans l'armée féminine en Angleterre.

Même jour. Belle promenade. Panorama sur tout Figueira et la mer étincelante à perte de vue. Bois de pins, cactus géants, buissons de mimosas en fleur. Mon « Adonis » semble sérieusement touché, ce qui m'ennuie énormément, car je me souviens de la scène d'il y a deux ans avec Édouard et le souvenir en est encore si atroce que je ne pourrais jamais recommencer. Aussi l'idée d'avoir à refaire cela avec Carlos m'est insoutenable. Je vais essayer de lui laisser entendre demain que je suis fiancée, peut-être que cela calmera son amour. Je n'ai qu'une crainte, c'est qu'il ne se déclare et m'oblige à le refuser, comme le pauvre Édouard. Jamais je ne pourrai oublier cette scène. Je m'y attendais si peu. L'idée même qu'un jeune homme puisse être amoureux de moi me paraissait absurde. Quand j'ai refusé et qu'il s'est mis à genoux en pleurant, je ne ressentais qu'un immense dégoût et de la pitié.

Un bateau américain vient chercher tous les réfugiés et les emmène gratuitement en Amérique. Nous allons donc partir vers la fin de ce mois. C'est merveilleux pour nous. L'Espagne va probablement déclarer la guerre à l'Angleterre. Les communications postales avec la France sont coupées. C'est le dernier pont qui saute.

1. Film français (1938) de Pierre Chenal, avec notamment Dalio comme interprète.

Nous vivons dans l'attente. Une cour de jeunes Portugais nous suit pas à pas. Jusqu'à présent, je n'avais jamais été ainsi entourée de garçons et j'avoue que je ne m'y habitue pas. J'aurais donné les trois quarts de ma vie pour pouvoir aller en Angleterre, mais elle s'éloigne de plus en plus. Papa va, il me semble, rester à l'armée.

Écrit à papa pour lui demander de me laisser partir dans l'armée féminine anglaise. Lu *Paris-Soir* du 6 août : la France fait des réformes sociales et morales pour le retour de la femme au foyer et la renatalisation. Mais son attitude vis-à-vis de l'Angleterre est honteuse. Le Japon, dit-on, va s'allier à l'Allemagne, mais l'Amérique et la Russie vont s'allier à l'Angleterre.

Temps superbe, chaleur de 50 °C, 39 °C à l'ombre. Nous nageons pendant des heures tant l'eau est agréable. Il fait une chaleur torride. J'ai vu un cactus de quatre mètres de haut et un palmier grand comme une maison de trois étages.

Mon Dieu, je t'en supplie, fais que papa vienne ici me remplacer auprès de maman et que moi je puisse partir à l'armée. Aucune lettre de France.

D'Annie, silence complet depuis deux mois et demi. Je ne sais plus qu'en penser. Je ne puis croire qu'elle m'a ainsi abandonnée.

La chaleur monte toujours. 53 °C au soleil, 40 °C à l'ombre. Je m'éternise dans la mer, je me gave d'eau glacée. Le soir, quand la fraîcheur revient, je me promène.

On pense que le Japon et la Grèce vont bientôt entrer dans la guerre. La BBC a annoncé plusieurs attaques aériennes allemandes (mille deux cents avions) qui ont été repoussées. Pas de lettres de France, pas de lettres de papa. Le gouvernement français a enlevé la nationalité française aux Français qui sont partis depuis la fin de juin. Je suis donc apatride… Je fais ici chaque jour des quantités d'expériences. J'apprends à connaître la vie, les hommes, la façon dont il faut parler aux garçons et ce qui leur plaît. Jusqu'ici, j'ignorais tout de cet art. Maintenant, je me « protège » en emmenant partout avec moi ma petite cousine Ryśia. Je n'arrive pas à le comprendre mais, si je sens qu'un homme s'intéresse à moi d'une certaine façon, je prends peur.

Jeudi

J'ai rompu toute relation avec Carlos, car je ne veux pas que cela aille trop loin avec lui. Maintenant, il me salue dans la rue avec un air de chien battu. Comme toute cette vie me dégoûte, je voudrais partir en Angleterre. Ici, on ne pense qu'aux plaisirs, aux jouissances ou aux visas. Le problème de la religion me tourmente. Pour moi, alors que l'idée de Dieu est absolue, celle des religions est un point d'interrogation. Les religions sont fort utiles, viennent-elles cependant de Dieu ou des hommes ? Ne sont-elles pas des aides diverses plus ou moins bonnes, inventées par les hommes, suivant leurs races, leurs civilisations ? N'est-il pas suffisant d'adorer Dieu sans suivre une religion à moins d'en sentir le besoin ? Tout cela est angoissant.

Hier, nous avons été à Coimbra et à Curia. En chemin, j'ai vu des rizières extraordinairement vertes, d'un vert étrange, clair, frais. A Coimbra, nous avons visité le superbe jardin botanique. Jamais je n'ai vu tant de plantes merveilleuses. Puis visite de l'université, de la bibliothèque toute dorée, de la pierre de Saudade. En route, nous avons rencontré un docteur portugais qui nous a conduites partout en auto, nous a offert à déjeuner (j'étais avec ma cousine Clara, la fille d'oncle Samuel, et son amie Madeleine), puis nous a emmenées à Curia, où nous avons visité avec lui le *Palace Hôtel*, l'établissement thermal et le parc romantique, et, en fin de compte, Francesco (le docteur) s'est épris de moi ! Du moins, c'est ce qu'affirme ma cousine Clara. On dirait que je plais aux Portugais. Cela ne cesse de m'étonner. J'ai l'air d'avoir à peine quinze ans. Je n'ai rien d'une femme. Je ne comprends pas ce qu'ils peuvent bien voir en moi. C'est peut-être parce que leur intérêt me semble si étrange, si incompréhensible, que ça me fait peur.

Maman est à Lisbonne pour quelques jours, essayant de nous avoir des visas. Je suis donc livrée à moi-même et libre comme l'air.

Ce soir, je termine le cinquième cahier de ce journal, commencé lorsque j'avais neuf ans. Je le termine en terre d'exil, avec l'inconnu devant moi. Je n'ai aucune lettre d'amies de France. Je suis coupée de tout. Les grands-parents sont malades à tour de rôle. Le jazz joue. La mer ondule au soleil. Les palmiers balancent leurs larges bras. Maman s'inquiète, s'énerve. Papa est en danger. Le casino s'illumine. Je mange des gâteaux, je vais au cinéma, je me promène avec des garçons, j'apprends le portugais, j'abrutis ma nostalgie. Voilà ma vie à Figueira da Foz.

26 août, onzième mois de guerre,
deuxième mois d'armistice partiel,
deuxième mois d'exil

Maman est revenue de Lisbonne avec deux visas américains que nous ont eus Raïssa et Jacques Maritain à New York. Dans quelques jours, nous allons quitter Figueira pour Lisbonne. Quatre lettres de papa nous racontent un peu son odyssée depuis La Rochelle jusqu'en Angleterre sous les bombardements. Au début de ce sixième cahier, j'aurais voulu avoir quelque chose à dire, mais je n'ai rien. Je suis affreusement vide, sans pensées, sans idées. La vie est toujours la même ici : cinéma (gratuit pour les réfugiés) tous les deux jours, casino, fêtes, promenades en auto, entourage de gens qui ne songent qu'au flirt et aux amusements.

Nos matinées se passent sur la plage, je reste plus d'une heure dans la mer tiède puis je me grille délicieusement au soleil sur le sable chaud.

Autour de nous les réfugiés, ainsi que quelques beaux Portugais, flirtent à qui mieux mieux.

Bonnes nouvelles politiques d'Angleterre, c'est le plus important. Pas de lettres de France. D'Annie, pas de lettre depuis trois mois.

Lu *Le Club des Lyonnais* de Duhamel, que je n'aime pas du tout. *Le Cercle de famille* de Maurois, que je n'aime pas non plus, et deux vieux *Paris-Soir* du 10 et du 11 août très amusants, car ce journal devient le défenseur des bonnes mœurs et de la religion !

Pendant douze jours, j'ai été très malade, avec 40 de fièvre. Mes cousins m'ont soignée en faisant preuve d'une bonté touchante, maman a été très courageuse, et moi, dans toute cette fièvre survenue après un évanouissement, je réfléchissais sans cesse, comme je ne l'avais pas fait depuis des mois, avec une lucidité extraordinaire. Voici ce que j'ai compris :

1) Pour mon livre, je dois le refaire, il n'est pas assez vrai. Tout est faux, ennobli. Je changerai tout.

2) Ma vie à Figueira ces derniers temps a été absurde, je n'étais plus moi-même. Je ne savais plus penser dans ce milieu de fous. J'étais continuellement blessée par leur contact et pourtant je ne les quittais pas, j'essayais de m'adapter à eux, alors qu'ils auraient dû s'adapter à moi.

3) Le point le plus délicat, c'est cette vocation religieuse que j'ai cru avoir et que, maintenant j'en suis sûre, je n'ai jamais eue.

4) J'ai réfléchi aussi à Mère Marthe et à ma passion pour elle. Avec une grande douleur, j'ai dû constater, maintenant que j'ai les yeux ouverts, que j'avais mis sur un piédestal une femme qui a des défauts immenses. Je le savais déjà, mais je ne voulais pas le voir. Je ne peux l'accuser de rien, elle a été pour moi d'une bonté inouïe, je crois qu'elle m'aimait et moi je l'aimais sincèrement de toute mon âme, mais pour les élèves qu'elle aimait moins ou qu'elle n'aimait pas, elle était très dure et injuste, elle oubliait trop qu'elle était une religieuse. Elle était aussi ambitieuse, orgueilleuse, mais elle avait des qualités immenses d'enthousiasme, de jeunesse, d'humour, et c'était un excellent professeur. Maintenant, je vois clairement que seule ma passion pour elle m'a fait croire à une vocation religieuse. Loin d'elle, tout s'est envolé, et c'est pourquoi en un sens la guerre a été une bénédiction pour moi, sinon je crois que je serais entrée au couvent sans vocation, et j'aurais eu une vie ratée.

Les Anglais tiennent toujours. Ils doivent tenir jusqu'au 23 septembre, époque des équinoxes ; après cette date, les Allemands devront arrêter leurs attaques à cause du temps. Mon Dieu, sauve l'Angleterre, encore quinze jours à tenir et le monde entier sera sauvé. Quinze jours ! Je tremble pour l'Angleterre, qui se défend *seule* contre l'Allemagne. Londres est, paraît-il, une ville en flammes. Les Anglais n'ont pas hésité à sacrifier leur capitale, eux. Nous restons à Figueira pour attendre les visas des grands-parents ; s'ils n'arrivent pas avant novembre, nous partirons à ce moment-là à Lisbonne. Pour mon anniversaire, j'ai reçu beaucoup de cadeaux. J'étais heureuse d'en avoir fini avec cette année de malheur et lorsqu'elle s'est enfin terminée pour toujours j'ai dit ouf ! et j'ai accueilli cette nouvelle année que j'aime parce que je la vois comme un lac tout blanc alors que l'année d'avant, tout était gris.

Mauvaises nouvelles politiques. Londres est très endommagé, Goebbels a annoncé sa destruction complète pour la fin de la semaine en disant que seul son souvenir historique durerait. Nombreuses victimes civiles dans la population. En Amérique, on a l'air de préparer l'opinion à une défaite anglaise et les Anglais eux-mêmes s'attendent à un débarquement boche dans l'« île invincible ».

Au Portugal, interdiction d'écouter les postes étrangers et de vendre le journal *France* de De Gaulle. La défaite de l'Angleterre entraînerait la perte de mon dernier espoir. Ce ne serait plus la peine de vivre. Si l'Angleterre était vaincue, je ne désirerais plus qu'une chose : retourner en France tuer le premier Boche que j'y rencontrerais. Comme la vie ne m'intéresserait plus, la mort me serait une joie. Aujourd'hui, j'ai perdu l'espoir. J'ai peur de m'avouer que je ne crois plus à la victoire anglaise.

Tension très grande entre la Russie et la Roumanie. En Indochine, batailles entre les armées française et japonaise. Le monde entier est un immense chaos où il n'y a plus de place pour moi. Je me sens maintenant comme une bête traquée, sans patrie, sans espoir, il nous faut fuir sans cesse et je n'en peux déjà plus.

Je voudrais écrire un beau livre, un chef-d'œuvre, et le reste ne m'importe pas. Le monde est couvert d'une telle couche de pourriture qu'on ne l'enlèvera plus facilement. Égoïsme des hommes, hypocrisie, désir de jouir, haine, écrasement du voisin, sotte vanité, voilà ce que je vois autour de moi, et en moi je ne vois guère mieux...

Maman et moi avons décidé de laisser les grands-parents à Lisbonne avec tout ce qu'il leur faut pour vivre, puisque les organisations juives s'occupent d'eux, et de partir en Angleterre. Moi pour m'y engager dans l'armée féminine. Maman a l'air fermement décidée. Pourvu que ça dure et que papa permette ! A la maison, la vie est impossible, car sans cesse les grands-parents font des scènes terribles pour des riens. Grand-père est comme un fou et grand-mère est d'une tyrannie effroyable.

J'ai seulement appris hier qu'en Roumanie, le 8 septembre, le roi Carol avait abdiqué en faveur de son fils Michel âgé de dix-huit ans et germanophile fervent. Un pays de plus qui est pour ainsi dire déjà à l'Allemagne. Le roi Carol est, paraît-il, à Estoril près de Lisbonne. Combats en Égypte entre Italiens et Anglais. En Angleterre, toujours la même situation. S'ils tiennent jusqu'au 27 septembre, la guerre est gagnée. On pense que l'Espagne ne va pas tarder à entrer dans la danse aux côtés des Boches.

Le 1er octobre, nous partons à Lisbonne faire des démarches pour avoir les visas anglais et ce n'est pas facile. On s'attend à l'entrée en guerre de l'Espagne d'un jour à l'autre. Le 23 septembre, le général de Gaulle est parti avec l'armée de la France libre devant Dakar pour protéger l'A.-O.F. des visées allemandes. Le gouvernement *français* de Dakar, par ordre de Vichy, a tiré sur la vedette des parlementaires de la France libre. D'autres Français aussi ignobles ont bombardé hier Gibraltar.

Les Anglais tiennent. Ils bombardent Berlin, toute la ville flambe.

Les Japonais ont adressé un ultimatum à l'Amérique du Nord au sujet des Philippines. Les Boches ont traversé la Finlande. Ribbentrop est à Madrid. Demain, j'irai voir *Goodbye Mr. Chips*[1].

1. Film américain (1939) de Sam Wood.

Lu en polonais un admirable roman de Pearl Buck que papa devrait lire. C'est la vie d'une femme sculpteur. Connaissance très exacte du milieu, des techniques, de la vie et des émotions des sculpteurs. Il faut absolument, pour ce livre, que j'aie l'avis de papa. Il me plaît énormément quoiqu'il me faudrait encore le relire pour réfléchir sur certaines idées.

Même jour, 8 heures du soir

Le vent a tourné : un ou plusieurs navires vont venir ces jours-ci (cette fois, c'est certain) chercher tous les Polonais qui le veulent, pour les emmener en Angleterre. Nous nous sommes inscrites, naturellement. Le voyage va durer, dit-on, trois ou quatre semaines et, dit-on aussi, nous passerons d'abord par Gibraltar. Je suis folle de joie ! Ce voyage s'est très vite décidé à cause du danger espagnol. Je voudrais être déjà sur le bateau, quoique la traversée s'annonce mouvementée. Torpillages, mines, tempêtes, bombardements, on nous promet tous les plaisirs.

Pourvu que ces quelques jours passent vite et que nous soyons déjà en route, en route vers l'Angleterre, vers papa, vers un pays libre !

Le bateau part, dit-on, le 5 octobre. Maman a télégraphié à papa pour lui demander sa décision. Je ne vis plus de peur que papa refuse. Dans ce cas, je ferai tout ce qui sera en mon pouvoir pour partir seule. J'espère pourtant de toute mon âme que papa permettra.

30 septembre, départ
(écrit la veille de quitter Figueira)

Nous préparons les malles béantes d'où s'échappent robes et habits. Seuls traînent encore quelques papiers sur les dalles.

Voici une nouvelle maison que je quitte, une ville qui s'éloigne derrière les vitres du taxi. Encore un consulat, encore une gare et des champs qui fuient derrière le train. Ce bouquet d'arbres, ce lac paisible, cette route blanche que je ne reverrai plus. Voici de nouveau un pays auquel je dis adieu.

Encore une douane, encore une frontière et un nouveau drapeau de l'autre côté. Le port est devant nous et le grand paquebot prêt à partir. La passerelle légère est vite franchie car le sol mouvant du pont est plus accueillant que la terre.

Voici donc la sirène du départ, les cheminées fument, le bateau lentement glisse vers le large.

Là-bas, les mouchoirs des grands-parents ne sont plus que des points blancs.

TEMPÊTES SUR LES COURS D'EUROPE

Norvège. – *Le roi Haakon, qui a quitté son royaume au moment de l'occupation allemande, a trouvé refuge en Écosse. Le prince héritier Olaf et sa femme, la princesse Marthe, sont aux États-Unis.*

Pays-Bas. – *La reine Wilhelmine est réfugiée en Grande-Bretagne. La princesse Juliana et ses enfants sont aux États-Unis les hôtes de la mère du président Roosevelt.*

Luxembourg. – *La grande-duchesse est aux États-Unis avec ses enfants.*

Belgique. – *Léopold III se trouve au château de Laeken dans son pays occupé par les troupes allemandes.*

Danemark. – *Le roi Christian, dont le royaume est occupé, est demeuré à Copenhague.*

Roumanie. – *Carol II a abdiqué. Son fils Michel, âgé de dix-huit ans, lui succède et rappelle sa mère, la princesse Hélène de Grèce, qui n'a jamais été couronnée.*

Lisbonne, 2 octobre

Hier à 1 heure du matin, nous avons tous quitté Figueira après un dernier adieu à la mer ourlée de phosphore et aux palmiers éclairés par des lanternes bleues.

Nuit dans deux trains, en troisième classe, bruyante de paysans et de soldats, odeur empestée, cris, sifflements, bousculade, courses d'un quai à l'autre, les grands-parents geignant, ne pouvant marcher, paquets, chahut, cohue et… au matin dans le soleil une ville toute blanche, élégante, fleurie, aux larges boulevards bordés de palmiers, stores bleus aux fenêtres : Lisbonne.

Ce soir, je suis dans ma douzième chambre. Les grands-parents resteront à Lisbonne. Maman et moi voulons à tout prix partir samedi en Angleterre, mais, au consulat polonais, on fait des difficultés parce que je suis française…

Je voudrais secouer ce poids qui m'écrase. Y aura-t-il un jour où tous ces soucis s'éloigneront de moi ? Je suis responsable de maman, je la sépare délibérément de ses parents, je pars avec elle, rejetée par les Polonais comme Française, rejetée par les Français comme étrangère et juive, rejetée par les juifs comme catholique. Mon Dieu, au moins laisse-moi partir en Angleterre. Par ma fenêtre, j'entends des guitares. Dans la pièce à côté, mes cousins discutent avec maman et mes grands-parents. Je rêve du grand large où je pourrai être avec maman. Oncle Sam est d'une bonté touchante pour moi, il me rappelle papa. Pourtant, lorsqu'il m'a emmenée voir la place de l'Inquisition, il m'a parlé de cette Inquisition comme si, étant catholique, j'en étais personnellement responsable, et j'avais beau lui dire que je n'y étais vraiment pour rien, que je détestais l'Inquisition autant que lui, je voyais les yeux accusateurs de mon cher oncle Samuel.

Bombardement de Berlin qui a duré cinq heures et demie. A part ça, nous ne savons rien, sauf qu'en France tous les Juifs de parents non français sont déchus de leur nationalité.

Chez mon oncle, 2 heures du matin

Enfin, délivrance ! nous partons dimanche matin en Angleterre, nous avons reçu la permission de papa. Mais que de soucis jusque-là ! Démarches dans les consulats, installation des grands-parents à l'hôtel, courses à la gare, etc. Ce sont des choses qui ne se racontent pas, ni les dîners de sandwichs, ni l'inquiétude, ni les difficultés. J'ai encore eu le temps de visiter l'église de l'Estrela. A Paris, persécution des Juifs. Ici, toujours danger espagnol. Sur notre bateau, il n'y aura que des militaires et deux ou trois familles de soldats polonais. Nous aurons une escorte de navires de guerre anglais. Le voyage durera vingt jours. Nous avons eu nos visas anglais grâce à maman, qui les a obtenus quand tout semblait perdu. J'écris tout cela dans un terrible désordre, je meurs de fatigue, de joie, d'émotion et d'énervement. Je suis incapable de ramasser mes idées, d'écrire. Sur le bateau, j'aurai le temps.

En mer, à bord du Neuralia, *le 6 octobre*

Nous sommes montées ce matin sur le *Neuralia* à neuf heures et demie. Départ à deux heures et demie. Nos cousins sont également sur ce bateau. Nous sommes en première classe, très bien installées. Notre petite cabine blanche est très confortable, avec vue sur la mer bleue. Nous voguons vers Gibraltar pour y chercher notre convoi. On nous a imposé de porter continuellement des *life jackets*[1] qui nous donnent à tous des airs de bossus. Beaucoup de militaires polonais, quelques bébés, quelques femmes, des Anglais, de rares Français, quelques Tchèques. La vie à bord est merveilleuse, nous sommes servis par des stewards indiens en costumes et turbans qui ont une majesté incomparable. Au-dessus des trois ponts flotte le drapeau anglais. Bientôt, nous serons dans le pays de l'honneur, où nous verrons papa, où nous pourrons servir.

J'aurais mille choses à dire sur le *Neuralia* : les mouettes qui nous suivent, la mer d'or au soleil couchant et les chants polonais sur le pont et le vent salé, et mon anglais mélangé de portugais, de polonais et de français. Tout est si beau, si reposant. J'aime le roulis, le tangage, l'insouciance de cette vie en mer. Dans quelques jours, lorsque mes émotions seront un peu apaisées, je pourrai écrire mieux. Pour le moment, je ne peux que crier : « Joie ! »

En mer, devant Gibraltar

Entre deux rangées de montagnes, d'un côté la côte espagnole brunâtre, de l'autre les monts Atlas du Maroc, nous nous sommes

1. Gilets de sauvetage.

engagés hier à 5 heures entre les Colonnes d'Hercule. Devant nous se dressait le rocher inébranlable, le rocher de la puissance britannique, Gibraltar. Le soir au coucher du soleil, nous nous sommes arrêtés. Le ciel était orange derrière l'Espagne, rose derrière Gibraltar. Au crépuscule, après des manœuvres d'abordage, des centaines de lumières étincelèrent sur le rocher et dans le port où se trouve une forêt de bateaux de guerre. Aujourd'hui, nous descendons à terre et y resterons jusqu'à ce qu'un navire anglais vienne nous chercher : peut-être quelques jours, peut-être quelques semaines. Nous sommes passés devant Trafalgar.

Même jour, Gibraltar

Quelle ville étrange ! Hier soir, promenade en compagnie d'un très aimable soldat anglais du Service des informations qui nous a montré les traces des bombardements italiens fréquents.

L'Allemagne a pris la Roumanie. Nous avons acheté deux pyjamas chinois très jolis et un kimono à double face. Les rues sont pleines de soldats, le soir ils sont ivres. Je ne peux pas mettre seule le pied dehors. Je voudrais quitter cette forteresse, les hommes y regardent les très rares femmes avec une « faim » terrible. Je me sens mal. Les rues bordées de magasins tentants sont fréquentées par un grand nombre de prostituées. Ce sont les seules femmes qui vivent ici. Hier, nous avons parlé avec l'une d'elles qui est polonaise. Elle est danseuse dans un café d'ici et très gentille. Nous avons acheté mon kimono chez un Indien, très beau, qui me parlait anglais. Il m'a fait des quantités de compliments devant maman qui n'y comprenait goutte, son anglais étant très pauvre. Depuis mon départ de France, je me suis rendu compte que je pouvais plaire aux hommes, ce que j'ignorais totalement. L'Indien de ce matin m'a pris la main un instant et je ne l'ai pas retirée tout de suite, ce qui est très mal et idiot. Je n'ai jamais de ma vie embrassé un garçon, tout s'est arrêté à des compliments, des regards, des offres de promenades.

Dès que je voyais que cela allait trop loin, je cassais tout et je partais (comme avec Carlos) et je restais très froide, sans la moindre émotion, sauf une certaine curiosité, vite changée en ennui. Toutes les jeunes filles tombent amoureuses tous les jours, moi jamais. Je ne comprends pas. L'idée du flirt me donne des nausées. L'air d'ici me fait mal. Pas les prostituées, celles-là me font seulement pitié, mais les yeux des militaires. Ce « climat » de Gibraltar, ce parfum de sensualité, d'impureté, m'est intolérable. J'aime l'amour, mais pas l'animalité. Je voudrais vite partir, être en mer. Le vent, l'océan, le ciel sont purs. Même les bombardements de Londres seront mieux, il y aura là du courage, de l'effort, il n'y aura pas cette course à la femme qu'on sent ici. Les hommes sont des êtres curieux. Je me souviens de cet officier polonais sur le *Neuralia* qui nous parlait, à Iza et à moi. Iza est une jeune Polonaise de quinze ans qui a pu quitter Varsovie avec ses parents après l'entrée des Allemands. Ils ont fui en Italie, puis au Portugal, et je l'ai rencontrée sur le *Neuralia.* Nous sommes devenues très amies. Cette nuit étoilée en face de Gibraltar tout illuminé et cet officier polonais qui parlait crûment du plaisir à deux jeunes filles, puis discutait d'art et de littérature avec une grande intelligence !

Même jour

Très belle promenade avec notre Anglais en contournant le roc abrupt d'un côté. Gibraltar est une immense forteresse, dont chaque fissure cache la gueule d'un canon. Vu de loin Algésiras, la Méditerranée était calme, un peu grise au coucher du soleil, orangée derrière la sierra Morena. De l'autre côté, on voit nettement l'Afrique. Au retour, nous avons assisté à une revue militaire en souvenir d'une vieille tradition de la fermeture des portes et de la remise des clés de la ville. Cela se fait tous les mercredis. L'armée britannique est d'une discipline admirable. J'aime de plus en plus cette nation. Autour de nous, je ne vois que serviabilité, gaieté. Ce peuple gagnera la guerre, c'est un grand peuple. On m'en avait dit du mal, je vois ici que c'est faux. J'ai une grande reconnaissance, une grande affection pour l'Angleterre.

J'ai cueilli une merveilleuse fleur rouge sang, très grande, avec un long pistil rouge s'échappant de la corolle et terminé par de minuscules boules jaunes et rouges, toutes duveteuses. Coups de canon, dans le ciel paquets de nuages, les gens courent vers les abris, d'autres (comme nous) restent avec les militaires à contempler l'azur nez en l'air. La cuisine est anglo-espagnole. Nous ne faisons rien, tricotons, écrivons, je me promène avec maman et Iza, tout est calme (relativement).

C'est le soir. Par la fenêtre me parviennent des chants de soldats. Je suis assise sur mon quinzième lit (en comptant la couchette du bateau) et j'écris, plutôt parce que je n'ai rien à faire que parce que j'ai quelque chose à dire.

Notre attente ici semble se prolonger, tout le monde soupire après l'arrivée du convoi qui nous conduira en Angleterre. Gibraltar est une ville sans femmes et sans enfants, tous évacués. C'est une étrange impression, ces rues où ne passent que des hommes. L'avion d'hier était italien, il a lâché ses bombes dans la mer et s'est enfui. Conversation intéressante avec Iza. Elle est très intelligente et mûre, plus mûre que moi. Le doux *farniente* qui règne ici m'ennuie mais moins que je n'aurais cru. Je supporte assez bien l'inaction et je reste sans rien faire plutôt facilement. Je ne voudrais cependant pas m'y habituer. Je remarque pourtant que cette inaction m'est bonne pour écrire. Lorsque j'ai une vie agitée ou seulement trop occupée, j'écris moins ou pas du tout. Trop d'émotions et d'impressions me coupent le souffle. Je ne peux écrire que dans le calme non seulement extérieur mais surtout intérieur, dans l'apaisement. J'ai dit hier à maman que, malgré mon grand désir d'avoir des enfants, si je savais que ceux-ci me gêneraient pour écrire, je n'en aurais pas. J'aurais tout abandonné pour écrire, j'en ai autant besoin que d'air pour respirer.

17 octobre
(écrit la veille de monter sur le deuxième bateau)

Le jour baisse, laissant s'étendre un crépuscule morose. Une à une, nos larmes tombent sur les valises closes.

De nouveau un départ, un bateau, la mer devant nous, de nouveau l'inconnu.

Il fait presque nuit dans notre chambre d'hôtel. Quel temps fait-il là-bas dans mon pays ? A cette heure-ci, on allumait la lampe pour lire autour de la table, dans la paix et le silence de ma maison. A cette époque-ci, les feuilles mortes jonchaient Paris et une pluie fine faisait briller l'asphalte des rues.

Maintenant qu'est loin ma vie d'autrefois, son souvenir douloureux m'accompagne partout.

Dans ce crépuscule gris, que faire, sinon songer ? Chaque jour nous éloigne davantage, chaque jour est plus dur, chaque jour la vie écrase un peu plus.

Les visages amis s'estompent dans le passé. Un jour, on ne se souvient plus d'un mot de sa propre langue. Les lettres se font plus rares, la distance augmente. Derrière moi, je ne vois que du soleil et, devant, un gouffre noir.

La nuit envahit cette ville passagère. De la rue monte un bruit de voix. La nuit envahit la chambre. La nuit envahit mon cœur.

A bord du Reina-del-Pacifico, *18 octobre*

Ce matin à midi, nous sommes montés sur un grand paquebot (dix-huit mille tonnes), un navire assez moderne, beaucoup plus confortable et mieux installé que le *Neuralia.* A bord, il y a surtout des hommes de l'armée polonaise et aussi des officiers belges et des marins français. Nous avons une assez grande cabine (seizième lit), que nous partageons avec une Anglaise. Le *Reina-del-Pacifico*, qui fait habituellement les traversées vers le Chili, est pourvu de salles de bal, de lecture, d'une piscine, d'une salle de gymnastique, d'un tennis, de ping-pong… Il est très bien armé, gris foncé, large, puissant.

Nous habitons à bâbord, la nourriture est excellente et tout s'annonce pour le mieux, bien qu'on nous prédise des bombardements. Du moment qu'il n'y a pas de torpillage, tout m'est égal. La seule chose que je craigne est la disparition de ces cahiers et de mon manuscrit. Le voyage doit malheureusement ne durer que sept jours. J'aurais voulu qu'il soit très long. Pas de soucis d'argent, tant que nous sommes sur ce bateau. Cela me repose de toute cette année si dure et même de toute ma vie où sans cesse planait le terrible souci du manque d'argent. Quoi qu'on dise, l'argent est une source très importante de bonheur, on ne le sent que lorsqu'on n'en a pas. Pour nous, nous partons en Angleterre avec deux livres sterling pour toute fortune. Il est vrai que le gouvernement anglais va nous assurer vie et logement. Dans huit ou neuf jours, peut-être verrons-nous papa ? Je ne peux arriver à me le figurer. Peut-être aussi serons-nous morts… Je suis prête à tout, mais pas à ce que mon roman, mes poésies, mon journal disparaissent au fond de l'océan.

En mer, à bord du Reina-del-Pacifico

Toute la journée, nous sommes encore restés devant Gibraltar. Il pleuvait à torrents, aussi presque tous les passagers s'étaient-ils réfugiés au salon pour lire, bavarder, écouter la radio ou tricoter. Je me suis plongée dans un roman policier en anglais et j'ai un peu bavardé avec des Français qui vont rejoindre les Forces du général de Gaulle. Puis, vers 5 heures, le temps s'est éclairci, un beau soleil a inondé la mer, l'arc-en-ciel s'est montré au-dessus de l'Andalousie. Sur le plus haut pont, des officiers jouaient au deck-tennis. Vers le soir, une vedette a récupéré des prisonniers italiens. Quarante-six, dont un blessé. Ils ont été pris aujourd'hui par les Anglais et leur sous-marin a été coulé. Tout le bateau était sur le pont pour les voir embarquer. Ils n'avaient pas l'air malheureux, tous habillés de neuf, souliers blancs immaculés, combinaison de toile bleu marine, ils fumaient des cigarettes et riaient tranquillement. Après le dîner, nous sommes montés sur le pont et le paquebot s'est mis en marche. Un contre-torpilleur nous précède. Demain, nous serons au grand large pour quelque temps.

En mer, à bord du Reina-del-Pacifico

Hier matin, nous avons assisté à la messe à bord, dans le salon. Le soir, exercice de sauvetage. C'était très amusant, car nous nous cognions tous les uns contre les autres, on ne voyait rien. Dans la journée d'hier, maman était très malade et moi, j'étais assez mal en point. Presque tous les passagers geignaient dans leurs cabines, car il y avait une mauvaise mer. Aujourd'hui, j'étais tout à fait bien. Toute la journée sur le pont supérieur, au soleil, à causer art et littérature avec un groupe de Français : Lamy, Fournier, L'Hamirault[1]. Un aviateur qui hier voulait flirter avec moi a rôdé un moment autour de nous, puis est parti.

J'ai très peur d'être un peu un monstre. Mon éducation a abouti à cela que maintenant, à force de manquer de sensualité, je suis dépourvue complètement de sens féminin. Vis-à-vis des hommes, je ne me sens qu'une camarade qui parle à d'autres camarades. Lamy m'a dit en lisant dans les lignes de ma main que mon mont de Vénus n'était pas développé et que je devais être dure, pas sentimentale. J'ai bien compris ce qu'il entendait par cela. Je me rends compte maintenant que c'est mal, qu'une femme doit être sensuelle, au moins un peu. Mes idées anciennes ont fait faillite. Je me suis trompée. Il n'est pas normal que je ne ressente rien devant les hommes, que je n'aime pas flirter, que dès qu'un garçon veut flirter avec moi il m'ennuie (comme l'aviateur d'hier). Malheureusement, je doute de changer maintenant. C'est déjà trop tard. J'ai peur d'être malheureuse en mariage. Ici, sur le bateau, je suis uniquement entourée de garçons, Polonais, Français, mais je vois que je ne suis pas avec eux comme les autres jeunes filles qui se font admirer, qui font des grâces. Je suis telle que je suis et rien d'autre. Hier avec cet aviateur, je me sentais très mal, j'avais peur, je ne sais pourquoi. Or il est anormal qu'une jeune fille se sente mal à l'aise lorsqu'un garçon veut lui prendre la main et tente par divers moyens d'attirer ses regards et sa sympathie. Il me faudrait un

1. Tous ces garçons avaient fui pour s'engager dans l'armée de la France libre. (*NdA.*)

conseiller en cette matière et pourtant il m'est presque impossible de me confier en cela à mes parents, qui ne comprennent rien à ce genre de choses. La vie est vraiment compliquée…

Aujourd'hui, la mer est très agitée. Maman a le mal de mer. Toute la journée, je suis restée étendue sur le *top-deck*[1], où le tangage est si fort que, par instants, le plancher devant nous semblait vertical. Notre contre-torpilleur enfonçait presque complètement. C'était merveilleux de le voir recouvert d'écume qui s'ébouriffait autour de lui et sur lui. Aussi loin qu'on voyait la mer, elle était recouverte de moutons et les vagues étaient si hautes qu'elles atteignaient parfois le pont supérieur et formaient d'immenses creux dans la mer. Par moments, il y avait beaucoup de soleil, à d'autres de la pluie et du brouillard, cela changeait tout le temps. Avec Lamy et Fournier, nous avons discuté de prophéties. Je suis devenue insensible au mal de mer, ne sentant plus ni tangage ni roulis.

Sur le *Reina-del-Pacifico*, je découvre avec Lamy un milieu que j'ignorais totalement : l'Action française. Tout ce petit groupe (Fournier excepté) est très snob, antisémite, un brin prétentieux, mais on sent une grande jeunesse chez ces garçons, beaucoup d'enthousiasme, de courage, de patriotisme. Le désir de rétablir une France cultivée, élégante, polie, cette France d'autrefois, cette « vieille France ». Il leur est naturel d'appartenir à une classe plus élevée qu'une autre, d'avoir plus de jouissances, plus de droits. Pour eux, la troisième République est une utopie. Leur mentalité est étrange. L'antagonisme qui existe entre eux et le peuple juif s'explique parce que ces hommes, qui ont une longue histoire, un pays, des traditions inébranlables, ne peuvent pas comprendre une « race » chassée de partout, qui n'a pas toujours beaucoup de courage patriotique, parce qu'elle n'a rien à défendre.

1. Pont supérieur.

Nous approchons des côtes d'Irlande. On arrive demain soir ou vendredi matin. J'ai très peur de la vie, je ne sais pas m'adapter, j'ai d'immenses défauts qui me rendront malheureuse. Une femme ne doit pas être trop intelligente ni intellectuelle, elle doit être une jolie chose gaie, aimable, sachant tenir une maison, élever ses enfants et faire rire les hommes en les envoûtant de ses beaux yeux. C'est cela que les hommes lui demandent d'être.

Même jour, le soir

Après le dîner, avec maman nous sommes montées sur le pont supérieur, au coucher du soleil. Il n'y avait que nous avec L'Hamirault, Lamy et un autre. Je n'oublierai jamais ce soir. Il a fait très vite sombre autour de nous. Écume des vagues, grosse mer houleuse, étoiles. L'Hamirault a vingt-cinq ans, quatre enfants, une femme de vingt-trois ans, des vieux parents. Il a tout laissé, il n'a même pas une photo de ses enfants. Lamy a un frère prisonnier et ses parents sont restés tout seuls. Le troisième a dix-sept ans, il s'est enfui de France sans avertir personne. Ce soir, ces hommes se racontaient simplement, sans phrases. Après, ils chantaient pour ne pas pleurer, ils sifflaient des airs de marche. Je regardais la mer. La France a perdu honteusement la guerre, mais il y a encore de vrais Français. Pourquoi ai-je peur de la vie ? Pourquoi me poser des questions et réfléchir sur mon manque de sensualité ? Il n'y a qu'une chose à faire : m'engager dans l'armée en Angleterre. Pourvu qu'on veuille de moi !

Nous arrivons demain soir à Liverpool et nous débarquons après-demain matin. L'Allemagne aurait envoyé un ultimatum à la France ; faire la paix aux conditions suivantes : l'Alsace-Lorraine à l'Allemagne ; Nice, la Corse et la Tunisie à l'Italie, et que la France déclare la guerre à l'Angleterre. Sinon, toute la France sera occupée par les Boches. Pétain aurait refusé. On ne sait encore rien de sûr.

Il fait un froid de loup avec un splendide soleil. Les premières mouettes sont apparues ainsi que d'autres petits oiseaux et deux bateaux anglais et un bombardier qui nous protègent. Je suis triste de quitter le bateau, on y était si bien. Un bateau est plus accueillant qu'un pays…

Ce soir à neuf heures et demie, nous arrivons à Liverpool. Le navire a contourné l'Irlande et maintenant redescend vers le sud. Nous avançons entre les deux rives : écossaise et irlandaise. Il fait très froid, la mer est d'un affreux vert foncé, auquel je ne peux plus m'habituer après l'azur doré des côtes portugaises du sud. Les mouettes planent au-dessus du top-deck. Les montagnes écossaises se détachent grises sur un ciel clair. Elles sont assez basses et n'ont pas la majesté, la sauvage grandeur des monts de l'Atlas. Nous sommes à peu près à la latitude de la Norvège. Hier soir, concert au salon. Un capitaine anglais m'a gavée de liqueurs, cocktails, cigarettes. Climat très gai dans ce salon rempli d'uniformes : aviation, marine, cavalerie, artillerie ; Anglais, Français, Tchèques, Belges. Tout le monde chantait, riait. J'étais un tout petit peu ivre, à peine, juste de quoi me rendre très gaie. Deux aviateurs tchèques me racontaient je ne sais quoi en tchèque, le capitaine m'a donné tous les renseignements pour mon admission dans l'armée auxiliaire féminine. Nous nous sommes couchés à 1 heure. Je voudrais être déjà à l'armée.

27 octobre, Northwood (Angleterre)

Hier à 5 heures, nous avons quitté le *Reina-del-Pacifico* ; douane, puis en bus nous avons traversé Liverpool pour gagner la gare. J'ai donc vu, un peu, la ville, grande, industrielle, assez imposante. Puis, en train, dans des compartiments confortables, traversée de Manchester, qui ressemble beaucoup à la région de Saint-Étienne en France. Le soir, raid aérien, le train est plongé dans la nuit. Nous avons dormi jusqu'à 2 heures ; là, nouveau raid, on s'arrête dans une grande gare, on descend du train. Au-dessus de nous, on entendait tomber et éclater des bombes. Nous traversons une place et montons (Polonais, Belges, Tchèques) dans des bus qui nous font traverser une grande ville noire : Londres. Nous étions enfin à Londres. A Londres dans la nuit, sous un fort bombardement. Le bus nous a arrêtés devant un abri où nous sommes restés jusqu'à, je crois, 8 heures du matin, à sommeiller sur des planches, à geler et à mourir de faim (nous n'avions ni goûté ni dîné). Pour nous réchauffer, Iza et moi avons organisé un groupe qui dansait la *bourgogne*. Cela a mis un peu de gaieté. A 8 heures, de très gentils et très grands agents de police nous ont fait remonter dans les autobus, et en route à travers un Londres extrêmement impressionnant, portant les cicatrices de son héroïsme, les marques glorieuses de sa lutte : partout des maisons détruites, écroulées, avec de temps à autre des drapeaux plantés sur le sommet des ruines. Partout des vitres brisées, des vitrines éventrées, mais les monuments publics semblent peu touchés, ce sont surtout les maisons privées et les magasins qui ont souffert. Nous avons vu Westminster, la Tamise, des églises et des palais que je ne connais pas, Trafalgar Square, Piccadilly, Regent Street, etc. Le bus nous a emmenés à Northwood, à une demi-heure de Londres. En chemin, il y a eu plusieurs alertes. A Northwood, nous sommes logés pour un ou deux jours dans un hospice de vieillards, en dortoir. Le moral de tout le monde est excellent, quoiqu'il y ait eu quelques minutes de silence, d'un silence plein de consternation lorsque ces dames (femmes d'avocats, de médecins, de diplomates, d'ingénieurs riches ou l'ayant été) furent placées devant les petits lits de fer et le linge rude. Maintenant, il est cinq heures moins vingt, nous en sommes à la neuvième alerte de la journée, plus aucune réaction devant le bruit des bombes, des avions et des canons. Tout le dortoir *for ladies* est calme, ces dames se reposent, repues, baignées, visitées par un médecin et par un nouvel inspecteur des douanes. Sur les lits de fer, chacune papote avec ses voisines. Vive l'Angleterre !

Nouvelles politiques terribles : Pétain a accepté les honteuses propositions allemandes. Il fait très froid, demain nous pourrons télégraphier à papa, aujourd'hui nous sommes encore sous étroite surveillance et nous ne savons pas ce qu'on fera de nous (en ce moment, alerte, les sirènes hurlent). Dès que je le pourrai, je ferai les démarches pour l'armée.

Toute la nuit, sirènes, bombes, canons antiaériens. Une seule bombe particulièrement forte m'a réveillée, mais je me suis rendormie tout de suite. L'Italie a déclaré la guerre à la Grèce. En ce moment, alerte (il y en a toutes les heures à peu près). Ce soir ou demain, on nous transporte à Londres, où nous recevrons un logis, la nourriture et douze shillings chacune par semaine comme argent de poche. J'ai fait une demande pour l'armée et maman aussi pour un service social. Il faudra que je fasse encore des démarches à Londres. Une bombe tombée tout près d'ici a détruit une maison dans le jardin qui entoure cet hôpital.

Cravent Hill Gardens n° 18, Londres

Nous sommes installées dans un hôtel d'un élégant quartier londonien, près de Hyde Park et de Piccadilly, nous sommes merveilleusement bien.

Il pleut, les sirènes hurlent, mais notre chambre est claire, jolie. Nous avons télégraphié à papa. Ce soir, je dormirai dans mon vingtième lit. L'Italie continue son attaque contre la Grèce.

Novembre

Toute la journée a été occupée. Londres s'est fait beau : soleil, temps chaud. Avec maman, nous avons été à l'église française, nous avons parcouru Regent Street, Oxford Street, Piccadilly. L'après-midi, nous avons vu Buckingham Palace avec toutes les fenêtres brisées et j'ai été au quartier général de De Gaulle, où je me suis inscrite dans l'armée féminine de la France libre.

UN CORPS FÉMININ AUX FFL

Le quartier général des Forces françaises libres communique : Les Forces françaises libres viennent de créer un corps féminin, recruté par engagement volontaire, parmi les personnes désireuses de servir la cause de la France libre.

L'organisation de ce nouveau corps permettra d'affecter à des unités combattantes de nombreux hommes actuellement dans les divers services. Toutes les demandes seront examinées favorablement, mais les organisateurs ne pourront, au début tout au moins, accepter qu'un nombre limité d'engagements. Il est donc de l'intérêt des personnes désireuses de s'enrôler dans le nouveau corps féminin de le faire au plus tôt. Seuls les engagements de personnes de nationalité française peuvent être acceptés.

Les engagements seront reçus, les vendredis, samedis et dimanches, de 10 à 13 heures et de 15 à 19 heures, à Westminster House, 2 Dean Stanley Street, SW 1, au sixième étage.

(*Extrait de* France libre.)

J'attends mon appel. J'aime déjà Londres, ce n'est pas Paris, ça n'a pas l'élégance, la légèreté de Paris, mais c'est une ville puissante, belle. Nous avons vu des rues entières en ruine, surtout vers Oxford Street et New Oxford Street. Là, les dégâts sont considérables, la plupart des maisons n'ont plus de vitres, partout on voit l'effet des bombardements. J'ai essayé de repérer Phœnix Street, où se trouvait un couvent des religieuses de ma pension à Paris. Mais le quartier est sous les décombres, je n'ai même pas pu découvrir la trace de cette rue. Ce soir, trois bombes sont tombées près de chez nous alors que nous finissions de dîner. Trois longs sifflements, la maison a tremblé, puis un coup formidable, puis un autre. Tout le monde s'est levé, la DCA tapait, un avion ronflait au-dessus de nous, puis le calme se rétablit pour un moment. Maintenant, nous sommes dans notre chambre, on entend sans cesse les canons. Le ciel s'illumine toutes les minutes comme lorsqu'il y a un orage et dans la nuit brillent de brefs éclatements lumineux en même temps que des projecteurs balaient le ciel. Quelquefois, une bombe tombe dans les parages, mais pas aussi près que tout à l'heure. J'attends avec une immense impatience mon appel dans l'armée. J'ai dit que je consentais à partir n'importe où, pour la durée de la guerre, avec les Forces de la France libre. Mon Dieu, je t'en supplie, vite qu'on m'accepte !

Pluie, brouillard, dimanche. Tout est fermé. Dans les rues presque vides avancent de clignotantes silhouettes enveloppées d'imperméables. C'est un vrai dimanche d'hiver à Londres. Nous avons été au cinéma voir un film avec Silvia Sidney [1]. Je m'oriente déjà dans la ville, mais je n'en connais qu'une petite partie : le West End, ainsi qu'Ealing, où nous avons été hier après-midi et qui a été très bombardé. Nous attendons papa d'un instant à l'autre. Les Anglais ont pénétré en Grèce, les Italiens reculent, la guerre a l'air de se porter là-bas. Un peu de cafard ce soir, parce qu'il pleut, parce que la France est loin, que je suis sans lettres, que je suis en exil. Je m'habituerai, ça passera.

L'événement important de la journée est la réélection de Roosevelt (ça tape tellement que je ne peux presque pas écrire). On attendait avec une immense impatience le résultat des élections. Tout le monde pariait. Pour ma part, j'avais l'impression que Wilkie [2] allait l'emporter et, grâce à Dieu, je me suis trompée. Roosevelt président, c'est un pas énorme vers notre victoire.

La nuit dernière, nous avons eu le plus long raid de nuit que Londres ait jamais supporté : quatorze heures. Toute la nuit, nous entendions de nos lits les avions boches ronfler par saccades au-dessus du toit pendant que les canons tonnaient et que les bombes sifflaient en s'écrasant.

Ce soir après le dîner (nous en étions au thé), la pièce s'est soudain mise à trembler, tout le mur près de moi oscillait ; au même moment, il y eut un très long sifflement et puis un coup très fort. Une ou plusieurs bombes sont tombées de nouveau tout près de la maison. Tout le monde s'est levé, je regardais le mur en pensant : tiendra-t-il ou non ? Il a tenu. Nous nous sommes rassis et la conversation a repris : *all right!*

En ce moment, il y a une pétarade de première classe, il n'y en a jamais encore eu d'aussi forte. Papa va venir en permission demain ou après-demain. La Grèce va de succès en succès.

Un jour, la guerre sera loin de moi, je me souviendrai de ces nuits d'alerte sur Londres, de l'attente inquiète alors que se rap-

1. Actrice américaine, née en 1910.
2. Candidat républicain, battu aux élections de novembre 1940.

proche le ronflement saccadé de l'avion boche. Je pense : va-t-il lancer ses bombes sur la maison ? Le bruit se rapproche, il passe au-dessus de nous, il s'éloigne, le bruit diminue, on respire jusqu'à la prochaine fois. Et ainsi dix, vingt fois pendant la nuit. Dans le métro dorment des quantités de Londoniens qui craignent de rester chez eux ou même de descendre dans un *shelter*[1]. Ils emportent des matelas, des couvertures et couchent sur le sol sale, dans l'air étouffant, dans les courants d'air et la fumée. Lorsque nous passons dans les couloirs du métro, nous voyons partout ces gens, dès 3 et 4 heures de l'après-midi, couchés par terre, sur les marches des escaliers, enfants, femmes, vieillards. Je préférerais mille morts à cette promiscuité, à ce sommeil dans cet air fétide. Toute la populace de Londres se réfugie dans le métro.

Quand le bombardement est particulièrement fort comme hier et cette nuit, je rêve à la paix d'Héas, je rêve d'y aller après la guerre avec seulement Annie et Monique, camper sous la tente du côté du bois des Gloriettes, un mois entier de lumière, de silence. Ah ! rien que d'y rêver me fait du bien.

Si cela pouvait être vite, le plus vite possible. Maintenant, il y a un moment de répit, on se demande ce qui se passe, pas de canons, pas de bombes, pas de ronflements d'avion, c'est extraordinaire. Piccadilly Street n'est pas très détruite. Quelques pâtés de maisons anéantis dans Oxford Street. Regent Street est à peu près intact. Buckingham Palace n'a plus de vitres, de même que Westminster. Leicester Square, Trafalgar Square sont « un peu » bombardés, ainsi que Lancaster Gate, Paddington et, dans les rues avoisinantes, beaucoup de maisons ont été détruites. De plus, des quantités de maisons sont amochées et les vitres brisées (par « un peu bombardé », j'entends environ sept maisons sur une grande place ou dans une grande rue). Je mène une vie de rentière : lever à 9 heures, petit déjeuner en robe de chambre, puis toilette et promenade. A 1 heure déjeuner, après-midi visite de Londres, à quatre heures et demie five o'clock, à six heures et demie dîner, puis bain, lecture, bavardage et sommeil interrompu ou non par des alertes plus ou moins fortes. J'espère qu'on m'appellera bientôt à l'armée.

1. « Abri ».

Toutes les nuits, les bombes sifflent autour de la maison et beaucoup d'avions allemands sont détruits : vingt la nuit dernière. La Grèce tient bon. Papa arrivera vers le 15. Je me sens étrange dans cette vie inactive et vide. Hier soir, nous sommes descendues coucher dans ce qui sert de shelter à notre maison. C'est une pièce au rez-de-chaussée, sous la salle à manger. On peut descendre son matelas et ses couvertures et y passer la nuit. C'est assez drôle de dormir sur des matelas par terre dans cette espèce de cave, hommes et femmes ensemble. Il pleut, temps gris. J'imagine Annie et Monique dans les rues de Paris, il doit pleuvoir aussi là-bas, les rues sont jonchées de feuilles mortes, elles marchent en se tenant par le bras et en bavardant, elles vont à leurs cours. Peut-être parlent-elles de moi, se demandent-elles où je suis, Paris doit être froid et vide, un autre Paris où flotte la croix gammée, un Paris affreusement triste où l'on entend passer les bottes allemandes. Un Paris où je ne voudrais habiter pour rien au monde, mais vers lequel mon cœur tend sans cesse.

Malgré tout ce qu'on peut me dire contre la France, comme je voudrais être là-bas, un instant, à Paris !

J'ai relu le journal que j'écrivais à quinze ans, je suis ébahie devant mon enthousiasme de cette époque. Jusqu'à quel point faut-il laisser les jeunes filles se leurrer de chimères ? Peut-être est-ce nécessaire pour leur donner ce bonheur des quinze ans. Ce bonheur de vivre, cet enthousiasme qui ne reviendront plus jamais. En relisant mes pages de ce temps-là, j'avais un tel regret de ne pouvoir revenir un peu en arrière, rire du matin au soir et terminer la journée à l'endroit que nous appelions la « cour des adieux » sur le boulevard, à rêver d'avenir, de mariage, d'amour.

Je ne sais pas si j'ai du talent, je ne le crois pas. La meilleure solution pour moi est de mourir.

Ce matin, dimanche, nous voulions aller à l'église Notre-Dame-de-France, où nous étions encore il y a quatre ou cinq jours. Nous y allons donc et trouvons… un monceau de ruines. Deux bombes de deux cent cinquante kilos ont frappé cette église, la réduisant en miettes. C'est horrible de voir ainsi anéanti soudain ce qu'on a vu entier la veille. Il paraît que les hosties ont été trouvées intactes, enveloppées dans le voile du tabernacle et suspendues à une poutre, alors que le tabernacle lui-même est pulvérisé.

La RAF a bombardé Munich au point d'interrompre un speech du Führer, aussi nous attendons-nous à la revanche, c'est-à-dire à un bombardement intensif une de ces nuits. La Grèce tient toujours. L'armée de De Gaulle avance en Afrique à la conquête des colonies françaises. Vu *Je suis un évadé*[1] au cinéma. Très intéressant exemple entre mille de la barbarie de notre époque.

Avec Iza, à Northwood, dans cette *patriotic school*[2], un matin ensoleillé, au jardin, nous avons reconstruit le monde de la façon que nous avons trouvé la meilleure. Naturellement, nous avons seulement répété des choses lues ou entendues, avec quelques idées à nous, mais ce monde n'était pas mal du tout.

Terrible tremblement de terre en Roumanie, deux mille victimes, toutes les maisons endommagées à Bucarest.

11 novembre

11 novembre… Souvenirs.

New Mansions Hotel, *38 Lancaster Gate*

Notre propriétaire est mort et nous avons déménagé hier. Aujourd'hui, nous changeons encore de chambre dans le même hôtel (ce soir, je dormirai dans mon vingt-deuxième lit). Notre nouvelle chambre est très bien, l'hôtel en face de Hyde Park. Très grande victoire grecque.

1. Film américain (1932), de Mervyn LeRoy.
2. L'un des camps de triage par lesquels tous les réfugiés passaient à leur arrivée en Angleterre.

L'offensive de paix allemande n'a pas été acceptée et Munich ainsi que Berlin ont été très bombardés. La nuit dernière, les Boches se sont vengés et nous avons eu droit à un bombardement de première classe. Plus de cent cinquante avions sur Londres et, toute la nuit, de nos lits nous entendions pleuvoir les bombes autour de l'hôtel. A un moment, il y a eu un long sifflement et nous avons senti une énorme masse d'air se déplacer autour de nous, on sentait cela physiquement jusqu'au creux de l'estomac, puis la bombe a éclaté non loin. Toute la maison tremblait, les vitres s'agitaient, les portes claquaient, les canons tapaient, les cloches des voitures de police sonnaient et maman répétait : « Sainte Vierge, protège-nous ! »

Aujourd'hui, nous avons retrouvé Mira, amie elle aussi de Stanislas et Aniouta Fumet. Quelle joie de revoir quelqu'un de Paris ! Par elle, j'aurai un piston pour être plus vite acceptée dans les FFL, je dois y aller demain. Papa arrive aussi demain. Je suis installée en robe de chambre au salon. Un bon feu flambe, le chat roulé en boule ronronne, les canons tonnent, des Polonais discutent politique, maman lit. Dehors, c'est le *black-out* complet. De temps à autre, on entend un bruit sec, la chute d'un éclat d'obus sur le pavé, ou de vitres brisées qui s'écrasent sur le sol, ou le ronflement saccadé si agaçant des avions boches. La Grèce tient bon.

Vu, cet après-midi, les résultats du bombardement massif de la nuit dernière : grands dégâts à Victoria Street, toutes les vitres brisées et beaucoup de maisons anéanties, ainsi qu'à Oxford Street et dans notre quartier à Hyde Park Place.

Vu ce matin L'Hamirault, qui a changé de nom, car il travaille au Deuxième Bureau français. Il espère faire venir ici sa femme et ses quatre enfants et m'a dit que je pouvais compter sur lui si j'en avais besoin. Il m'a aussi proposé d'être sa secrétaire, mais, ne connaissant pas la sténodactylo, je n'ai pu accepter, quoique cela m'aurait énormément plu. Vu ensuite le lieutenant Maurice Schumann, chez qui Mira m'a envoyée hier. Il m'a promis de parler pour moi à la commandante des Forces françaises libres féminines, Simone Matthieu, pour qu'elle m'accepte tout de suite. Je suis donc dans la joie.

Papa n'est pas encore arrivé, nous l'attendons pour demain. J'étais au cinéma avec maman voir *Foreign Correspondent*[1], ce n'est pas mal du tout. Pour l'instant, *I only think of the army and I hope to join soon*[2]. Bonnes nouvelles des grands-parents, de Lisbonne.

Londres est très joli sous la pluie et le brouillard, lorsque les arbres de Hyde Park sont comme de larges toiles d'araignée au-dessus des pelouses vertes. Ce n'est pas une belle ville, mais elle a un grand charme, elle est extrêmement confortable, on s'y attache. Je l'aime.

21 novembre

Hier, j'ai vu ma commandante Simone Matthieu, et je suis acceptée dans les FFL. Mercredi, demain, je passe la visite médicale et, vendredi, je pars quelque part aux environs de Londres. Ensuite, nous y reviendrons pour loger dans une caserne.

Maman habitera avec Mira, donc elle ne sera pas seule. Je suis pleinement heureuse, mais aussi déchirée de devoir être séparée de maman. Jamais je n'aurais cru que cette séparation puisse autant me coûter. Je sens que je viens de décider de toute ma vie, que je pars vers ma destinée. Nous attendons toujours papa. Pourvu qu'il arrive avant mon départ ! Je laisse à maman toutes mes affaires, mon roman, mes poésies, mon journal. Si je meurs, ce sera à elle.

La Grèce va de succès en succès. Ce soir, on annonce la prise de Korçë[3]. Je ne continuerai pas de journal à l'armée, seulement peut-être pendant mes permissions. « L'amour a fait la douleur et la douleur a fait l'amour[4]. » Il y a des gens (nous a dit L'Hamirault sur le *Reina-del-Pacifico*) qui partent à l'armée la mort aux yeux. Je ne sais pourquoi j'ai l'impression de partir ainsi, vers la mort. Cette impression peut passer. Mon Dieu, merci mille fois de m'avoir exaucée, sois auprès de moi dans ma nouvelle vie.

1. Le film de Hitchcock (1940), en français *Correspondant 17*.
2. « Je ne songe qu'à l'armée, et j'espère la rejoindre sous peu. »
3. Ayant envahi la Grèce le 28 octobre, les Italiens se virent repousser en quelques semaines au-delà de la frontière albanaise.
4. Paul Claudel.

Bournemouth, 28 novembre

Je suis engagée pour la durée de la guerre, plus trois mois.

Ce n'est pas la séparation, pourtant si cruelle, qui m'est insupportable, ce n'est pas la fatigue, ni les longues marches, ni les corvées. Ce n'est pas la discipline militaire, ni les saluts, ni les garde-à-vous. Ce n'est pas la nourriture ni les réveils si matinaux. Cela n'est rien. Je m'y attendais. Mais ce qui me blesse, qui m'étouffe, ce sont autour de moi les rires grossiers, les yeux troubles, les voix vulgaires. C'est dans cette vie quotidienne la promiscuité qui a une laideur malsaine. J'ai trop vu dans mon enfance de pics neigeux et blancs, si purs, et de sentiers pleins d'ombre, de champs en fleurs, de ruisseaux limpides courant entre les herbes. Héas de mon enfance, ma nostalgie !

J'ai trop vu l'amour brûlant de mes parents l'un pour l'autre, amour tellement bafoué ici.

C'est pourquoi, mon Dieu, il faut que tu me tiennes la main, que tu restes avec moi, que tu marches à mes côtés, parce que je suis engagée pour la durée de la guerre… plus trois mois.

Ce camp militaire à Bournemouth, nous y restons trois semaines. Nous sommes une vingtaine de Françaises et je parlerai d'elles plus tard. Nous sommes le premier contingent et nous devons subir ici l'entraînement anglais avec l'armée des ATS[1].

Les femmes sont logées dans un très grand hôtel, face à la mer. Ensuite, nous serons transférées à Londres dans notre propre caserne, où nous serons entraînées à la façon française. On nous donnera aussi des insignes français à coudre sur nos uniformes britanniques.

1. L'armée de terre féminine britannique.

19 décembre, corps féminin français,
42 Hill Street, Londres

Depuis le 13 décembre, nous sommes de retour à Londres. De tout ce temps passé dans le camp d'instruction ATS à Bournemouth, il y aurait trop de choses à dire. Ç'a été très dur, en somme, comme je m'y attendais. Mais la nature était splendide, soleil comme en hiver à Nice. Marches, *drills*[1], exercices divers sur les routes parfumées, dans le vent, le soleil, la pluie, la brume. Fierté de mon premier uniforme. Visite trop courte de papa. Salles enfumées, grossièreté, solitude, incompréhension, travail fatigant dans le mess des officiers, lavage des parquets, des salles de bains, nuits dans les shelters, impureté des conversations, yeux troubles des jeunes filles aussi bien françaises qu'anglaises.

Le 12, nous avons quitté Bournemouth pour Londres, six d'entre nous, premières Françaises du corps féminin. Nous avons été photographiées, filmées, interviewées pour les journaux. Nous avons nettoyé, meublé une maison de quatre étages, qui est notre QG et notre caserne. Travail éreintant. Je vois maman presque chaque jour. J'ai été la première Française à monter la garde en Angleterre. En comptant les six shelters où j'ai couché sur des matelas, je dors maintenant dans mon trente et unième lit. Que dire d'autre ? Quand papa est finalement arrivé à Londres en permission, j'étais déjà partie à Bournemouth. Il a pris le train et il est venu m'y voir. Lorsque je l'ai vu soudain devant moi, je me suis jetée à son cou en sanglotant. Plus tard, tous les deux en uniforme, nous nous sommes promenés silencieux et tristes.

En France, Laval est tombé, puis il a été remis en place par Hitler. La Grèce est en plein succès. Ce soir, nous avons un bal avec toute l'armée française libre.

Depuis près de dix jours, je suis de garde. Cela consiste en vingt-quatre heures de service suivies de vingt-quatre heures libres.

1. Exercices de marche.

Pendant le service, je reste toute la journée près de la porte où j'inscris dans un registre les entrées et les sorties et, la nuit, je dors dans le bureau de Bela, la téléphoniste. Elle est belle, blonde et attirante.

Le 29 décembre, nous avons eu la plus grande alerte de nuit depuis la guerre. Une bombe est tombée à deux pas de chez nous. Le lendemain, voici ce que j'ai écrit en souvenir de cette nuit :

30 décembre

Le canon aboie dans la nuit, vers les étoiles mouvantes qui ronronnent dans le ciel. Des étoiles meurtrières. Elles ronronnent de plus en plus fort au-dessus de notre caserne. Soudain, un sifflement aigu. L'air entier se déplace, la maison tremble. Un coup assourdissant.

Bela et moi, nous levons la tête. Un second sifflement, un second coup. Nous nous dressons. Un troisième sifflement plus fort nous jette à terre. La bombe descend, descend et tombe. Les carreaux se brisent tous, avec un bruit argentin, les volets claquent et un immense fracas emplit la rue. Puis, silence. La lampe au plafond s'éteint, se rallume et se balance. Bela murmure : « J'ai peur. » Des gens courent dans la rue.

Notre adjudante va sonner la cloche. On frappe à notre porte. Je cours ouvrir. Deux pompiers se précipitent sur notre téléphone : « Allô ! Allô ! une maison brûle dans Hill Street ! »

Toutes les filles descendent avec l'adjudante dans notre shelter. Je reste de garde avec Bela auprès du standard téléphonique. On frappe de nouveau. Les pompiers. Ils demandent du café. Avec deux autres filles, nous sortons. Nous portons un seau rempli de café chaud. Nous avons mis nos casques, nous marchons sur du verre que nous écrasons sous nos pieds.

La rue est aussi claire qu'à midi. Tout le ciel flambe. Le ciel est comme une mer en feu. Comme un lac orange. Le canon tonne, les éclats d'obus pleuvent sur le sol.

Au premier tournant, voici la maison qui a été atteinte. Il y a sept personnes dessous, dont une jeune fille, un enfant et d'autres blessés. Deux sont morts.

Les ARP[1] déblaient les décombres. Nous distribuons le café. Une odeur affreuse nous emplit les narines : les tuyaux à gaz ont éclaté.

Nous revenons à la caserne, butant sur des morceaux de pierre, de pavé, de bois, de ferraille, et au-dessus de nous le ciel rougit sans cesse.

Nous quatre, nous montons regarder sur le toit de notre caserne. Je pense à Néron contemplant Rome en feu.

Un brasier monstrueux s'élance vers le ciel. Une épaisse fumée noire se tord du côté des docks. La rue des journaux brûle.

Je regarde ce Londres héroïque qui résiste à l'Allemagne.

Les heures passent. Nous sortons de nouveau, portant un seau de café.

Tout est étrange, comme dans un rêve.

Dans le shelter, les autres attendent en silence la fin du bombardement.

Un sentiment de fierté immense m'emplit le cœur, à moi qui marche dans cette nuit brûlante, sous le plus grand bombardement de la guerre.

C'est pour cela que je me suis engagée.

Minuit. Les canons se calment.

1 heure du matin. Je vais m'étendre sur mon lit de camp dans la cabine du standard téléphonique.

Bela s'étend sur le sien, à côté de moi. Nous éteignons la lumière.

Bela se met alors à me parler : « Tereska, me dit-elle, veux-tu que je te raconte ma vie à Paris, avant la guerre ? »

J'écoute en silence.

De temps à autre, il y a des coups de canon, mais plus espacés, plus lointains.

Bela est loin d'ici, loin de la guerre.

« … Ça se passe à la lumière rouge d'une veilleuse. On porte des

1. *Air Raid Protection*, ou défense passive.

kimonos, on fume de longues pipes, étendus par terre, on s'engourdit délicieusement jusqu'au kief... »

Je vois tout ce que la voix chaude de Bela me décrit. Je ne dis rien. Je vois et j'écoute.

« ... Elle s'appelait Martine, sa peau était moite, elle avait de longs cheveux, je l'aimais. Je lui ai fait signe, elle me suivit au-dehors. Je lui donnais rendez-vous... Tu comprends, Tereska ?... »

Non, je ne comprends rien. Je ne savais pas qu'il y avait des femmes « pédérastes ». Je ne comprends rien, mais une curiosité intense me possède.

Bela me parle d'une vie dont il y a une heure encore j'ignorais tout. Dans l'obscurité, j'imagine des nuits parisiennes sensuelles et perverses comme les grandes fleurs rouges de Gibraltar.

Le canon tonne, mon cœur bat.

Je n'ai jamais rencontré quelqu'un comme Bela. Elle est comme son nom. Tellement belle. Une femme et non pas une enfant comme moi. Elle a des cheveux magnifiques, des yeux foncés, de longues jambes, un cou mince. Quand elle me parle, elle a un sourire au coin des lèvres comme si elle était un homme et voulait me séduire. Depuis plusieurs jours, à chaque fois que j'entre dans cette pièce, Bela me regarde ainsi. Le soir, elle porte sa chemise kaki entrouverte. Je vois ses seins très roses qui apparaissent et disparaissent.

Tout à l'heure, j'étais dehors sous le bombardement et je ne tremblais pas.

Mais ici, lorsque Bela me parle, je tremble.

Jusqu'où cela me mènera-t-il ? Je sais que je ne ferme la porte à rien. Je sais que j'accepterai tout ce qui viendra, si quelque chose vient.

Parce que je veux tout connaître.

A 3 heures du matin, nous nous sommes endormies et, dans mes rêves, la voix de Bela continuait à me parler.

Saint-Sylvestre

Adieu donc, affreuse année. 1940 va enfin disparaître pour toujours.

Ce soir, j'ai la permission de coucher chez maman. On s'attend à une grande offensive allemande.

J'ai reçu quatre lettres de France, deux d'Annie. Nous apprenons le drill français avec un sergent. J'ai lu *L'Immoraliste* de Gide, que je n'aime pas. Il n'y a dans ce livre ni la poésie ni l'angoisse sans réponse des *Nourritures terrestres.* J'ai aussi lu deux imbécillités de Claude Farrère, et *Salammbô* de Flaubert, que je n'ai pas aimé non plus. On pense que Weygand va se joindre à de Gaulle. Quelque chose se passe en France, on ne sait pas quoi au juste. J'ai vu *Le Dictateur* de Charlie Chaplin. Certaines scènes sont magnifiques mais, dans l'ensemble, j'ai été un peu déçue.

J'ai lu en anglais *Gone with the wind*[1]. C'est un beau livre, touffu, intéressant avec deux excellentes peintures de caractère. Surtout Scarlett O'Hara, l'héroïne, si femme, si vivante. C'est une des meilleures études de femme que je connaisse. Je commence à me découvrir. Beaucoup de choses en moi existaient sans que je le sache. Je ne savais pas leur donner de nom. Maintenant, tout s'explique. Bela m'a tiré les cartes et m'a prédit des succès, de l'argent, du bonheur. Que va nous apporter 1941 ? Si je peux faire une prière, c'est naturellement la paix, la victoire, le retour à Paris.

Le 24 décembre, nous avons assisté à une messe de minuit, dans la chapelle, ici à Hill Street.

1. En français, *Autant en emporte le vent*, de M. Mitchell, 1936.

1941

Février

Lettre de Marek, du 6.

« Ma Tereska chérie et bien-aimée,

« J'ai lu ta si sincère lettre avec joie. Je vois que ton papa est resté pour toi ce qu'un papa doit être : un ami, un appui, quelqu'un dont on est sûr.

« Très loin de moi de te faire de la morale (j'abhorre ce mot dont on a abusé et qu'on a déformé comme tant d'autres). Il faut que tu saches que je suis heureux lorsque tu es heureuse et que je souffre lorsque tu souffres et qu'il n'y a pas de sacrifice que je ne ferais pour ton bonheur et, s'il fallait le payer, je suis prêt à donner jusqu'à la dernière goutte de mon sang ! C'est si jeune, ce que tu dis ! Avec l'âge et l'expérience, tu comprendras toute seule ce qui n'était jusqu'ici qu'un son. C'est bien que tu me rappelles ma jeunesse. Cela te montre que je ne suis pas quelqu'un qui est passé à côté de la vie sans la voir. Moi aussi, chérie, ma première expérience c'était de constater que le démon n'est ni noir ni vilain à voir. Bien au contraire, il est Esprit, par conséquent il m'avait ébloui et attiré. Ma conversion ne commença que lorsque j'ai rencontré l'Ange de Lumière et que j'ai vu qu'il est infiniment plus beau et plus doux et que le bonheur qu'il donne n'est pas de courte durée, mais éternel. Que veux-tu, ma petite Espérance, que je te dise ? Pour le moment, tu n'as rien trouvé de plus beau, de plus vrai et de plus humain. Je prierai l'Ange de Lumière, le plus doux des anges, de te révéler sa Grâce.

« Loin de moi de te croire impure. Le péché est dans l'intention. Tu n'as aucune intention de pécher. Ne cesse seulement pas de prier celle qui est Immaculée et qui tient le Serpent sous ses pieds de te garder pure et de te conduire au bonheur le plus grand.

« Si tu juges que ta visite ici, maintenant, te ferait plaisir, viens me voir. Sinon, je viendrai, j'espère, à Londres au mois de mars.

« Je te jure que je ne parlerai pas à maman de tout ce que tu m'as dit et de tout ce que tu me diras à ce sujet. Sois tranquille !

« Sois très bonne pour notre chère maman, puisque tu me remplaces auprès d'elle. L'amour que j'ai pour maman dure depuis vingt ans et il est de plus en plus grand. Pour toi, ma petite chérie, mon amour est encore plus tendre puisque je connais ta peine. Je voudrais que tu ne perdes pas confiance. La guerre fait plus de ravages dans notre esprit que dans nos corps. Avec un cœur si pur, tu ne peux vouloir que le bien. Je suis heureux que tu aies retrouvé la spontanéité de tes dix ans. Ne la perds plus jamais. Reviens à toi. Développe en toi ta nature d'origine. Remercie Bela d'avoir contribué à te découvrir à toi-même et va en avant. Sois ce que tu étais depuis toujours : généreuse, sensible, amoureuse de tout ce qui est héroïque et beau. Ton papa restera à côté de sa Jeanne comme un chevalier. N'oublie pas que le bien à faire est réciproque et tâche de faire du bien là où Dieu t'avait placée. La place forte est aux courageux. Je t'embrasse, ma blanche colombe, ma petite Espérance, de tout mon cœur et de toute mon âme.

« Ton papa,

« Marek. »

Après cette lettre de papa, j'ai reçu ce poème écrit par maman qui en dit plus que tout ce que je pourrais y ajouter :

La tête un peu de côté
et
la silhouette vue de profil,
la main

si frêle, longue et blanche
repose
comme une fleur abandonnée.
Seulement dans le regard
il y a quelque chose de nouveau
qui ne se trouve ni dans le profil
ni dans la main,
il y a quelque chose de douloureux,
quelque chose qui a mûri.
Et je sais que, quoique tu sois
si près,
tu t'es enfuie très loin,
très loin
sur la route de la vie
vers des rivages inconnus.

A ma fille.
Londres, février.

Dès le premier jour de mon départ à l'armée, j'ai fait la connaissance de trois ou quatre filles de mon âge avec lesquelles je suis amie, quoiqu'elles soient aussi différentes de mes amies d'autrefois à Paris que moi je suis différente de ce que j'étais il y a un an. A la caserne, nous avons toutes été mises dans une même chambre, que les autres femmes ont aussitôt baptisée le « dortoir des vierges ». Il y a dans notre dortoir : Claudine, Josette, Jacky, Claire, Moune, Colette, Yvonne et quelques autres. Je vais tenter peu à peu de les décrire.

Aujourd'hui, il pleut. Il pleut sans cesse à Londres. Pluie et brouillard. Je me suis réveillée très tôt ce matin : j'ai toujours besoin d'un moment pour m'y retrouver.

Je suis à Londres, j'ai accompli mon rêve. Je suis à la caserne dans l'armée du général de Gaulle. Je jette un regard autour de moi. Sur les oreillers, des têtes brunes et blondes endormies. Le long de toutes les cloisons, des rayons vides. Cette pièce était sûrement la bibliothèque. Notre caserne occupe l'hôtel particulier des Rothschild, qui l'ont prêté aux FFL. Avant la guerre, il devait y avoir des milliers de livres sur ces rayons. Je vois un jour gris à travers les vitres grises. Il fait froid. Je sors un bras de dessous ma couverture militaire en grosse laine et je tire à moi mes vêtements : chemise kaki, jupe kaki, bas kaki. Je les enfile sous la couverture pour ne pas avoir à me lever et à grelotter.

Autour de moi, les filles se réveillent les unes après les autres. Claire se soulève à moitié et m'appelle en riant. C'est une grande fille mince, bâtie comme un jeune garçon, dont elle a les gestes un peu brusques. Elle a dix-huit ans, des cheveux courts, des yeux très bleus, des lèvres dessinées exactement comme un cœur. Elle rit sans cesse. Ses flirts ne cessent pas de m'étonner, moi qui n'ai jamais encore même embrassé un garçon.

Ce qui me frappe en elle, c'est qu'elle soit tellement influençable. Elle est différente lorsqu'elle est seule avec moi de ce qu'elle est lorsqu'elle est avec Bela, avec Yvonne ou avec notre adjudante. Sa personnalité varie avec les êtres qu'elle côtoie. Elle est très impressionnée par Bela. Mais cela, je le comprends. Bela pourrait impressionner n'importe qui et elle nous en impose, à nous les plus jeunes ici. Elle est tellement sophistiquée, tellement belle et elle sait tant de choses que nous ignorons !

Claire donc m'appelle et s'étire dans son lit, puis saute à terre, toute nue. Elle a l'air de n'avoir que des jambes. La première fois que je l'ai rencontrée à la visite médicale de l'armée, au moment de notre engagement, elle se promenait toute nue, un vase à la main, avec un air de martyre, car elle devait donner au docteur un échantillon d'urine et n'y arrivait pas malgré tous ses efforts.

A Bournemouth, puis ici à Hill Street, je l'ai vue parfois très gaie, parfois très triste. Mais ses chagrins passent vite et ses joies naissent de peu de chose. J'envie son caractère sans complication, mais je me trompe peut-être. Il est si difficile de vraiment connaître quelqu'un. Nous sommes amies. Elle a été élevée comme moi dans un pensionnat religieux et, parfois, lorsque nous nous mettons à bavarder de nos vies passées, pour un instant j'ai l'impression d'être de retour à la cour des adieux.

Une fois levées, habillées, nous nous rendons toutes à l'appel. Puis, exercices dans le parc, une deux, une deux, avec l'adjudante en tête. Retour à la caserne, petit déjeuner et départ au travail, vers les bureaux de l'état-major, à Carlton Gardens. D'autres vont à la cuisine, d'autres conduisent des voitures, moi je me dirige vers le standard téléphonique si c'est mon jour de garde.

Petite, courtaude, hommasse, des cheveux qui voudraient être blonds, des mains carrées aux ongles rongés : voici Clémy. On l'entend de loin, on reconnaît sa grosse voix qui bougonne : « Ah ! ben, ça n'arrangera pas les bidons, ma pauvre fille, ça n'arrangera pas les bidons ! » Dès qu'elle apparaît, un sourire passe dans la salle, les filles se penchent sur leur magazine, leur verre de sherry ou leur livre, une lueur amusée dans les yeux. « Voici l'adjupète », murmure-t-on.

J'écris dans la grande pièce qui nous sert de salle commune, de bar, de salle de danse, de lecture, si l'on peut lire dans ce bruit, cette fumée, avec les alertes tous les soirs.

Le phono joue « Violetta », ou « Mon cœur a besoin d'aimer », ou « Mon légionnaire ». L' « adjupète », une main dans la poche, offre à boire, paie des tournées. Elle soigne sa popularité. Ce soir, elle n'est pas ivre. Très fière de commander l'exercice, elle prend son air « officier ». « Le drill, mes enfants, doit être "au bouton". C'est que ça doit marcher si la reine va venir nous passer en revue. Autant prendre des précautions pour que ça soit "au bouton". La prudence est mère de la porcelaine. » Les filles acceptent les tournées, boivent, rient et derrière son dos se paient la tête de la « gousse ». Comme il me semble déjà loin, ce temps où je ne connaissais pas le mot *lesbienne* et où je parlais de *femme pédéraste* ! Lorsqu'elle est ivre, Clémy a la voix larmoyante, les yeux tout petits, brillants et elle ne parle que de ses malheurs. « Ah ! sacré nom de bonsoir, quand je pense à mon amie qui est restée en France, la pauvre fille, toute seule avec l'hôtel sur les bras, ah ! nom de nom, la pauvre fille qui m'aimait tant… »

Clémy ment comme elle respire, elle est intéressée, craint toujours de se compromettre et flatte ceux dont elle a besoin. C'est le genre de femme qui sortira de la guerre la poitrine barrée de décorations. Elle aime se soûler, faire l'amour avec n'importe quelle femme et affiche en même temps des sentiments religieux intenses. Messes, communions, chapelets, tout y passe.

Lorsqu'elle est de bonne humeur, il y a en elle quelque chose de plus gentil, de plus humain, mais c'est rare. Elle a des manières et une voix d'homme, elle aurait été un parfait légionnaire. A tout cela, elle joint une bêtise rare. J'aimerais savoir ce qu'elle est vraiment, mais il ne me semble pas pouvoir trouver en elle autre chose qu'intérêt et égoïsme ; seule sa « piété » me déroute.

En ce moment, Bela est assise au piano entourée d'un groupe d'admiratrices. Elle chante :

C'est toujours l'onde
qui m'a charmée,
vagues profondes
aux flots légers.
Aussi toujours
la nuit, le jour,
je veux chanter
l'onde, mon seul amour.

Et toutes les filles, Moune, Lucienne, Josette, Évelyne, Paulette, Claire, Jacky, l'adjudante, reprennent le refrain :

Bonsoir, madame la lune, bonsoir,
c'est votre ami Gerbault qui vient vous voir.
Bonsoir, madame la lune, bonsoir…

Hier soir, j'étais de garde à la porte de la caserne. Bela était enfermée dans la cabine du standard téléphonique et me boudait, je ne sais pourquoi. Mais comment deviner si et pourquoi Bela sera de bonne ou de mauvaise humeur, ce qui la mettra soudain dans une rage folle ou au contraire la réjouira ? J'étais très malheureuse, assise à ma table de garde et je pleurais abondamment. Bela est sortie de la cabine téléphonique en s'exclamant : « Qu'as-tu donc, Tereska ? » de sa voix des bons jours. Elle m'a serrée contre elle en répétant : « Ma petite fille, ma belle de nuit. » Mais je sais déjà que les humeurs de Bela ne durent jamais. Qu'elle sera adorable cinq minutes et affreuse l'instant d'après. Je suis avec elle dans un état d'essoufflement émotionnel constant et elle a l'air d'y prendre plaisir. Certainement, depuis la nuit du bombardement du 4 janvier, elle n'est plus envers moi comme elle était avant.

Josette me donne de bons conseils. C'est une des filles les plus gentilles ici et elle est absolument ravissante. L'autre jour, en lavant par terre, elle s'est évanouie. Elle a, dit-elle, des côtes cassées.

Il paraît que les volontaires appellent la cabine téléphonique de Bela le « bordel ». Le soir, Bela y reçoit ses amies en cachette. Assise sur son lit de camp, elle lit dans les lignes de la main, les filles boivent, se font des confidences. Bela récite des poèmes, nous parle de sa vie, de ses aventures.

Papa est venu en permission et il a fait la connaissance de Bela. Il est tellement bon, tellement merveilleux, ne jugeant jamais personne. Bela a été très impressionnée par lui. Je me souviens de cette nuit du 4 janvier lorsque Bela m'a dit : « Fais attention, Tereska, je suis une femme dangereuse. » Comme si je pouvais encore « faire attention »! J'étais déjà prise, fascinée. Même l'idée qu'elle était « une femme dangereuse » me fascinait.

L'atmosphère à la caserne est très dure. J'ai un besoin terrible de la beauté, de la chaleur de Bela. Malgré ses sautes d'humeur constantes et le fait qu'elle change de « protégée » d'un jour à l'autre, je ne peux pas davantage m'éloigner d'elle que si elle était un feu brûlant alors que je serais transie de froid.

Tout est glacé à la caserne.

L'autre jour, j'ai été punie, j'ai dû éplucher vingt-cinq kilos de pommes de terre à la cuisine, parce que, à l'appel, mes cheveux ont été trouvés trop longs. Ils touchaient le col de ma tunique. Le pire était de passer la matinée dans cette très grande cuisine entourée de volontaires qui y travaillent de façon permanente : des petites Bretonnes de dix-sept, dix-huit ans, échappées de Brest pendant un bombardement. Elles couraient sur le port, des marins couraient également vers leur bateau. Elles se sont réfugiées à bord, nous racontent-elles, et pendant le bombardement le bateau a levé l'ancre. Quelques heures plus tard, elles se sont retrouvées en Angleterre.

A la cuisine règne Leroux, qui était autrefois cuisinière dans le civil. Toute la matinée, j'ai épluché des pommes de terre, tout en écoutant les cuisinières raconter des potins avec des détails crus et des mots grossiers. Les coups d'œil qu'elles me jetaient ne m'épargnaient d'ailleurs pas. Il paraît que j'ai très, très mauvaise réputation à cause de Bela. Une réputation de fille pervertie.

Face à la caserne, il y a une grande maison et Bela a baptisé le portier qui s'y tient l'« ambassadeur du Pérou ». C'est un grand homme maigre, au visage fardé comme une femme.

Je voudrais décrire aussi Josette. Elle descend d'une famille aristocratique du Midi. Elle a un succès fou auprès de tous les officiers que nous rencontrons à la caserne, ou au quartier général. De petite taille, elle a les traits, comme tout le corps, parfaits : des yeux noisette, de très beaux cheveux, un teint de pêche, des dents très blanches, une bouche aux lèvres sensuelles. Il est difficile de détacher les yeux d'elle. C'est d'ailleurs une grande séductrice. Avant la guerre, elle était venue au pair dans une famille anglaise pour y apprendre la langue.

Elle m'a raconté que le couple chez qui elle était, le mari et la femme, sont tombés amoureux d'elle, tous les deux (*sic*). Josette serait montée sur le toit une nuit pour leur échapper et elle a glissé ou sauté, je ne sais pas exactement. C'est ainsi qu'elle s'est cassé des côtes. Elle s'est évanouie plusieurs fois à la caserne, mais elle ne veut rien dire aux officiers pour ne pas être réformée.

La nourriture ici est excellente, car Leroux, quoique je ne puisse pas la supporter, est une très bonne cuisinière et elle fait des merveilles avec nos rations.

Nous avons eu plusieurs soirées à la caserne et nous pouvons y inviter des soldats et officiers des FFL.

De nouvelles filles arrivent, passent d'abord comme nous par l'entraînement anglais à Bournemouth, puis reviennent ici.

Nous avons une section de l'air, une de la marine et une de l'armée de terre, où je suis. La capitaine, qui était avant la guerre championne de tennis, ne s'occupe de nous que de très loin. Toutes nos femmes officiers sont froides, lointaines, sauf une, le lieutenant Hackin.

Tout au début, les premiers jours à Hill Street, dans mon dépaysement, au lieu d'appeler nos officiers par leur grade, je disais : « Oui, ma Mère ! », à l'hilarité générale.

Les bombardements continuent, nuit après nuit ; nous n'y faisons plus du tout attention.

L'autre nuit, grand bombardement. Je suis de garde avec Bela et, comme il y a un long moment de calme, je décide de me laver les cheveux. Pendant que j'ai la tête sous le robinet, le téléphone sonne. Je m'enveloppe la tête d'une serviette et je cours répondre. Ce sont les filles de garde sur le toit. Celles qui doivent veiller aux bombes incendiaires. Si elles voient des bombes descendre aux alentours, elles nous téléphonent et nous appelons aussitôt les ARP. Bref, c'est Caron qui, du toit, me demande de leur faire envoyer du café car elles gèlent. Je dis « d'accord » et j'appelle la cuisine, puis je retourne à mon robinet. Deux minutes après, nouvelle sonnerie du téléphone, c'est de nouveau le toit. « Qu'elles sont impatientes ! » me dis-je. Je décroche tandis que les cheveux me dégoulinent sur le visage et, avant même d'écouter, je dis dans l'appareil : « Attendez donc une minute, je me lave les cheveux, vous allez avoir votre café.

Quoi ! crie dans l'écouteur une voix d'homme outragé. Vous vous lavez les cheveux pendant un bombardement ? Je descends. » Ce n'était plus Caron, c'était le capitaine en charge de l'ARP et qui était monté inspecter le travail des filles sur le toit. Une fois Bela de retour à la cabine, je lui raconte ce qui est arrivé, et elle se met à rire. Quelques minutes plus tard, un capitaine furieux arrive et le résultat est que je suis privée de sortie pendant une semaine. Il paraît que ç'aurait pu être pire.

Bela chante dans la salle de bains :

Tel qu'il est,
il me plaît,
il me fait
de l'effet
et je l'aime !

Elle est de bonne humeur. Tout à l'heure, je suis sortie faire une course. En route, j'ai vu une marchande de violettes et je lui ai acheté un bouquet. En rentrant, je le lui ai donné. Elle était aussi heureuse que si je lui avais offert une rivière de diamants. Par certains côtés, elle a une âme d'enfant. Claudine est, je crois, elle aussi, amoureuse de Bela et, au fond, c'est sûrement mieux. Elle est plus à même que moi de comprendre Bela et d'être comprise par elle. Bela me reproche d'être trop compliquée.

Aucune nouvelle de France. Papa ne peut venir à Londres que très rarement. Maman est souvent malade. Elle habite toujours à l'hôtel et reste toute seule pendant les bombardements.

L'autre samedi, j'étais chez elle, la nuit, pendant une alerte. Soudain, une bombe est tombée tout à côté de l'hôtel avec un bruit effroyable. Une minute après, le voisin de palier, un réfugié polonais très sourd, a entrouvert notre porte et a demandé : « Avez-vous frappé à ma porte ? »

Colette est amoureuse d'un capitaine sous les ordres duquel elle travaille au QG. C'est un homme marié en France, et il a trois enfants. Il a quinze ans de plus qu'elle. Jusqu'ici, il ne lui a pas « cédé », mais elle est bien décidée à le séduire. Elle l'adore.

Et puis il y a Jacky. Elle a dix-huit ans, de longs cheveux blonds, des yeux très bleus, des joues extrêmement rondes et très roses. Elle aussi est amoureuse d'un officier qui a une femme et des enfants en France. Mais, entre eux, c'est très sérieux. Il a loué un petit appartement en ville et ils s'y retrouvent à leurs permissions.

Josette, Jacky et Claire sont bien élevées, des filles « de bonne famille », sans rien de vulgaire en elles, au contraire de tant d'autres ici. Jacky est la seule que personne n'a jamais vue nue dans la chambrée. Elle est d'une pruderie extrême. Nous toutes, nous nous promenons à poil entre la salle de bains et le dortoir, mais pas Jacky, dont les joues déjà si roses rougissent encore davantage à cette seule idée.

Un jeune homme, Serge, qui est venu danser à un des bals de la caserne, m'a demandé de sortir avec lui. Il est dans l'aviation. Je n'en ai pas très envie, mais Bela m'y pousse. Je ne suis jamais sortie avec un garçon et je ne sais vraiment pas de quoi lui parler.

Après le dîner, en général nous nous réunissons dans une grande pièce au premier étage. Tout le monde est fatigué. Les unes parce qu'elles ont été toute la journée dans différents bureaux du quartier général de terre, de la Marine ou de l'air. Les autres parce qu'elles ont nettoyé cette très grande maison, ou préparé les repas, ou conduit des voitures, des camions. Toutes parce que nous dormons mal, sortons souvent le soir, rentrons tard, sommes réveillées plusieurs fois en pleine nuit par les alertes, et de bonne heure le matin pour l'appel et l'exercice dans le parc, sous les ordres de l'adjudante. Pourtant, pas une seconde je ne regrette mon engagement. Au contraire, même aux pires moments de cette caserne, je n'arrête pas de remercier Dieu de m'avoir exaucée. Je suis fière d'appartenir à cette armée. Plusieurs fois par jour, je regarde la photo du général de Gaulle, sur le mur de notre réfectoire, et il n'y a rien au monde qui me paraisse plus enviable que d'être où je suis.

Et pourtant, que de changements dans ma vie depuis novembre dernier ! Trois mois seulement, mais qui me semblent des siècles.

A l'appel du matin l'autre jour, nos officiers ont dû avoir vent de notre décision, à plusieurs d'entre nous, de raccourcir les jambes de nos culottes réglementaires en jersey kaki (je crois que les Anglais appellent cela des *bloomers)*. Suivant les indications d'Yvonne, nous les avons coupées de façon à éviter qu'elles ne nous tombent aux genoux et nous les avons transformées en petits slips très élégants. Arrivée des officiers, appel des noms, puis le lieutenant Burdet s'avance vers Moune et lui commande de relever sa jupe. Ce que fait Moune, découvrant de jolies cuisses et un petit slip arrivant juste au haut des bas. Burdet passe à Claire, à Rachel, Jacky, Yvonne, moi, Josette, etc., et son indignation ne cesse de croître à la vue du sacrilège, du vandalisme des bloomers raccourcis.

Nous avons eu droit à un discours en règle sur le crime d'atteinte à la propriété de l'armée et à une punition générale des coupables.

Bela a un appartement en ville, puisqu'elle est mariée. Son mari est dans l'armée et en mission à l'étranger. Elle nous y invite,

Claudine et moi, pour y passer notre temps libre. Ces heures chez Bela sont souvent très douloureuses et j'ai du mal à en parler. Il y a aussi de bons moments. Bela nous montre ses vêtements d'avant-guerre, nous les fait essayer, des mules rouges à hauts talons de chez Elstern, des chemisiers de soie, des chemises de nuit en crêpe. Nous faisons griller des toasts contre le radiateur à gaz, parfois elle nous lit des pages de Proust, de Colette, des poèmes de Georges Fourest, de Charles Vildrac, les *Chansons de Bilitis*[1]. Mais il y a aussi d'autres moments que je n'oublierai jamais. Je me dis parfois que rien ne me fait plus rien. Bela ne m'a jamais connue ni comprise et maintenant moins que jamais. Je pense qu'elle doit d'ailleurs commencer à me détester. J'écris cela très calmement. Je suis comme anesthésiée, je ne sais pas très bien ce qui se passe. C'est comme un trop grand coup qui vous abrutit. Je me suis juré en tout cas qu'*aucune femme, jamais, ne me ferait plus souffrir ainsi.*

J'ai écrit une longue lettre à Mère Marthe. La recevra-t-elle ? Bela et Claudine partent en permission après-demain. Ce sera excellent, je ne veux plus souffrir, je veux oublier. Oublier les soirées de soûlographie dans les boîtes de nuit, oublier ce que j'ai vu, oublier cette nuit près du feu où il m'a semblé voir vraiment le démon, oublier tout ce milieu empoisonné, m'étendre, dormir et me réveiller en France.

Peut-être que je n'aime plus Bela, je ne sais pas. C'est ce qui serait le mieux. Je suis écœurée, triste jusqu'au fond de l'âme.

Mars

J'ai décidé de faire un effort, d'accepter l'invitation de Serge. Il faut que je m'en sorte. Dimanche soir, j'ai dîné avec lui dans Soho, puis nous sommes allés au cinéma. Ça s'est terminé en désastre. D'abord, j'étais très nerveuse, je me demandais de quoi j'allais bien pouvoir lui parler. J'ai fait une liste de sujets que j'ai appris par cœur. J'imaginais avec horreur que j'allais être à table en face

1. De Pierre Louÿs, 1894, œuvre parnassienne largement inspirée par les amours saphiques.

de lui, dans un silence complet. Je ne connais rien aux garçons. Je n'ai pas de frère. Au pensionnat, à Paris, nous n'étions que des filles. Mes rapports avec les garçons ont été à peu près inexistants. Il y a eu Édouard, ce jeune homme qui était tombé amoureux de moi à ma stupéfaction lorsque j'avais seize ans. Je l'avais vu une ou deux fois avec des tas d'autres gens, des amis de mes parents. Il avait, je crois, vingt-deux ans. J'ai déjà dit ici que, lorsqu'il s'est « déclaré », je n'avais qu'une idée : fuir. Physiquement, il me dégoûtait. Je ne sais comment l'expliquer. Tout cela ne m'encourageait pas pour sortir avec Serge.

Il est venu me chercher à la caserne. C'est un assez beau garçon, je pense, et pas bête, même gentil. Nous avons dîné, ça ne s'est pas trop mal passé. Il y avait une alerte comme d'habitude. Après, nous sommes allés voir un film et, dans l'obscurité, il m'a pris la main, que j'ai retirée aussitôt. Que faire, puisque je n'avais pas la moindre envie de flirter ? Ensuite, nous sommes sortis dans la nuit la plus noire. Il y avait du brouillard, on n'y voyait absolument rien. Au bout d'un moment, il s'est arrêté et je me suis dit : « Bon, ça y est, il va essayer de m'embrasser. » Je ne comprends pas les hommes. Ne sentent-ils donc pas si une jeune fille n'a aucune envie d'eux ? Ou est-ce que cela leur est égal ? Il m'a embrassée. Lorsque j'ai senti ces lèvres dures et cette langue épaisse dans ma bouche, je n'ai pas pu y tenir. Malgré toutes mes résolutions de faire un effort, d'essayer, ce fut impossible. Je me suis arrachée à lui et je suis partie en courant dans le black-out. J'ai couru à l'aveuglette, mais j'ai fini par m'y reconnaître. J'ai trouvé la rue de l'appartement de Bela. Je savais qu'elle était chez elle. Je suis montée quatre à quatre, j'ai sonné et Bela m'a ouvert la porte. Si belle, dans sa robe de chambre bleu marine à pois blancs, ses cheveux blonds, son parfum, pieds nus dans ses mules de cuir rouge. J'étais dans ses bras, contre sa poitrine, heureuse, délivrée, oubliant tout ce qu'elle m'a fait souffrir, ne me rappelant que son corps chaud, voluptueux. Elle me caressait les cheveux, se moquait de moi, m'embrassait, m'appelait sa Tereska, sa belle de nuit. Le lendemain, j'ai écrit un mot à Serge. Idiote comme je suis, je lui ai dit que j'avais été choquée qu'il essaie de m'embrasser aussi soudainement et j'ai ajouté : « Je ne pensais pas que vous étiez comme tous les autres hommes. » Hier, j'ai reçu sa réponse et je ne sais pas si je dois en rire, car, au fond, c'est drôle. En effet, il m'écrit : « Vous ne pensiez pas que j'étais comme tous les autres, combien d'hommes avez-vous donc connus ? »

En tout cas, je pense que je ne le reverrai plus.

Poème écrit par papa, Glasgow, le 23 mars.

Le printemps arrive de tous les côtés
Le vent l'apporte de l'océan
Un souffle vient des arbres et des champs
Les oiseaux l'emportent sur leurs ailes
L'air est plus frais et plus chaud
Le jour plus long et la nuit plus claire
L'haleine est plus vive et l'œil plus perçant
Et la poignée de main plus forte
Et le sourire plus franc
Et notre cœur se réveille d'un long sommeil,
De l'hiver, de l'attente, de la neige, de la mort.
Notre douleur aussi est plus douce.
Le printemps cicatrise la plaie.
Dieu penchera l'oreille à l'appel de notre cœur !

De ton papa.

18 avril

Bela nous a peut-être sauvé la vie, à Claire et à moi.

Elle nous avait invitées à venir dîner. Il y avait une grosse alerte, nous y sommes allées à pied. Les bombes pleuvaient, nous devions nous arrêter, repartir. Nous avons mis presque deux heures pour arriver. Nous avions seulement la permission de minuit. Vers 11 heures, Bela nous dit qu'elle prenait la responsabilité de nous garder chez elle, qu'elle s'expliquerait avec le lieutenant Burdet le lendemain, que c'était impossible que nous repartions. Nous avons donc couché toutes les deux chez Bela et, au matin, lorsqu'elle a téléphoné, aucune réponse de la caserne. Nous y sommes allées et l'avons trouvée à moitié détruite. Toute la façade de l'immeuble était arrachée, l'escalier était coupé en deux. Devant la maison, un immense cratère et, sous cet amas de décombres, le corps de Moune, ma camarade de la première heure, du premier groupe à Bournemouth. Vers 11 heures, celles qui étaient sur le toit avaient téléphoné comme d'habitude pour réclamer du café. Les filles étaient toutes en pyjama dans les dortoirs. Moune s'était offerte pour descendre à la cuisine. Quelques minutes plus tard, la bombe est tombée directement au sous-sol, tuant Moune sur le coup.

On l'a retrouvée le lendemain matin en déblayant les décombres. Elle sera enterrée demain avec les honneurs militaires et sera sûrement décorée à titre posthume. J'ai une photo de Moune. Plusieurs photos même, prises par des journalistes, aux premiers jours de notre installation à Hill Street ; sur l'une, Moune est en train de saluer le drapeau français.

La caserne a été évacuée. La nuit dernière, toutes les volontaires ont couché dans les bains turcs du Dorchester. En attendant de nous trouver une nouvelle caserne, nous allons être dispersées ici et là. Celles qui n'ont aucune possibilité de logement seront installées dans une partie d'une caserne anglaise. Bela s'est offerte pour nous loger, Claire et moi. Je peux aussi, bien entendu, rester chez maman à l'hôtel. Je ne sais ce que je vais décider. Je vais travailler bientôt comme secrétaire au quartier général, à Carlton Gardens.

Au cours d'un des derniers raids sur Londres, une des jeunes volontaires du corps féminin français a été tuée par une bombe. Ses obsèques ont eu lieu hier dans la banlieue de Londres, en présence de Miss Dearmer, représentant les ATS, Lady Douglas, lieutenant Matthieu, commandant le corps féminin, lieutenant Parkinson, officier de liaison, général Petit, chef d'état-major du général de Gaulle, etc.

A l'issue de la cérémonie, le général Petit prononça une allocution au cours de laquelle il a dit notamment : « Soldat de la France libre, elle est tombée à son poste, dans l'accomplissement de son devoir ; elle est morte pour la patrie, sous les coups aveugles d'un ennemi barbare. »

(*Extrait de* France libre.)

Ennismore Gardens, « Moncorvo House »
(notre nouvelle caserne), 11 mai

Hier soir, la radio boche a annoncé que, ce matin, il ne resterait plus un seul Anglais dans Londres. Nous nous attendions donc à un *Blitz* de grande envergure. Je couchais chez maman avec une « perm » de nuit. Au milieu de la nuit, elle m'a réveillée pour me faire entendre le bombardement. J'ai très vaguement ouvert un œil et une oreille, j'ai entendu que ça tapait beaucoup, que ça sifflait, tonnait, canonnait et explosait, et je me suis tranquillement rendormie. Ce matin, en partie parce que c'était dimanche, en partie à cause du Blitz, la ville avait l'air morte. Je me rendais au QG à mon service à 9 heures du matin. Le ciel était rouge sang avec d'immenses paquets de lourds nuages noirs (tout à fait apocalyptiques), partout des maisons détruites et surtout brûlées. Ce raid a été principalement un raid incendiaire. Toutes les rues sont jonchées de décombres, de papiers carbonisés, de plomb fondu, de poutres noircies, partout des rues barrées. L'autobus a dû faire un immense détour pour arriver à Piccadilly Circus. Les Londoniens sont calmes, ils sifflent dans la rue comme si de rien n'était. Un camion contenant un avion boche détruit a été accueilli par des rires, des plaisanteries. Je les admire profondément. Les rues sont cependant très vides. Des quantités de bombes sont tombées autour du QG mais rien (touchons du bois) n'a atteint le bâtiment lui-même.

Nous sommes installées dans notre nouvelle caserne (quarantième lit). Elle est très bien, dans un quartier élégant, en face de Kensington Gardens. Nous avons une jolie chambre à huit, donnant sur des pelouses et des arbres en fleurs. C'est la chambrée numéro trois.

Claire, Jacky, Hugen, Yvonnen, Hoctin sont avec moi, ainsi que Josette et une nouvelle volontaire. On a changé notre nom : « corps féminin », qui faisait rire tout le monde. On nous appelle maintenant les « volontaires françaises ».

Poème que Jacky a écrit pour moi, Londres, 26 mai.

Elle avait un visage de faune doré.
Son sourire troublait
comme une eau d'où fusent
des rayons de nénuphars
jaunes.
Et l'on ne savait pas très bien
si c'étaient ses paupières
bleuies
qui donnaient à son regard
une ombre violette
parce qu'elle avait des yeux ambrés
de chatte pensive.
J'ai peur qu'elle ne soit que fumée !

Jacky et son ami sont toujours ensemble et d'une fidélité toute conjugale. Jacky est peut-être la seule fille ici qui semble absolument intouchée par cette vie de caserne. Elle est exactement la même qu'au premier jour, en novembre dernier, quand nous sommes arrivées une à une à la gare de Waterloo pour y prendre le train pour Bournemouth.

Dès qu'elle revient du travail (elle est secrétaire au QG comme la plupart d'entre nous), Jacky va dîner, une des premières, pour ne pas avoir à faire la queue, puis elle prend un bain. Toute seule, bien entendu, porte close, et non pas à trois ou quatre parfois dans la même baignoire. Ce qui est drôle lorsque j'y pense, c'est que c'est justement Jacky qui a été choisie par les cinéastes qui ont tourné un film sur la caserne, pour y « jouer » la scène du bain. Ils l'ont mise dans une baignoire (vide) tout habillée mais les épaules découvertes. On la croirait nue. On ne voit dans ce film que Jacky au bain, les cheveux blonds relevés au sommet de sa tête enfantine et se savonnant énergiquement les épaules et le cou !

Jacky ne sort qu'avec son ami, elle ne participe à aucun bal de la caserne, ne va jamais dans les boîtes de nuit où nous nous rendons toutes régulièrement et où la soûlographie est de rigueur. Jacky, dans la chambrée, assise sagement dans son lit, la couverture relevée jusqu'au menton, lit un roman ou écrit des poèmes. Elle est l'innocence même, mais un peu distante malgré son sourire à fossettes et sa tolérance pour les mœurs des autres. Je l'aime beaucoup.

La seule femme officier vraiment humaine que nous ayons eue au temps de Hill Street était le lieutenant Hackin. En mission avec son mari lui aussi officier dans les FFL à bord d'un navire de guerre, elle fut victime d'un naufrage, et on ne les a retrouvés ni l'un ni l'autre.

On croit que la Russie entrera en guerre aux côtés de l'Allemagne. Mais l'Amérique y entrera peut-être avec nous.

Juin

J'ai pris enfin contact avec un couvent des religieuses de l'ordre de Mère Marthe. Je leur ai écrit que j'étais une élève de la maison de Paris et j'ai été invitée à venir passer un week-end chez elles dans le Kent, à Poles.

J'ai emmené Claire et nous avons trouvé un endroit admirable. Un de ces manoirs anglais typiques, couverts de vigne vierge, avec des fenêtres à petits carreaux, des perrons, des terrasses. On nous a fêtées comme des héroïnes de guerre. Il y a plusieurs centaines d'élèves, très jeunes filles anglaises de l'aristocratie, en uniforme, qui regardaient avec envie nos uniformes à nous.

Les Mères nous ont comblées de gentillesses, gavées de bonnes choses, traitées comme leurs élèves préférées. Dans la journée, par un temps radieux, Claire et moi avons disparu dans la nature et pris un bain de soleil à poil dans un champ au milieu des boutons d'or. Des moutons nous regardaient d'un œil scandalisé. Les Mères ont été des anges, nous avons mangé de la salade, des radis, des tomates et du miel, nous avons arrosé les fleurs avec une religieuse allemande charmante, nous avons communié avec Dieu et la nature, nous avons dormi le nez dans l'herbe haute, entourées de rhododendrons, couru dans des sentiers de contes de fées et, le soir, après un bain, nous nous sommes endormies dans une chambre claire, ouvrant ses fenêtres sur les pelouses, les cèdres et le ciel.

Dire qu'il faut rentrer dans la froide caserne !
L'Allemagne a envahi la Russie hier. Les FFL ont pris Damas.

Au dernier week-end, j'étais avec Claire et Yvonne à Bristol. Belle ville, mais très détruite par les bombardements. C'est presque Varsovie. Des rues entières sont sous les décombres. Depuis mon retour, je suis la confidente des amours de Laroche. Une fille très masculine, très gentille, un peu bourrue. Elle a de très beaux yeux bleus, une mâchoire un peu lourde, comme tout son corps. Mais, comme caporale, elle est humaine et tout le monde l'aime. Même les « femmes à hommes », qui sont d'habitude plutôt montées contre les lesbiennes.

Les Boches avancent en Russie comme dans du beurre.

Aucune lettre de France.

L'Angleterre avec les FFL a conquis la Syrie. L'armistice est signé. La Russie tient bon. La roue d'Hitler a tourné.

Je voudrais être en France, à Paris, chez Mère Marthe, qui était mon refuge. Je suis si affreusement seule ici. Je dois me guider moi-même, je me sens perdue, je me laisse entraîner par les circonstances et je prie Dieu de me protéger.

Dans quelques jours, je parlerai à radio Londres aux jécistes de France, en nommant Annie, Monique, mes amies. J'espère qu'elles m'entendront.

J'espère que la guerre ne sera plus longue. Reçu des lettres d'Annie et de Mère Marthe. Toutes si gentilles !

Je comprends nettement que j'avais près de Bela une mission que j'ai manquée. Au lieu de la changer, c'est elle qui m'a changée, parce que je n'ai pas su lui résister.

Lu une merveille, *Le Perroquet vert*[1] de la princesse Bibesco. Lu aussi *Le Récif de corail* de Louis Marquet : très déprimant.

Je fais tout ce qui est en mon pouvoir pour ne pas souffrir. Je ne le veux pas, je ne pense « presque pas » à elle. Je ne me complais

1. Roman (1924) d'une observatrice de la vie littéraire française (1885-1960).

vraiment pas dans la souffrance. Pourtant hier au goûter, à la cantine de Carlton Gardens, Caron parlait avec moi et je lui disais que je détestais la souffrance et ferais toujours tout pour l'éloigner. Caron m'a dit tout d'un coup : « Pourtant tu souffres, mon pauvre chou, cela se voit comme le nez au milieu du visage. » Je suis devenue cramoisie. Elle a ajouté : « Je compatis, je connais ce genre de choses, mais je ne peux rien pour toi, personne n'y peut rien. » J'étais très touchée. Je lui ai dit : « Mais est-ce que je ne le cache pas bien, est-ce que je ne suis pas courageuse ? » Caron a répondu : « Oui, très courageuse, c'est très bien. » Venant de la sarcastique Caron, ce jugement m'a fait plaisir. J'ai fait mon testament, que je donnerai à notre aumônier, le Père Marcel, pour qu'il le conserve. Mon poème sur Jeanne d'Arc paraîtra dans *Le Glaive de l'esprit*[1] avec un dessin de papa.

En politique, on ne sait pas trop où l'on en est. En général, ce n'est pas brillant. La victoire n'est pas encore très certaine, à moins de longues années de lutte. Nous ne sommes pas au bout de nos peines.

Moncorvo, 14 juillet

Il y a un an, à Figueira da Foz, je me préparais pour mon premier bal, je rêvais de Paris et je croyais partir en Amérique.

Où serai-je l'an prochain à cette date ?

Aujourd'hui, j'étais à la cérémonie militaire à la statue du maréchal Foch. Une cérémonie silencieuse et triste. En face de moi, le dernier amant en date de Bela, bien au garde-à-vous, me lançait de petits coups d'œil gentils. L'amiral Muselier a déposé une couronne de fleurs tricolores. Un grand V.

« Elle » est venue l'autre jour à la caserne et m'a divinement souri. J'étais « reprise » tout en gardant extérieurement une apparence indifférente, mais quand elle n'est pas là, je sens bien qu'elle ne m'aura plus. J'ai tout de même maintenant une certaine expérience de la vie.

1. Un des magazines de la France libre à Londres.

Laroche est gentille et, je pense, assez sincère. Hier soir, Clémy est venue à son tour se déverser dans mon giron. Elle était très ivre et m'a raconté en long et en large sa version de ses amours et de ses mésaventures avec Laroche. De son côté, Aurélia m'avait fait jurer que je ne répéterais rien, me mettant ainsi dans une situation très embarrassante vis-à-vis de Laroche car, entre les deux, je préfère et je crois davantage Laroche. Bref, entre la vie privée de mon colonel, de mon adjudante, de Bela, de Laroche, d'Aurélia, je n'ai que le choix du pittoresque.

Laroche est amoureuse d'Aurélia, l'adjudante aussi. Caron et Aurélia font des plans pour vivre ensemble après la guerre derrière le dos de Clémy. Tout cela serait banal s'il n'y avait sans cesse entre elles ces jalousies, ces intrigues, ces chassés-croisés. Elles se font des confidences, se querellent, se réconcilient et vivent dans une sorte de réalité à elles qui n'est pas la réalité.

J'espère passer au QG comme secrétaire dans le bureau de Maurice Schumann. En Russie, on ne sait pas exactement ce qui se passe. Les Boches ont cependant l'air d'avancer un peu.

20 juillet

Aujourd'hui à minuit, à la radio, le colonel Britton a mobilisé l'armée des V dans toutes les contrées en esclavage. Partout, elle résistera à l'ennemi, en attendant de recevoir d'autres ordres. Sur les murs, sur les maisons, dans les écoles et dans les usines, les soldats de cette armée traceront des V. On chantera les V, on les sifflera. C'est aussi aujourd'hui que mon *broadcast*[1] aux Jécistes a été diffusé, à 1 heure. Maman et des amis l'ont entendu, mais malheureusement pas moi.

J'étais de garde toute la journée. Le dimanche ici est étrange à cause du silence si inhabituel dans cette caserne. J'ai lu *Une petite fille comme ça* de Lucie Delarue-Mardrus. C'est mal écrit, mais si touchant que j'en avais les larmes aux yeux comme lorsque, étant petite, je lisais des récits sur les malheureux orphelins. Lu aussi

1. « Message radio ».

La Pierre d'Oreb de Duhamel, qui, je crois, ne me laissera aucun souvenir spécial dans deux jours, et essayé de lire *Le Martyre de saint Sébastien* de D'Annunzio. Malgré toute ma bonne volonté, cela m'a été impossible.

Papa arrive en perm demain. Je ne sais pas encore si je lui parlerai de ma rupture avec Bela. Rencontré une dame qui m'avait vue il y a neuf mois à Lisbonne. Elle ne m'a d'abord pas reconnue. Si je reviens un jour à Paris, j'y serai une étrangère, personne ne me reconnaîtra plus. Pour aller à Kingston, chez Colette, qui y passe tous ses week-ends avec ce capitaine dont elle est toujours amoureuse, j'ai pris le train à Waterloo Station. Je suis passée à l'endroit où, en novembre dernier, une petite fille timide, le cœur gros, attendait le train qui devait l'emmener au *training*. Elle portait au dos un sac alpin, à la boutonnière un ruban tricolore et elle regardait avec effroi ces femmes qui allaient devenir ses camarades. Une jeune fille avait dit près d'elle en montrant une blonde qui riait dans un groupe : « Vous voyez cette fille-là, elle vient de dire qu'un ami en l'accompagnant ici lui avait offert un numéro de *Vogue* en lui disant : "Bela, pour la dernière fois, sois frivole." » Ç'avait été la première phrase que j'avais entendue à la gare. De la femme blonde, je n'avais vu qu'un éclat lumineux et, jusqu'à la mi-décembre, je ne devais rien voir d'autre d'elle qui devait avoir un tel rôle dans ma vie.

Je ne me sens aucune force pour supporter encore une longue guerre. Je voudrais que ça finisse, que ça finisse vite. Oh ! comme c'est long, comme c'est dur et quand en verrons-nous la fin ?

Reçu une lettre d'Annie datée du 8 mai.

Elle épouse Jacques à la fin de juillet !

Je me suis mise à pleurer comme une égoïste que je suis. Cette nouvelle dont je devrais me réjouir, tes fiançailles, Annie, je dois l'avouer, pour le moment j'en ai un chagrin fou. Mon Annie, j'ai l'impression que c'est fini, que plus jamais je ne te retrouverai, *toi*, celle à qui je pensais les jours de spleen, celle pour qui j'étais fière d'être soldat. Je suis si triste, tout est tellement fini pour nous ! Je ne suis plus celle que tu as connue et toi aussi tu changeras. Lorsque nous nous retrouverons, nous serons des femmes que tant de choses sépareront. Notre jeunesse, nos rires, nos farces, la cour des adieux, les camps jécistes, la pension, plus jamais je ne les retrouverai. Je voudrais mourir, plus rien ne me rattache à « là-bas ».

Je sais que je suis affreusement égoïste, mais j'attendais tellement ce moment du retour, revenir à Paris, courir rue Gay-Lussac, tomber dans les bras d'Annie, dans sa chambre avec le chat noir endormi sur la chaise rose. Lorsque je reviendrai à Paris, elle n'y sera plus, tout sera changé, dispersé.

Notre enfance est morte, bien morte, un grand orage a tout balayé. J'ai l'impression de rester seule après un incendie, de regarder en arrière et de ne plus rien retrouver…

Mais tout se calme en moi, je pense à Annie, qu'elle est heureuse, qu'elle le sera, que Jacques est bon, qu'elle aura des enfants. Je lui ai envoyé un câble par la Croix-Rouge et un message radiophonique. Je sais que je ne pourrai jamais retenir le passé, puisque ce qui est mort ne ressuscitera plus. Mais je pense sans cesse à notre enfance, à la petite Annie aux cheveux courts, à ce manteau bleu roi à cape qu'elle aimait tant, je revois Mère Geneviève, nos farces, nos jeux dans le grand jardin du couvent, nos rêves, nos conversations sur le boulevard à la cour des adieux au moment de nous séparer chaque soir. Je pense à elle comme si elle était morte, puisque c'est une autre Annie, une femme, que je retrouverai. Je m'attendais si peu à ce mariage, brusquement cette nouvelle, et je suis loin, les lettres m'arrivent après des mois de retard, j'ai l'impression d'être devenue une étrangère et je sens qu'elle m'oubliera vite maintenant. Comment pourrons-nous nous comprendre un jour après avoir eu une vie si différente ? Je suis passée par tant de choses, des aventures, la guerre, les bombardements, la mort, les passions ! Je me sens très vieille, pourrai-je avoir de nouveau des liens avec Annie, n'y aura-t-il pas des abîmes entre nous ?

Je viens de revenir d'Écosse (quarante-huitième lit), où j'ai passé sept jours merveilleux de permission chez mes cousins. J'ai bu du lait, du vrai, pas en poudre. J'ai mangé des fraises, de la salade, des tomates et des oranges, choses extraordinaires en temps de guerre et dont les générations de paix ne peuvent comprendre le sens. L'Écosse est un pays sauvage, boisé, aux étendues de pâturages, de collines recouvertes de sapins. Tout y est beau, les lacs, les châteaux, les torrents, les sentiers mystérieux et les forêts profondes comme celles de Pologne. Longues conversations avec Iza, mon amie du bateau, et avec ma petite cousine Ryśia, qui est mignonne, mais qui entre dans l'âge bête. Retraversé Glasgow, affreuse ville noire. Malgré mon amour de la terre, ma joie de revoir les champs, les fleurs, le soleil, de sentir le vent et de boire l'eau des sources, j'étais heureuse de revenir à l'armée, qui est ma vraie vie maintenant. J'ai retrouvé Londres que j'aime, mon cher beau Londres, si lourd, « correct », dépourvu d'élégance, mais c'est le bon Londres qui ressemble à un taureau, comme Churchill. J'aime son bruit, sa vie, son mouvement, son odeur de grande ville, sa foule. J'aime les bus rouges, les milk-bars, la Tamise et les parcs. J'aime Londres où j'ai tant aimé et souffert. J'entretiens avec Londres comme une relation de « compagnons d'armes ». Ensemble nous avons passé ce dur hiver, ensemble nous avons nargué le Boche, c'est à Londres que je suis devenue une femme, que j'ai connu la mort et la séparation, l'espoir et la ténacité de tenir. Paris, c'est mon enfance ; Londres, c'est la guerre, c'est la vie.

Aujourd'hui, la ville est ensoleillée, et les visages, quoique toujours impassibles, cachent mal des sourires de joie. Ils tiennent, ils attaquent et nous avons bien mérité de voir enfin l'espoir grandir.

Je suis en plein dans un de mes jours de cafard. Je souffre du cafard comme d'autres souffrent du foie et de migraines. Lorsque soudain, sans raison, il s'abat sur moi, je sens un poids *physique*, j'ai *physiquement* mal, je pourrais crier et me rouler par terre, ou me suicider. Je voudrais arriver à expliquer cette douleur. Je suis calme, mais, soudain, j'ai l'impression que « ça » arrive. Je m'arrête de respirer… j'attends… et brusquement cela tombe, me serre la gorge, le cœur, se répand comme un poison dans tout mon corps et je suis prise, ligotée, désarmée.

Ce qui me désespère toujours, c'est la certitude de mon inutilité. Je crois que jamais je n'arriverai à rien. Je ne peux pas m'adapter, me mettre dans le ton, je suis dans le monde comme sur un clavier une touche de piano désaccordée, et je sens, je sais que jamais je ne m'accorderai. Je suis faussée. Je ne peux expliquer cela, je constate seulement que je me sens étrangère à la vie, incapable d'effort, de persévérance. Je suis en tout une dilettante. Je ne sais que vivre au gré du vent, suivant mes caprices et mes envies. Avec une telle nature, on ne peut arriver à rien de Grand, de Beau. Dans l'armée, où je suis entrée avec un tel enthousiasme, je ne sers à rien parce que je ne suis pas sténodactylo ; or ici une seule chose compte, c'est de savoir taper à la machine. A part ça, vous pouvez être crétine, n'avoir aucun sens patriotique, cela n'a pas d'importance, vous êtes le type qu'il leur faut. Lorsque je pense à tout cela, lorsque je vois que je ne ferai jamais rien, parce que je ne suis pas capable de « suivre la foule », de rire lorsqu'elle rit, de pleurer lorsqu'elle pleure, mais que je fais toujours le contraire, alors je n'ai qu'une hantise : mourir au plus vite. Pourtant, je voudrais tant avoir des enfants à moi, les élever ; or même cela, j'en serais incapable. Il est beau en rêve de se voir la mère de nombreux enfants, mais qui lavera le linge, fera le ménage, leur trouvera de quoi manger ?

Je pense qu'une des raisons de mon incapacité à m'adapter est que je suis un peu comme un canard qui a été couvé par une poule. Je n'appartiens à aucun groupe. Parce que mes parents sont des êtres tellement différents et qu'ils m'ont élevée si différemment. Juifs, polonais, convertis au catholicisme, se considérant comme juifs chrétiens, vivant en France et artistes. Peut-on trouver une autre famille aussi spéciale ?

A six ans, lorsque toutes les petites filles de mon âge jouaient avec leurs poupées, mon père m'a confié le « secret » : nous trois, nous n'étions pas seulement juifs, mais aussi catholiques, parce que Jésus était le messie que les autres juifs attendent encore, en vain. Jusque-là, je me savais juive, d'origine polonaise, de nationalité française, seule Française dans notre famille. Maintenant, j'étais donc aussi catholique et je ne devais jamais, jamais, le dire à personne, pour que mes grands-parents en Pologne ne l'apprennent pas, car ils en souffriraient terriblement. Jusqu'à onze ans, je n'ai pas dévoilé ce secret. En France, nous vivions en catholiques de catacombes, en catholiques secrets. En Pologne, chaque été, parmi mes grands-parents de Zgierz et de Lodz, mes nombreux cousins, oncles, tantes, nous vivions en juifs.

Plus tard, lorsque ça s'est su, le scandale a éclaté, toute cette famille nous a reniés, sauf les parents de maman. Comment puis-je me sentir « comme tout le monde », avec un passé si différent, des parents tellement peu conventionnels, un père sculpteur, une mère écrivain ? Bien sûr que j'ai souvent le cafard, que je me sens…

Mes écrivasseries d'hier soir ont été interrompues par Colette, qui est venue me raconter ses amours compliquées : elle est amoureuse de deux hommes à la fois. L'un est ce capitaine pour lequel elle a une passion dévorante et qui continue à lui résister parce qu'il est marié, qu'il a des enfants en France et qu'il est très croyant. Avec l'autre, elle couche à Kingston dans le même lit, mais sans faire l'amour, m'affirme-t-elle, car en plus elle veut rester vierge. C'est difficile à comprendre. Bela la traite d'allumeuse et de demi-vierge.

Telle qu'elle est, je l'aime beaucoup. Elle est cultivée, très serviable, dévouée, patriote, et elle a un goût exquis et un courage tout à fait extraordinaire.

6 août

Ce soir, il y a un bal à la caserne. Je vais donc devoir y jouer mon rôle.

Une jeune fille entourée d'hommes doit en effet rire, avoir l'air enchantée, trouver que tout ce que racontent « les hommes » est excessivement intéressant et spirituel. Ou bien, si elle veut être coquette, elle prendra un air déluré, moqueur, contredira ses partenaires, mais tout cela avec un brin de sourire pour leur prouver qu'au fond elle est quand même la femelle ravie de se trouver en leur auguste présence.

Je vais donc copieusement me raser pendant toute la soirée avec des officiers français, anglais, polonais ou autres, sans qu'ils se doutent que, dans mon cœur, je me fiche éperdument d'eux tous, de leurs airs fats, de leur égoïsme de mâle, de leur sottise. Ils ne sauront pas que j'aurais mille fois mieux aimé être à Paris dans ma petite chambre de jeune fille, me glisser dans mon étroit lit blanc, aux draps froids, et rêver, les yeux ouverts, rêver dans le silence et la solitude.

Mais un jour viendra où je dirai ce que je pense, je dirai ce qu'il y a au fond des femmes. J'écrirai un jour un livre qui deviendra célèbre et sera l'âme de la femme. Ce livre, je le prépare, je l'écris déjà, il se forme, il mûrit lentement.

Ce sera une œuvre sans forme, sans plan, écrite à tous les temps et de toutes les façons. Je l'écrirai pour moi. Ça ne sera pas le petit roman qu'on lit dans le train entre deux visites au wagon-restaurant. Mon livre sera comme moi : un chaos de bon et de mauvais, quelque chose de compliqué, d'enthousiaste, auquel personne ne comprend rien s'il ne s'en donne la peine.

Papa est arrivé. Le bal du 6 août s'est bien passé, succès fou, plus de mille personnes. J'ai conservé l'affiche du bal peinte par Maurice van Moppès [1] représentant une volontaire française, qui me ressemble, paraît-il, dansant avec un très jeune soldat.

Il y a quelques jours, j'écrivais ici que je me sentais étrangère, différente. Mais il s'agit de savoir qui a raison. C'est peut-être moi, au fond, avec mon amour du silence, de la solitude, mon sens de l'Amour, de la vie, de la beauté. Je suis peut-être fantasque, mais je le sais et je sais ce qui est bien ou ne l'est pas en moi, et j'ai malgré tout une bonne dose de bon sens. Je crois aussi que je suis l'une des rares volontaires françaises qui ait gardé dans l'armée le même enthousiasme qu'elle avait en y entrant. Aucun scandale, aucune expérience ne me l'ont enlevé. Or si j'étais si instable, il y a longtemps que j'aurais tenu les propos des autres et parlé de « désillusions », de « regrets ».

Il me semble que, malgré tout ce qui s'est passé cet hiver, je suis au fond la même petite fille crédule, seulement moins ignorante et par là plus blasée, peut-être maintenant un peu cynique.

1. Célèbre affichiste de l'époque.

En Russie, ça va, ils tiennent. Chez nous, on est optimiste, on croit être à Noël à Paris. Espérons-le, ça ne peut faire que du bien et il sera toujours temps de déchanter.

Smolensk est tombé.

J'ai retrouvé parmi mes cahiers le petit gant de cuir rouge que mon amie d'enfance Wanda m'avait donné il y a quelque dix ans. Elle avait gardé l'autre. Il m'a suivi jusqu'ici à travers tant de pays, pauvre petit gant de poupée, notre fétiche, symbole de notre enfance et de notre amitié. J'ai écrit à Wanda une lettre à une adresse de hasard. Papa est reparti hier et j'ai sangloté sur son épaule, alors que je ne devrais pas le rendre triste, sa vie de soldat polonais est déjà assez pénible comme ça.

Je suis allée avec maman dans une pâtisserie française où j'ai mangé un vrai croissant de Paris. Quel délice ! il croustillait, tout chaud et doré. Voilà encore un bonheur que seul peut comprendre celui qui a connu l'exil. Cette garce de lieutenant Burdet ne veut pas me laisser partir de la garde. Je suis en train de faire des pieds et des mains pour aller travailler au QG, peut-être dans le même bureau que Josette, chez le commandant Dennery.

Berlin a été bombardé pour la cinquième fois en cinq jours, par la RAF et les avions russes, et ils n'ont pas encore une seule fois riposté, mais alors, le jour où ils s'y mettront, qu'est-ce que nous recevrons ! On craint que la France entre en guerre aux côtés de l'Axe.

Vu aujourd'hui le nouveau dessin animé de Walt Disney, *Fantasia*. C'est un film touffu, un peu long, fatigant à regarder. J'ai été frappée par plusieurs scènes. Cette idée de mettre en images et en couleurs la musique est très intéressante, mais cela me dérange car, souvent, la musique me suggère autre chose qu'à Walt Disney, quand ce n'est pas tout le contraire ! De plus, j'arrive difficilement à suivre ces trois arts ensemble. A la sortie, un vagabond me demanda une adresse que j'ignorais. En entendant mon accent, il se mit à parler en français, me dit avoir habité à

Boulogne pendant dix-sept ans et me serra la main en me disant : « J'aime le pays France de tout mon cœur. »

Il y a aujourd'hui quatre mois que Moune Mallaroche a été tuée. Je viens de relire *L'Épée de feu*, cet admirable roman de Daniel-Rops qui exprime toute l'inquiétude, toute l'angoisse des hommes dans notre monde sans âme. Ce livre m'a fait une très grande impression. Il met le doigt sur l'injustice de notre société, sur sa plaie. En général, nous nous habituons à notre vie, nous cessons de voir que notre monde ne pouvait pas durer, qu'il était construit sur des règles ignobles. Pour peu que l'homme soit heureux dans sa quiétude personnelle, il oublie vite de se révolter contre notre société. Cette guerre est peut-être pour nous, non pas un châtiment, mais une chance. Jamais en temps normal le monde entier n'aurait été ainsi bouleversé, tandis que cette guerre mondiale forcera (je l'espère) les hommes à reconstruire sur leurs ruines quelque chose de nouveau. Lorsque je pense à cela, un grand enthousiasme me soulève. Je suis dans l'armée de la liberté, de la reconstruction, même si cette armée n'est ni telle que je l'avais rêvée, ni telle qu'en France on se l'imagine. Malgré tout (et c'est ça notre beauté, notre force), nous sommes ce que nous ne sommes pas. Nous sommes cette idée d'honneur et de liberté, nous le sommes malgré nous, parce que notre idéal est indépendant de nous.

Hier soir, très belle émission à Radio Londres en français, avec une magnifique causerie d'André Labarthe. Lorsque j'entends de telles choses, je suis si fière ! Je vois de plus en plus combien Bela a eu peu d'influence sur moi, elle m'a seulement ouvert les yeux sur le mal, que j'ignorais, mais elle n'a rien eu du vrai moi. Mon cœur, mon esprit, lui sont restés étrangers. Elle n'a pas réussi à tuer en moi mes illusions, mon enfance, mais elle m'a donné des choses très précieuses, elle me les a données sans le savoir. Elle m'a appris à ne pas me juger infaillible. Par elle, à son insu encore, j'ai eu la vision exacte de ce qu'était le péché (cette nuit près du feu). Je crois qu'il n'y a plus d'amour pour elle dans mon cœur. Je crois que c'est fini, que j'en suis délivrée.

Parlé ce matin à la BBC de l'héroïsme des femmes polonaises.

Les Russes résistent aux portes de Leningrad. Hier, j'ai été voir le lieutenant d'Ollondes, dans le bureau duquel je vais travailler. C'est le bureau de la Propagande et des affaires extérieures. Ce sera un travail très intéressant.

Vu hier, au cinéma, la rencontre historique de Churchill et de Roosevelt, riant tous deux au milieu des matelots anglais et américains.

Serge, après m'avoir de nouveau téléphoné (j'ai fait répondre que je n'étais pas là), m'a fait envoyer des salutations par une volontaire. Il est tenace et ne perd pas espoir.

Nouvelle sensationnelle ! Attentat contre Laval et Déat, qui ont été blessés par cinq balles que leur a logées un jeune Français de vingt et un ans, Paul Colette, dont le nom sera un jour connu comme celui d'un héros.

Répression terrible à Paris. Arrestations en masse, exécutions, la révolte se prépare. En Iran, et à sa demande, les hostilités ont cessé. En Russie, l'offensive allemande est arrêtée.

Je sais que mon adolescence est finie, il me semble que je suis très vieille. Vieille de tant de souvenirs, tout ce monde derrière moi, qui ne reviendra plus. J'ai l'impression d'avoir vécu des siècles.

J'ai affreusement peur de la vieillesse, tout ce qui m'en rapproche me fait peur. Dans quelques jours, Bela revient de convalescence, et va retourner habiter à la caserne. Cet après-midi au *Cumberland Hotel* était assise devant moi une jeune femme blonde qui lui ressemblait un peu et la nostalgie de son charme incompréhensible m'a envahie. Pourtant, je dois tenir et je tiendrai.

Clémy continue à me raconter ses malheurs conjugaux avec Aurélia. Laroche, d'un autre côté, me fait la confidente de sa version. Ces trois femmes m'intriguent avec leurs invraisemblables histoires de jalousie, d'amour, de rivalité.

Pourvu qu'en France ils se révoltent tout à fait !

Aurélia est excessivement touchante à cause d'une certaine faiblesse qu'elle dégage. Elle a un long corps mince, flexible comme une tige, un visage très blanc, très pâle, un nez étrange, trop grand sans être laid. Dans ce blanc visage, les yeux sont dorés, un peu fauves comme les cheveux, les lèvres sont minces, brillantes, leur courbe sensuelle. Au premier abord, Aurélia a l'air d'un pédéraste. Sa voix est très enrouée, hésitante, et semble toujours voilée, voix d'ivrogne et de fillette en larmes. C'est ce côté « fillette » qui intrigue chez Aurélia. Lorsqu'on voit ses larges épaules, ses longues mains nerveuses, ses cheveux coupés à la garçonne, on se demande ce qui lui donne cet air indéfinissable d'enfance. Je la regarde parler. Son sourire est las, fatigué, ses yeux ont d'étranges nuances, à la fois vicieux et purs. Il me semble qu'Aurélia est un être tout en caprices soudains. Elle est parfois d'un mysticisme excessif, pendant un mois elle ne touche plus à une goutte d'alcool, elle communie chaque jour. Puis tout s'écroule et elle boit dix brandys avec une autre lesbienne en une soirée. Lorsqu'elle est ivre, elle se met à bégayer, sa voix semble ne plus pouvoir se frayer un chemin jusqu'à l'air libre.

Comprendre Aurélia ?

Savoir ce qui se passe derrière le masque que chaque être offre à ses semblables ? C'est une chose à laquelle je n'arriverai jamais.

J'ai un spleen épouvantable. Il fait un temps magnifique, un ciel bleu léger. Je suis chez maman pour quelques heures. Mes grands-parents sont maintenant au Canada, mon oncle Oleś et sa famille y sont aussi. Une organisation juive pour les réfugiés s'occupe d'eux.

Je devrais être heureuse et, pourtant, j'ai le plus terrible cafard : je me sens si inutile, si incapable. Jamais je n'arriverai à rien faire de ma vie. J'ai imaginé tout le long du chemin que je me jetais dans la Tamise à la faveur du black-out et qu'on croyait à un accident. C'est étrange, cette envie de mourir, puisque je n'ai aucun chagrin spécial. Seule m'étouffe cette pensée du néant, de la bêtise de ma vie qui ne sert à personne, puisqu'il me semble souvent que jamais je ne trouverai celui que j'attends. Je voudrais dormir sans avoir à penser, à vivre. Si, au moins, on me donnait à faire quelque chose d'intéressant, un travail que je sente nécessaire à la France, mais tout ce dont on me juge capable à la caserne, c'est de faire la garde, d'inscrire les heures d'entrée et de sortie.

Devant moi est assis un voisin de maman, un vieux Polonais d'une cinquantaine d'années, gras, stupide, qui discourt à longueur de journée. Il se croit l'être le plus séduisant, le plus beau de la terre et je pense avoir une « touche » avec lui. Toute la bêtise humaine est dans ce type, toute la tristesse humaine. Ce gros homme presque chauve, qui a dû un jour être assez beau (il lui reste une bouche sensuelle, un nez intéressant, des yeux bleus assez grands), qui est devenu ce gros bonhomme qui porte monocle et joue encore au don Juan… C'est lugubre.

Je pense à notre monde, à ces guerres partout, à ces millions de malheureux, de prisonniers, de veuves, d'orphelins, de maisons en flammes, de destructions. Et les ruines en Pologne, les exécutions, les ghettos, les persécutions des Juifs. De la terre entière s'élève un tel cri de détresse, un tel sanglot. Il me semble entendre cet effroyable cri de souffrance d'un côté, tandis que de l'autre continuent les rires des hommes qui s'amusent dans les quelques pays pas encore touchés. J'ai vu des photos de l'Amérique, on danse, les plages sont pleines de baigneurs. D'un côté la jouissance, de l'autre la famine et la guerre. Voici notre monde après vingt siècles de christianisme.

Après ça, comment ne pas avoir le cafard lorsque je regarde ce que je suis, moi qui ai tant reçu (éducation, famille, enfance heureuse, milieu d'élite), et que je vois en moi tant d'incapacité, de tristesse ?

J'ai vingt ans. J'ai encore vingt ans. Je me répète cela sans cesse. Ces mots que je dis pour la dernière fois de ma vie…

Hier, j'ai commencé mon travail de secrétaire archiviste, chez le lieutenant d'Ollondes, au bureau de la Propagande et des affaires extérieures. Travail passionnant, dans lequel je me débrouille comme si je n'avais fait que cela toute ma vie. Je n'ai pas une seconde de temps libre. Je ne rêve plus que dossiers, fiches, télégrammes secrets. Et je suis très fière de faire un vrai travail militaire.

Je n'ai plus le temps d'écrire. Je travaille comme un nègre du matin au soir. Je réponds à des lettres de fous mystiques ou de vieilles filles refoulées qui se croient obligés d'écrire au général de Gaulle. Je remercie pour des dons d'argent, des médailles, des images. J'aime mon bureau. Le lieutenant d'Ollondes est calme, bien élevé, ne me parle que de service et me fiche la paix.

Bela, depuis une semaine, habite à la caserne, la chambrée à côté de la nôtre. Elle est encore plus belle qu'avant, plus blonde et plus attirante. Je ne lui parle jamais. Je passe à côté d'elle sans la voir, comme si elle était en verre, mais il suffit qu'elle soit dans la même pièce que moi pour que je la sente avec chaque fibre de ma peau, pour que j'en perde absolument tout appétit au réfectoire et toute idée le matin à l'appel. Malgré tous mes efforts, je ne peux me souvenir d'aucune de ses méchancetés, seulement du bonheur qu'elle m'a donné au début. Je ne comprends pas moi-même comment je peux l'aimer ainsi. Pourtant, j'ai la plus ferme résolution de ne rien faire pour la rencontrer.

J'ai reçu une lettre de Mère Marthe, excessivement gentille. Elle doit croire que j'ai fait l'amour avec un homme, d'après ce qu'elle insinue. Si elle se doutait de ce qu'il en était, trouverait-elle cela mieux ou pire ? Elle me manque terriblement, c'était une vraie mère pour moi.

Annie est en pleine lune de miel, elle ne m'écrit pas.

Aujourd'hui, week-end chez maman. J'étais avec elle au *Ritz*, chez Ida Rubinstein[1], que mes parents connaissaient avant la guerre. Elle est excessivement belle, très grande, élégante. Cette femme, qui doit certainement avoir soixante ans, est d'une beauté étonnante. Elle se tient mieux que moi, plus droite. Elle a un nez

1. Danseuse russe (1885-1960).

magnifique, un front blanc immense, de belles mains. Elle ressemble à une divinité.

Septembre

Mon patron, le lieutenant d'Ollondes, s'appelle en réalité d'Harcourt. Beaucoup d'officiers et soldats de la France libre ont pris des noms de guerre à Londres pour que leurs familles en France ne puissent être inquiétées par les Allemands. C'est un homme de vingt-neuf ou trente ans, grand, maigre, extrêmement sérieux. Il a été grièvement blessé à Dunkerque, où il a perdu une jambe. Il marche avec une jambe artificielle, ce qui ne l'empêche pas de faire du sport. Il joue au badminton et ne se plaint jamais. Il a cette espèce de courage héroïque et orgueilleux qui n'admet pas de plainte. Il est d'une probité qui semble appartenir à un autre siècle. Il arrive toujours le premier au travail et il est le dernier à quitter le bureau. Je l'admire, car je vois peu d'hommes comme lui autour de moi. J'aime énormément mon travail au quartier général. Nous dépendons du Comité des affaires étrangères et notre grand patron est Maurice Dejean. Claire est au chiffre, c'est-à-dire qu'elle tape du matin au soir des télégrammes. Je ne connais qu'elle qui puisse faire ce genre de travail mécanique, incompréhensible, tout en gardant sa bonne humeur. Parfois, je passe dans la journée lui dire un mot, je la regarde penchée sur la machine à écrire, ses longs doigts souples pianotent sur le clavier à une vitesse incroyable. Claire est à moitié anglaise, son père est français. Elle parle français avec un fort accent anglais. Elle est très sportive et nous nous entendons très bien.

D'habitude, le Général rentre à son bureau après le déjeuner. Lorsque je le peux, je m'arrange pour me trouver dans l'escalier, un dossier à la main, lorsqu'il monte à son étage. Je l'aperçois, alors, grave, tellement grand, notre chef, l'homme qui a sauvé l'honneur de la France. Il est venu à la caserne, deux fois déjà, nous passer en revue. Grand branle-bas, nettoyage à fond comme si la caserne était un navire, drills intensifs dans le parc, inspection des chambrées. Tous nos officiers et sous-offs sont pris de frénésie.

A la première « revue des troupes » du corps féminin à Hill

Street, nous devions dire notre nom au Général, chacune à notre tour, au moment où il s'arrêtait devant nous. Lorsqu'il s'est arrêté devant Camille, elle a ajouté tout un petit discours pour se plaindre de la caserne. Consternation des officiers ! Le Général lui a lancé un regard froid, n'a rien dit et est passé à la suivante comme s'il n'avait pas entendu. La pauvre Camille a été punie immédiatement après : corvée de cuisine pendant une semaine.

Au quartier général, nous nous retrouvons toutes à la cantine à l'heure du goûter. Une demi-heure de bavardages, de rires.

Papa est venu en permission au mois d'août et nous nous sommes fait photographier à Trafalgar Square, lui en uniforme de l'armée polonaise, moi en uniforme FFL, donnant du pain aux pigeons.

Hier soir, je suis montée chez Caron, où se trouvait Bela, plus belle, plus « vamp » que jamais. Tout l'hiver dernier me revenait à l'esprit. Elle portait un kimono de soie noire parsemé de petits cercles vert-bleu. Ses cheveux brillants et blonds étaient attachés un peu au hasard par des peignes et une mèche mal ajustée lui balayait le front. Très belle et séduisante, ma Bela, toujours la même : moqueuse, éclatante, comédienne. Elle m'a raconté sa dernière (*sic*) réconciliation avec son mari. Je pense que je suis guérie d'elle. Sa beauté m'émeut toujours, mais différemment. Maintenant, j'ai pour elle de la sympathie, une certaine amitié. Mais c'est tout. J'aime surtout observer en elle ce qui pourrait m'aider à écrire un roman sur elle un jour.

En France, Paul Colette a été gracié. C'est très habile de la part de Pétain.

En Russie, ils tiennent.

Octobre

Le 11, j'ai parlé aux femmes françaises à la BBC. Je me demande si mes amies m'entendent. Si un jour je reviens à Paris, Annie ou Mère Marthe me diront-elles qu'elles ont ouvert la radio et ont attrapé ma voix ?

Ce soir, j'ai vu le film *Claudine*[1]. Très bien joué, mais très troublant. Tout est encore trop frais.

Au bureau, travail fou. Je n'arrête pas.

Les Russes subissent une très forte attaque. On craint pour eux.

Week-end à l'hôtel chez maman. Retour de la messe. C'est extraordinaire comme au fond Mère Marthe et Bela se ressemblent. Même violence, même amour-propre, même plaisir à être aimée. Seulement l'une a mis son caractère au service de Dieu et l'autre au service du monde. Je désirerais tant avoir seulement un an de paix complète pour pouvoir finir d'écrire mon roman.

Je lis *Les Thibault* de Roger Martin du Gard. C'est intéressant, assez bien écrit, bien observé, mais cela ne m'emballe pas.

Bela est gentille comme autrefois. Cette femme inouïe arrive à vous présenter les choses de telle façon que, parfois, je me demande si au fond Claudine et moi n'avons pas été les seules fautives et si Bela n'a pas été notre victime.

Derniers événements :

Constant et Guéhény ont été horribles avant-hier soir, me traitant de tous les noms : vile, hypocrite, lâche, parce que je me suis réconciliée avec Bela. J'étais assise en pyjama sur mon lit, je ne savais que dire, je me suis couchée et me suis mise à pleurer. Puis, soudain, je me suis levée, me suis habillée (à la stupéfaction générale, il était 9 heures) et je suis partie, je me suis enfuie de la caserne en sanglotant dans la rue. Je suis arrivée chez maman et, sans explication, toujours en larmes, je me suis déshabillée, mise au lit. Et, le lendemain, le déserteur a été à son travail comme si de rien n'était. Résultat, sur le conseil de Mlle Merlange, je suis allée trouver l'après-midi le Dr Martinot, je lui ai expliqué tout, tout ce qui s'était passé ; il a été merveilleux et m'a donné une permission d'habiter pendant un mois hors de la caserne chez maman. Gueule

1. Le roman de Willy et Colette *Claudine à l'école* a été adapté au cinéma par S. de Poligny (1937).

de la lieutenante Burdet, qui espérait bien pouvoir avoir la joie de me punir. Le soir, j'ai vu Bela malade à l'infirmerie.

En France, résistance acharnée. En Russie, ils tiennent. Au bureau, cela va très bien. La capitaine Matthieu est partie et la capitaine Terré la remplace. Le général de Gaulle est venu aujourd'hui déjeuner à Moncorvo.

Carlton Gardens, 31 octobre, 3 heures

Pour la première fois depuis que j'ai quitté la France, je me sens aujourd'hui en une intime union avec tout ce peuple de là-bas. Il y a en moi cette même inquiétude qu'eux doivent ressentir alors qu'approchent 4 heures, notre « garde-à-vous national ». Pendant cinq minutes, tous les Français de France, et ceux d'Angleterre, d'Afrique, d'Amérique, d'Argentine, d'Océanie, s'arrêteront à la place où ils seront et, unis dans cette grève silencieuse, cette protestation muette, unique dans l'histoire, ils célébreront le deuil des cent otages et l'espoir en la victoire.

Il est 3 heures.

Autour de moi claquent les machines à écrire, les dossiers s'étalent sur mon bureau, je vois les noms de villes où travaillent les Français libres : Shanghai, Ankara, Rio de Janeiro, New York, Lisbonne, Nouméa, Sydney. Des autos passent dans la rue, un enfant crie.

3 h 05.

Je songe à ceux de là-bas qui, comme moi, regardent leur montre et attendent. Je pense aux écoliers qui n'écoutent plus le professeur et aux professeurs qui parlent distraitement. Je les vois qui marchent vite et regardent les horloges des rues dont les aiguilles se rapprochent lentement du 4. Et les Boches, les doryphores, les Fritz, les verts-verts, doivent eux aussi regarder l'heure et sentir en eux comme un avertissement.

A Chanteloup, ils seront à la chapelle avec les enfants. Aniouta, avec ses filles et des amis, resteront à la maison. J'imagine qu'Annie sortira et, à l'heure dite, s'arrêtera ostensiblement devant « eux », les narguant. Mère Marthe interrompra son cours.

Je les vois toutes et tous, figés, raidis dans le garde-à-vous de la grève gaulliste du 31 octobre 1941.

3 h 20.

Je suis si loin et pourtant si près de la France. Si près des campagnes flamboyantes au dernier soleil d'automne, si près surtout de Paris, de mon lumineux Paris d'autrefois. Je ferme les yeux et revois la Concorde, le soir, dans ses mille lumières, les Champs-Élysées qui montent vers l'Arc de triomphe, ou tout simplement mon boulevard tranquille, la porte de ma maison, les fenêtres closes et la sonnette toujours un peu rouillée qui va tinter, laisser la porte s'ouvrir et laisser le passé revivre. Comme je suis parmi vous, Parisiens, je revois chaque pierre, chaque coucher de soleil sur les murs, chaque arbre du Luxembourg. Car, pour moi, Paris n'est pas mort, il est toujours l'intact, le gai Paris, qu'aucune botte allemande n'a souillé.

3 h 55.

Je me lève, j'enfile ma tunique et monte au rendez-vous, à la cantine, où m'attendent déjà deux autres volontaires. On rit nerveusement, on regarde les aiguilles de la montre.

Sonnerie.

Tout s'est tu. Arrêté. L'adjudante est assise la tête dans les mains. Quelques femmes regardent par la fenêtre, des officiers qui nous tournent le dos, semblent de bois, un soldat rêve devant moi, les yeux au loin.

Comme ces cinq minutes sont longues ! « Là-bas », la circulation est arrêtée. Les usines silencieuses soudain, pas un bruit dans les lycées, pas un son dans les rues, où seuls les Boches continuent d'avancer. Hommes, femmes, enfants, debout ou assis, font la grève nationale. Cinq minutes, d'un bout du monde à l'autre, la France s'immobilise et attend l'heure de se mettre en marche.

1er novembre
(dix-septième mois d'exil)

L'année dernière j'étais encore cette innocente petite fille qui rêvait de l'armée. En un an, j'ai connu la séparation, la solitude, la vulgarité, l'amour, le vice, l'alcool, dans une atmosphère de bombardements, de mort, de nerfs surtendus, de fatigue, de solitude morale et religieuse. Il y a un an, Hill Street, cette ancienne caserne qui, il me semble, devrait être détruite comme un nid sordide. Hill Street, pour toutes celles qui y ont vécu l'hiver dernier, restera cette sombre maison dans l'étroite rue grise, cette sombre et froide maison, encaissée entre de hauts murs noirs. Des vitres sales par où pénétrait un jour jaunâtre, des couloirs obscurs, le grand hall, les dortoirs, le réfectoire, les salles, tout avait un aspect de bagne. Hill Street, le nom évoque tout de suite pour nous, pour moi, cette pièce du standard téléphonique que quelqu'un avait appelée le bordel, où régnait Bela entourée d'adoratrices. Bela, blonde, gaie, excitée comme toujours, mais un peu moins folle que maintenant. La cabine téléphonique où l'on buvait en cachette entre volontaires ou avec l'adjudante et Caron. Cabine téléphonique : hauts murs, petit lit de camp, haute fenêtre grillagée, combien de fois me suis-je approchée de cette fenêtre et ai-je cherché à apercevoir un peu de ciel pur ! En face, toujours devant sa porte, l'ambassadeur du Pérou, grand, mince, les joues fardées, regardait notre maison avec un étrange sourire démoniaque. Hill Street, ma petite table de garde dans le grand hall au sol dallé, le soir lorsque tout le monde dormait déjà et que, si seule, je rêvais et souffrais silencieusement.

Hill Street, l'attaque de nerfs du sergent Belhomme, le soir où elle s'est mise à jeter des lits à la tête des volontaires. Hill Street, l'ombre méchante de la commandante, Guérin la folle, la volontaire Andrée, préposée sacristine, avec sa casquette enfoncée sur les oreilles, sa queue-de-rat, son écharpe autour du nez. Et toutes les nuits les bombes pleuvent, les obus sifflent, le canon tonne. La maison tremble, on entend des vitres qui se brisent et, si l'on ouvre la porte, on voit le ciel de Londres qui flambe.

Hill Street, les escaliers à balayer, les pommes de terre à éplucher comme punition, les planchers à laver à genoux. Tous les travaux nous étaient infligés d'un ton sec.

Voici que les souvenirs affluent, se pressent ! La mère de Givenchy s'enfuit un soir, Nadine lance une assiette à la tête de Lucienne, Andraud avale du véronal, moi dix cachets d'aspirine, Claire offre des perce-neige à Rachel, je sanglote sur les genoux de Caron. Dans la salle de lecture, on nous filme, on nous interviewe pour les journaux, la pluie tombe, tombe sans discontinuer. Pluie, neige, boue, verglas, vent et pluie, jour gris et brouillard.

Hill Street, nous nous hâtons le matin au travail. A midi, on déjeune vite, on reprend le camion qui nous secoue jusqu'au QG et, le soir, fatiguées, abruties, on revient à la caserne pleine de bruits, de musique criarde. Hill Street. Pour moi, le souvenir d'une petite fille perdue, hypnotisée, qui ne voulait rien voir, rien entendre, qui se serait jetée au feu, en enfer pour son premier amour.

Hill Street. Voici le dernier souvenir que j'ai de toi : un grand trou béant où gisait un tonneau, une maison de briques noires, ouverte, éventrée, nos chambres en ruine, les planchers et les portes arrachés, les murs disloqués, les vitres brisées et, sous cette masse de planches, de fer, de verre, de shrapnels, le cadavre d'une jeune fille de vingt ans que les ARP cherchaient en retournant les décombres à la pelle. La cabine téléphonique, elle aussi, était anéantie et de gros blocs de pierre gisaient sur les meubles broyés. C'est mon dernier souvenir de Hill Street et je n'ai pas eu pour cette maison une seule pensée de regret.

Rêvé cette nuit qu'on m'avait envoyée en France en mission secrète. J'étais à Chanteloup et chez Annie, et j'étais tellement heureuse !

La guerre traîne, traîne, on n'en voit pas la fin. Toutes les années les plus belles de ma vie vont se passer ainsi entre des bombardements, des uniformes kaki et des dossiers. Si encore je trouvais ici une vraie amitié, tout irait bien, mais au CF[1] l'amitié n'existe pas. J'ai pris la résolution de ne plus me confier à personne, d'être bien avec tout le monde de loin et de parler à toutes le moins possible. Je passe mon temps libre à lire, à rêver. A rêver que je mange des fruits, des camemberts et des biftecks saignants ou que je me grille au soleil dans un pré à Héas.

Je ne peux plus imaginer que cette guerre finira un jour, que nous serons libres, heureux, sans black-out, sans sirènes, sans censure postale, sans frontières infranchissables, sans tickets de

1. « Corps féminin ».

rationnement. Que nous pourrons voyager, faire des projets, envoyer des lettres. Qu'il n'y aura plus d'uniformes, de casernes. Je ne peux plus imaginer la possibilité d'une fin. Cette guerre est interminable. Les Russes se battent très bien mais reculent, les Anglais n'ont même pas pu envoyer une armée sur le continent, alors qu'il semble que ça serait le moment ou jamais. Les Américains ne cessent de faire des discours et menacent la Finlande de lui ôter leur « amitié ».

11 novembre

Au temps des classes, nous avions congé pour aller voir le défilé. Il pleuvait dans un Paris doré par l'automne, et le vent soulevait en sifflant des nappes de feuilles mortes.

La première année de la guerre, j'allais au lycée à Lectoure. Dans l'unique rue, quelques fenêtres pavoisaient. On disait que cet anniversaire de la victoire annonçait l'arrivée prochaine de la victoire des Alliés.

L'année dernière, c'était Londres, tout pluvieux comme aujourd'hui, l'exil, l'affreuse séparation.

L'année prochaine ?...

Et pourtant j'aime Londres d'une affection profonde et forte. Depuis un an que j'y habite, je me suis attachée à cette lourde ville sombre.

Je l'aime parce que j'y ai souffert et tant aimé et parce que j'ai aussi souffert avec cette ville le terrible Blitz de l'hiver dernier. A Londres me relient des liens de sang. Je ne connais cette ville que dans les ténèbres, je ne l'ai jamais vue illuminée. Aussi il me semble la connaître tout autrement que Paris et l'aimer tout autrement.

Londres, c'est la vie, la guerre, l'aventure, la découverte. Je connais le Londres du black-out. Je connais les endroits où il y a des flaques d'eau et ceux où il y a des poteaux, des marches et la petite lanterne jaune à laquelle on doit se repérer pour tourner. Je connais les ruines héroïques de Londres, j'ai vu tomber telle maison, tel mur. Je sais que cet édifice s'est écroulé à telle époque et que la maison en face du parc a brûlé au printemps.

J'aime dans Londres les gros autobus rouges, j'aime cette foule pressée, digne et si accueillante pour nous. J'aime les parcs magnifiques et j'aime même les brouillards opaques, le *pea-soup*, et la petite pluie coléreuse qui me cingle le visage.

Je connais Londres, ses squares, ses restaurants de Soho, ses cinémas, les rues du Strand, les rues du West End, et autour de Saint-Paul cette forêt de poutres calcinées, ces kilomètres de ruines qui proclament la résistance anglaise.

Le 15 novembre, le général de Gaulle a passé en revue toutes les volontaires. Il a été très satisfait de notre tenue et nous avons été tout à fait militaires. Ensuite, nous avons dansé, ri, hurlé, fait des rondes, des farandoles. Jamais au CF il n'y avait eu une telle atmosphère de joie et d'union. L'après-midi, nous avons vendu des programmes à l'Albert Hall, où le Général a fait un discours magnifique devant quatre mille Français.

23 novembre

L'Angleterre a attaqué la Libye.

Reçu par la Croix-Rouge une lettre de Wanda qui est mariée et a un enfant. Elle est réfugiée à Montpellier. Je lui ai câblé, écrit, par le canal de la Croix-Rouge également, envoyé un message radiophonique.

Il y a un an, j'étais à la veille de mon départ pour Bournemouth et tellement malheureuse.

Malgré mon immense fierté de partir à l'armée, je ressentais l'atroce souffrance de laisser maman seule dans une ville inconnue et de partir pour la première fois vers une vie totalement étrangère. Je me souviens de ce film que j'étais allée voir la veille et d'avoir sangloté dans l'obscurité de la salle, puis toute la nuit à l'hôtel. Je pensais aussi partir à la mort et cette petite fille d'alors n'est-elle pas morte en effet ? Il y a un an, je serrais les dents, gorge nouée, essayant de ne pas montrer mon angoisse à ma pauvre maman. Il y aura un an demain matin, à la gare d'Euston ou de Waterloo, je ne sais plus, ce petit groupe de femmes qui attendaient avec un ruban tricolore accroché à la boutonnière. Maman pleurait, puis elle est partie, a disparu dans la foule et je suis restée avec les autres filles et déjà sonnaient près de moi les gros rires, et déjà je levais un regard étonné vers ces visages aux masques étranges.

Il y avait là Bela, Jacky, Landru, de Givenchy, Wagon, Bernot, Josette, Édange, Dupont, Claudine, Yvette, Claire, Rachel, qui toutes, depuis, d'une façon ou d'une autre, ont marqué ma vie.

La petite Moune était là aussi. Elle avait dix-neuf ans et ne savait pas qu'il ne lui restait qu'à peine cinq mois à vivre.

Je continue d'écrire mon roman que j'ai commencé avant la guerre, à Trouville, en vacances. J'avais dix-sept ans. Je me réfugiais chaque après-midi, après la plage, dans la chambre que je partageais avec Monique. Tout le monde était dehors. J'étais seule dans la pénombre fraîche, les volets à moitié clos.

Aussi loin que je me souvienne, j'ai écrit. Avant même de commencer ce journal à neuf ans, j'écrivais de petites histoires que je montrais à maman. Et avant cela, lorsque je ne savais pas encore écrire, je dictais des histoires à maman.

J'emporte parfois des parties de mon roman au bureau et je les garde dans mon tiroir. S'il y a des heures creuses – rarement, mais cela arrive –, j'ouvre le tiroir et j'écris vite quelques lignes. Ainsi il avance, mais j'en suis à la sixième ou septième version, car je n'arrête pas de déchirer et de recommencer.

Maintenant, j'écris ceci au milieu de la fumée et du bruit, dans le hall de Moncorvo, après le dîner. Dans un coin, des filles chantent notre chanson, écrite par Gouzien sur l'air des *Gars de la marine* :

C'est nous les femmes de la France libre,
Quand on est dans le kaki,
On ne fait plus de chichis.
Partout dans la belle Angleterre,
On les reçoit à bras ouverts, les volontaires…

L'adjudante est debout près du bar, sa place favorite, offrant une tournée et racontant ses malheurs à Aurélia et à trois ou quatre filles qui l'entourent. Jacky écrit à une table non loin de la mienne. Colette est sortie, je pense, avec son capitaine, Rachel apprend à Claire à danser. C'est une soirée comme beaucoup d'autres. Un groupe d'officiers de l'air est assis avec Eton, Paulette, Raymonde, Guéhény, Williams et Yvonne. Il paraît que les invitations à Moncorvo sont très recherchées. D'une façon générale, nous sortons entre Français. Il y a relativement peu de Françaises à Londres et les Français n'aiment pas, disent-ils, sortir avec les Anglaises. Souvent, des officiers que je rencontre au bar de la caserne, ou au petit club français, ou à des soirées des FFL, m'invitent et je suis sortie avec plusieurs d'entre eux. Ils sont en général sympathiques, bien élevés, intelligents. Mais il suffit que je sente chez l'un ou l'autre un désir physique pour que, immédiatement, tout se crispe en moi et que je prenne peur. Je sens ce désir à la seconde où il naît et je l'ai en horreur. Une horreur de tout mon être. Je n'ai aucune crainte à l'idée de l'amour d'un homme, mais il faut que ce soit un amour pur, vers mon âme, vers mon cœur, vers mon esprit. Son désir pour mon corps me panique et c'est pourquoi presque toujours j'ai fui chaque homme après l'avoir vu deux ou trois fois. Je me suis rendu compte de cela brusquement. Je ne comprends pas pourquoi je suis ainsi. Est-ce mon éducation sans hommes excepté mon père ? Ce milieu éthéré dans lequel j'ai vécu, où je ne connaissais que des gens dont les seuls intérêts étaient l'art, la littérature, le mysticisme, un milieu totalement en dehors de la vie ?

Tous les amis de mes parents étaient des gens comme eux. Artistes, mystiques, écrivains, philosophes. Beaucoup se retrouvaient à Meudon chez Jacques et Raïssa Maritain ou à ces réunions littéraro-mystiques chez Stanislas et Aniouta Fumet, où se donnaient rendez-vous le tout-Paris néo-catholique, les convertis passés, présents et futurs, et où l'on ne parlait que d'art ou de Dieu. Assise entre les « grandes personnes » à Meudon, j'écoutais de toutes mes oreilles, je me promenais dans le jardin, rêvant à tout ce que je venais d'entendre. J'apprenais à vivre plus par l'âme que par le corps. Mais maintenant les années passent, bientôt je serai vieille et laide, et ce sera trop tard pour vivre. Ma jeunesse se sera passée en kaki, à classer des dossiers dans un bureau de guerre. Souvent, lorsque je me sens jolie, lorsque je sais qu'aujourd'hui mes yeux brillent et que je suis « en forme », je pense que tout cela est perdu.

Quand aurai-je mon petit enfant à moi, que je pourrai serrer dans mes bras ?

Quand trouverai-je l'homme que j'aimerai et qui sera ma force ?

Est-ce qu'un jour naîtra la maison dont je rêve, grande, blanche, ensoleillée, où s'élèveront mes enfants dans la joie et la paix ?

Ou, de l'amour, ne connaîtrai-je jamais que cette passion folle, qui maintenant est déjà si lointaine, presque incompréhensible lorsque je « la » regarde et que je pense : ce n'est que cela, cette femme ? rien que cela, si peu, si factice ? Je n'ai aimé que si peu de chose… Et les jours passent.

8 décembre

Hier soir à 11 h 30, j'étais avec Claire dans le *tube*[1] avec deux officiers polonais. Nous revenions du *Regent Hotel*, où nous avions dîné et dansé toute la soirée, lorsque nous avons appris que le Japon avait attaqué l'Amérique, qui était entrée ainsi dans la danse générale. Cela ne fera pas de mal aux États-Unis de connaître la guerre chez eux autrement que par des discours et des films. J'ai eu un instant de satisfaction en songeant à tous les froussards qui ont fui aux États-Unis au lieu de rejoindre le général de Gaulle à Londres, pour ne pas avoir à souffrir de la guerre. Hawaï a déjà été bombardé, ainsi que Singapour.

Quels seront pour nous les avantages ou les désavantages de cette nouvelle lutte, je l'ignore.

Le 28 novembre, j'ai parlé à la radio, sur les Volontaires françaises. Et bientôt (le 6 janvier), je dois parler de Jeanne d'Arc.

17 décembre

Longue conversation avec papa. Je le vois maintenant d'une façon très différente. Il a toujours été pour moi, comme pour tous ceux qui l'aiment, un roc solide sur lequel chacun s'appuie. Pour

1. Le métro londonien.

la première fois, j'ai compris que papa n'a jamais eu quelqu'un sur qui, lui, pourrait s'appuyer (à part Dieu). Papa a toujours été le Sage qui conseille, qui écoute, mais qui ne parle jamais de lui-même. L'autre soir, je l'ai fait parler de lui et j'ai senti d'une façon poignante comme il en avait besoin, comme il se laissait aller avec bonheur à me raconter ses peines, ses joies, sa jeunesse et sa vie. J'écoutais avec un sentiment maternel, comme une maman qui laisse s'exprimer son petit garçon trop renfermé, trop sensible, qui enfin s'ouvre un peu. Papa, ce roc, cache encore tant d'enfance en lui. C'est au fond un artiste-enfant plein de rêves, d'illusions. Il lui manque comme à moi le pouvoir d'adaptation. Il est seul malgré notre amour, à maman et à moi.

J'ai compris tout cela en lui parlant et j'ai souffert de le sentir si solitaire, d'imaginer combien sa joie rayonnante, son éternel calme, cachaient de souffrance morale, comme tout doit blesser son cœur pur. Pauvre papa !

25 décembre

Dîner avec Claire chez Maurice Dejean, qui semblait intimidé. Il est très bon, très gentil. C'était amusant de dîner avec lui, surtout pour moi, puisqu'il est mon « grand patron ».

Hier, nous avons eu une admirable messe de minuit à la caserne. Le général de Gaulle, sa femme, sa fille et son fils étaient présents, ainsi que le général Petit et plusieurs colonels. Les chants étaient retransmis par la radio. Beaucoup de communions. Caron a communié et Bela a dit à maman qu'elle aussi voudrait pouvoir le faire. Nous avons toutes reçu des cartes de Nouvel An du général de Gaulle.

A la messe, nous avons rencontré Yves Lamy, qui était avec nous sur le *Reina-del-Pacifico.* Il est venu à la maison cet après-midi, puis nous a accompagnées à l'arbre de Noël de Mira, où sa mère a joué du clavecin. La fille du général de Gaulle est une adolescente d'environ quinze ans, très simplement habillée, qui a l'air charmante, timide, une vraie fillette bien élevée. Mme de Gaulle a l'air aussi simple et bonne. En somme, les fêtes ne se sont pas trop mal passées.

Saint-Pierre-et-Miquelon s'est rallié à la France libre. Hier, on a annoncé que les Boches allaient traverser l'Espagne et que Pétain avait démissionné, mais le bruit a été ensuite démenti.

J'ai fait connaissance de ma petite cousine anglaise Cécilia, âgée de cinq ans, une petite fille très jolie et sage. Nous avons été invitées chez ses parents au dîner rituel du vendredi soir, avec candélabres, prières, chants hébreux. J'étais très dépaysée et je ne savais que faire de moi. La dernière fois que j'étais présente à ces cérémonies, c'était en Pologne chez mes grands-parents paternels et j'avais dix ans. Depuis ce temps, je me suis déshabituée, et, ce soir-là, j'ai fait gaffe sur gaffe, j'ai voulu écrire puis allumer l'électricité ! Guienia, ma cousine, pria les mains devant les yeux, au-dessus des bougies. Puis mon cousin chanta en nous passant le pain et le sel. Cela me semblait beau mais puéril, comme chaque religion à un incroyant. Je suis absolument dépaysée chez les juifs pratiquants, comme je le suis maintenant chez les catholiques très fervents. Je le suis, d'ailleurs, partout : à la caserne, chez Mira, auprès d'Yves Lamy ou de mon cousin coiffé d'une calotte. Je n'appartiens à aucun groupe. Je ne connais pas une seule personne qui ait eu la même enfance, la même éducation que moi, qui soit comme moi un peu ceci, un peu cela. J'ai affreusement peur de me sentir, après la guerre, étrangère auprès de tous mes anciens amis : Annie, Mère Marthe, le Père Caffarel, à Chanteloup. Sans cesse, il me faudra surveiller mon langage pour ne pas choquer les uns, surveiller mon visage pour ne pas montrer que les autres m'amusent. Je relisais l'autre jour les si bonnes lettres de Mère Marthe où tant de phrases me font sourire maintenant avec leur style « religieuse », si ampoulé, si naïf : « égarement de la chair », jeune fille « mûrie ». Je reste toujours à moitié chemin. Je ne peux pas encore parler le langage caserne et je ne peux plus parler le langage de Mère Marthe. Je ne suis pas vraiment israélite, pas encore vraiment catholique. Je ne suis plus polonaise et pas encore française. Même incapacité d'adaptation que papa.

Lu *Asmodée* de Mauriac. C'est très impressionnant.

J'ai reçu du parfum de Dejean comme cadeau de Noël, et

d'Ollondes, d'un air intimidé, est venu m'apporter à son tour un petit cadeau. J'étais si ahurie que je ne savais pas comment le remercier. L'autre jour, il m'a dit que je travaillais trop. J'étais très fière d'un tel compliment venant de mon chef de service.

Déroute boche en Russie. Du côté de la mer dite Pacifique, les Japonais avancent partout. En Libye, les Macaronis [1] sont complètement fichus, le royaume macaronien a les reins brisés.

Chez ma cousine, vendredi soir, nous avons parlé de notre famille en Pologne. Personne n'a aucune nouvelle d'eux. Sont-ils tous morts ? emprisonnés ? Les reverrons-nous jamais ? Ne restera-t-il de cette si grande famille que nous en Angleterre, mon oncle au Portugal et mes grands-parents, qui sont maintenant au Canada ?

1. Il s'agit des Italiens.

1942

2 janvier

Cet après-midi au bureau, le planton m'a apporté deux lettres d'Annie du mois de septembre et une de Monique. Je suis folle de joie ! Elles vont bien, ont un moral excellent, mais elles ont l'air d'avoir très peur de dire ce qu'elles pensent. C'est le régime de la terreur là-bas. J'ai tout de suite répondu à Annie et à Monique, par le Portugal, j'espère que ça pourra encore leur arriver. Les FFL ont occupé Saint-Pierre-et-Miquelon, envers lequel les Américains ont une attitude ignoble, prenant le parti de Vichy, c'est écœurant. On se demande ce qu'ils ont à dire lorsqu'ils ne sont même pas capables de se battre après deux ans de guerre.

En Russie et en Libye, ça va très bien. M. Dejean pense qu'on écrasera l'Allemagne cette année et qu'en 1943 la guerre finira. Pour moi, ça me serait égal qu'elle dure encore davantage pourvu que nous soyons en France, que nous supportions tout cela chez nous.

Hélène Hart est arrivée de Paris. C'était merveilleux de la voir, elle avait encore une odeur de France sur elle. Je l'ai emmenée chez Maurice Schumann, à qui elle a fait un rapport très intéressant : quatre-vingt-dix-sept pour cent des gens sont pour nous. Après l'avoir vue, j'ai eu un cafard effroyable; nous sommes tous malades de nostalgie...

Déjeuner intime avec Claire et Judith Osúsky (la fille de l'ambassadeur tchèque) chez Maurice Dejean, qui nous a ensuite emmenées toutes les trois en auto à la campagne, dans la forêt de Putney et Wimbledon. Il avait neigé, tout était blanc. Sur des étangs, une foule de jeunes gens patinaient. Nous nous sommes promenés dans la forêt, la neige crissait sous nos pas et il y avait dans le ciel un gros soleil rouge. Nous avons pris du thé dans une guinguette, c'était délicieux. M. Dejean riait de toutes les histoires de pension que nous lui racontions et avait l'air de très bien s'amuser, certainement mieux qu'à des réunions de ministres !

La voiture officielle nous a ramenés souplement le long d'une route brumeuse, à la tombée du jour. Nous ne parlions plus, c'était très doux de rouler dans la voiture chaude, les jambes enveloppées d'une couverture écossaise, dans le crépuscule sur la route droite. J'aurais voulu que cela ne finisse pas, que nous avancions toujours ainsi droit devant nous, en silence. La seule chose au monde qui intéresse Dejean est la politique. Il ne parle que de cela, mais avec beaucoup de compréhension. Les autres sujets : religion, sociologie, éducation, art, l'intéressent médiocrement, c'est assez curieux.

Cinquantième lit au couvent de Poles, où je suis allée passer le week-end avec Claire et Jacky.

Les Anglais se font battre à plate couture en Libye. Heureusement que les Russes avancent toujours.

Rien de nouveau. Les jours traînent comme des siècles. Hier, j'ai parlé à la BBC en polonais. J'ai déjeuné deux fois avec Maurice Schumann. J'ai fait une farce par téléphone à Fichy et j'ai tourné le nez contre le mur la photo de Mme Matthieu à la caserne. Quels événements !

Vu ce matin Bela assez laide, un bouton sur la joue et d'assez mauvaise humeur. Dire que je l'ai adorée. Qu'est-ce que j'ai donc vu de si extraordinaire en cette femme ? Ou bien est-ce elle qui a tant changé ? Il a merveilleusement neigé. Je n'avais encore jamais vu tant de neige. C'était si beau, ces gros flocons épais qui vous entrent dans la bouche et se posent sur vos cils ! J'ai marché toute la matinée de dimanche, sans arrêt, sous cette avalanche de flocons.

En France, la famine s'aggrave, j'ai essayé d'envoyer un colis d'alimentation[1] à Wanda, mais pour le moment c'est impossible. Lu des pièces du théâtre d'Édouard Bourdet, *Le Sexe faible*, très drôle, et quelques autres. A Poles, il faisait merveilleusement beau. J'ai beaucoup dansé avec les élèves et leur ai fait une causerie improvisée, de trois quarts d'heure, sur les FFL.

Que les jours sont longs !

A simple titre d'information, voici mes repas d'aujourd'hui, sous le titre « Souvenirs culinaires de guerre ».

Le matin au *breakfast : cornflakes, toasts and tea.* A midi trente, sortie du bureau avec Claire, nous allons au cinéma voir jouer le film *Free French* jusqu'à 1 h 45 puis, au bar même du *Monseigneur News*, nous avons bu du café au lait et mangé une tranche de cake. A 4 h 30, j'ai bu une tasse de thé et mangé un petit morceau de toast. Le soir, j'ai dîné d'une tranche de pain avec de la crème d'anchois et bu du thé. C'est étrange, après tout cela, j'ai très mal au cœur ce soir !

En politique, cela va mal, tout traîne, sauf les Japonais, qui avancent à vive allure. Les Anglais en Libye continuent de chercher de « nouvelles lignes de défense ». En Russie, état stationnaire. Tant de temps perdu alors que si nous avions des chefs décidés, au lieu de vieilles tatouilles, ils feraient une invasion du continent pendant que les Boches sont occupés en Russie. Mais non, ces messieurs passent leur temps à discuter du grave problème de la forme des prochaines casquettes d'officier.

Titre paru dans un journal anglais en grosses lettres :

«EN LIBYE, L'ENNEMI A OPPOSÉ PEU DE RÉSISTANCE
A LA... RETRAITE ANGLAISE.»

1. Envoyés par l'intermédiaire de la Croix-Rouge, les « colis d'alimentation » contenaient surtout des conserves (sardines).

Claudine aussi…

Ça me coupe les jambes et me laisse aussi impressionnée que si elle avait été une innocente jeune fille. Ce matin, elle est toute différente, plus calme, plus sérieuse, un peu molle et déjà lointaine. Une nouvelle Claudine. Il a donc suffi d'un si petit acte, d'avoir été seulement un tout petit peu plus loin qu'avant, pour tout changer à ce point. Une femme.

Hier après-midi, pour la dernière fois, à Piccadilly, j'ai vu la Claudine de « jusqu'à maintenant », aux mouvements gauches, encore enfantine. Aujourd'hui, je retrouve une femme entrée dans la norme. Il lui fallait cela, elle s'est délivrée enfin d'années de frôlements, d'approches, elle s'est posée. Moi, je restais à la regarder avec des yeux ronds, en répétant stupidement : « Oh ! Claudine… Oh ! Claudine. »

J'ai un poids sur le cœur à cause des adultes, ici, qui n'ont jamais eu le « geste qui délivre », ni envers Claudine, ni envers moi, ni envers aucune d'entre nous à la caserne. La seule chose qu'ils savent faire, c'est nous pousser dans leur courant de boue. C'est bien à cause de leurs sales histoires, à cause de tous ces vieux ventrus, à cause de ces sorcières ambulantes, que chaque jour on nous tue, âmes et corps.

Allez à la guerre vous-mêmes, gens haïssables, débrouillez-vous sans nous.

Mais non, vous préférez nous faire tuer et continuer vos calculs, vos discours, vos affaires, et nous sommes si bêtes que nous allons à la guerre pour vous.

Le *Normandie* brûlé dans le port de New York par des agents boches ou vichystes.

Déroute en Libye.

Une série d'échecs sanglants dans le Pacifique.

Voilà le réjouissant bilan de ces derniers jours.

Résultat pour moi : une dépression comme je n'en ai encore jamais connu.

Hier, j'ai pleuré du matin au soir sans pouvoir m'arrêter, doutant de tout, de Dieu, des hommes, de la vie. Maurice Schumann, appelé par Mlle Moulin, est venu me consoler. Je pleurais des yeux, je pleurais en dedans, mon cœur gonflé de larmes à me faire physiquement mal. J'avais, j'ai encore le « mal du pays » à un point fou. Je ne suis absolument pas en état de supporter des coups durs, qu'ils soient politiques ou autres.

Longtemps parlé avec Claudine. Comme elle se contente de peu, combien elle demande peu de chose à la vie et aux hommes ! J'ai lu les lettres que Tony lui écrit… Tony lui parle en quelques lignes de ses passe-temps au camp, ne lui demande même pas si elle est heureuse et n'a pas l'air de lui porter autre chose qu'une certaine affection très tempérée, mais Claudine, rayonnante, me montre cette lettre en me disant qu'elle a reçu une « lettre d'amour ». D'ailleurs, elle non plus ne l'aime pas vraiment. Elle m'a dit que Danielle l'avait poussée à coucher avec Tony, qu'elle n'aurait pas osé rentrer chez celle-ci (où elle passait le week-end) sans avoir été jusqu'au bout.

A midi aujourd'hui, Claudine et moi avons parlé de tout cela avec Alice. Voilà encore un « type ». Alice, qui mène la vie d'une femme entretenue, a donné à Claudine les conseils les plus sages, les meilleurs possibles, pleins de bon sens et de bonté, sans niaiserie. J'ai maintenant pour Alice le plus grand respect. Cette fille qui a la pire réputation à la caserne, que tout le monde traite de « putain », est une sainte si on la compare à Danielle, cette femme de ministre, respectée, entourée d'adorateurs, qui a poussé Claudine à « franchir le pas », à coucher avec Tony.

Déjeuner chez Gennaros à Soho avec Bela. C'était tout à fait la Bela d'autrefois dans ses bons jours. Nous avons parlé de mille sujets intéressants. Quelle femme étrange ! Elle qui a tout fait est restée d'une telle jeunesse d'âme, elle n'est pas blasée, pas cynique pour un sou. Elle a même le sens du mysticisme. Capable des pires actes, un peu folle, menteuse, égoïste, Bela est aussi pleine de vie, on peut lui faire plaisir avec des riens, elle respecte la loyauté, on peut toujours la toucher par des paroles sincères. Bela n'est pas une femme, elle est mille femmes, elle est la femme.

Aujourd'hui, retour de ma permission de huit jours en Écosse (cinquante-troisième lit), chez mes cousins et chez papa. J'étais à Glasgow, à Lanark, puis à Édimbourg. Temps splendide, neige, froid sec et soleil. Édimbourg est une assez belle ville. J'ai visité le château fort perché sur un rocher. Papa terminait une superbe tête de femme pour l'Exposition interalliée de Londres. Il a aussi fait de nombreux dessins, magnifiques, représentant la vie des soldats polonais. Il dessine tous les aspects de la vie quotidienne de l'année, comme j'écris ce journal. Cela grâce au temps que l'armée polonaise laisse aux artistes pour leur travail personnel.

Dans son studio froid, papa sculptait, vêtu de son uniforme britannique avec l'aigle polonaise, tandis que je posais pour lui en uniforme des volontaires françaises. Un avion ronflait dans le ciel au-dessus de la verrière. La maquette de terre glaise naissait entre deux coups de canon.

Ensuite, j'ai retrouvé la petite maison chaude de mes cousins, où j'étais gâtée, où je m'amollissais dans les délices de Capoue, près d'un feu flambant. Je faisais de longues promenades avec Iza et Ryśia, dans le soleil et les rafales de neige.

Rentrant à Londres, la salle d'attente à Casters. Minuit. Un peu de feu mourait dans la cheminée, des trains passaient en sifflant, des soldats chantaient. J'étais assise dans la salle vide et je rêvais de la France.

Ce soir, nouvelle sensationnelle : des parachutistes anglais ont atterri dans le nord de la France, ont occupé un poste de radio et sont revenus sains et saufs. Mon Dieu, si cela pouvait être un prélude à l'invasion !

Déjeuner *Chez Rose*, le petit restaurant belge de Greek Street, refuge des matelots de la France libre, des « poules » de Soho, des « touristes » anglais et de toutes sortes de réfugiés. L'extérieur n'est pas accueillant. Une bicoque brune, une porte branlante, des dentelles sales pendent à de toutes petites fenêtres. On entre. Une pièce de trois mètres de long sur quatre de large, aux murs des photos du roi Léopold et de la reine Astrid, un calendrier aux couleurs criardes, quelques tables, vingt-trois places assises parmi lesquelles se promène un chat sordide au poil rare. Des hommes et des femmes, la plupart en uniforme, sont attablés devant des biftecks de cheval et des frites. On parle haut, on rit bruyamment, les matelots gesticulent, une danseuse d'un théâtre voisin étale ses renards sur la chaise branlante. La radio hurle et la « mère Rose », grosse Flamande sans âge, au visage éternellement renfrogné, sert les clients en grognant et selon ses préférences : d'abord les Flamands, puis les Belges, puis les enfants, puis les jeunes soldats, puis un vieux monsieur chauve…

Je m'attable devant mon cheval pommes frites. C'est un régal. Une portion énorme pour les rations actuelles, avec ça un très gros morceau de pain et on se tasse l'estomac pour un shilling dix pence. D'une table à l'autre, on se parle gaiement, l'atmosphère est bien française. La radio joue l'*Ave Maria* de Schubert, c'est à pleurer sans savoir pourquoi – peut-être parce que ce chant est poignant au milieu de la fumée et des cris, dans cette odeur de friture et de poussière.

Je paie et sors. Dehors, c'est encore le quartier de Soho, le quartier des « métèques ». Rues sales, étalages de légumes et d'antiquaires, c'est le quartier français des restaurants de gourmets, le quartier italien, juif, espagnol des petits brocanteurs. Au deuxième tournant, voici Piccadilly. Marchands de violettes, cireurs de souliers, cinémas et uniformes. De gros bus rouges roulent avec dignité, de petites ATS passent en se tenant par le bras, dans le ciel les ballons de protection gris étincellent. Je descends Regent Street, vers le QG. Je croise une femme officier, que je salue machinalement. Il fait bon, je marche lentement, remontant d'un mouvement d'épaule mon étui de masque à gaz. Queue devant chez le marchand de cigarettes, Big Ben sonne au loin deux coups. Au haut des marches, je m'arrête pour regarder Saint-James Park et, plus loin, Westminster Cathedral. J'essaie de deviner dans quelle direction est la France.

Je m'ennuie, je m'ennuie terriblement, sans fin. Je m'endors d'ennui. Je voudrais faire plus, faire quelque chose. Le bureau me donne mal à la tête. Avec l'arrivée du printemps, j'ai envie d'être dehors, de courir les routes, de voir sortir les premiers bourgeons, j'ai envie de vivre. Seulement vivre. Déjà trois ans de guerre, trois hivers de passés. Trois ans de bourrage de crâne, d'espoirs déçus, de tristesse, de séparation. En trois ans, on oublie de rire, on oublie que l'on est encore jeune.

Et les longs jours coulent interminablement.

(Cinquante-quatrième lit), 25 Cornwall Gardens

Maman vient de déménager, de l'autre côté du parc, dans une *boarding house*[1]. Elle y a une grande et superbe chambre, bien meublée, face à un petit square verdoyant, une chambre ensoleillée, avec trois fenêtres. Chants d'oiseaux, cris d'enfants, un beau quartier, Kensington. J'ai presque l'impression d'un foyer, mais c'est trop beau, comme quelque chose qui ne peut pas durer.

J'ai lu dernièrement *Voyage au bout de la nuit* de Céline. Très sombre, très brutal. La misère humaine, morale et physique dans toute son horreur. Bien écrit, dans un style approprié, vulgaire et imagé.

Puis j'ai lu *La Pharisienne*, dernier roman de Mauriac. Inférieur à ses autres œuvres.

Il y a chez nous très peu d'esprit de camaraderie ; cet esprit n'existe presque pas chez les femmes et surtout chez les Françaises. Elles n'ont même pas l'idée de ce que les Anglais appellent « être sport ». Dans cette maison où chacune prise à part est pourtant une bonne fille, dans la vie commune, ce sont de véritables pestes. Elles se jalousent, s'espionnent, cafardent. Ces femmes-soldats ne devraient vivre qu'en vue de leur idéal, mais dans la caserne règne un climat de maison de correction. D'une façon

1. « Pension de famille ».

générale, les femmes se partagent en deux catégories : les femmes à hommes et les femmes à femmes.

Dans le premier groupe, surtout au début, il y avait pas mal de filles qui se trouvaient en Angleterre au moment de la débâcle. Certaines, comme Josette, y faisaient des études, ou étaient au pair. Certaines travaillaient dans des restaurants, des cafés, et certaines, disait-on, faisaient le trottoir. D'autres étaient mariées à des Anglais, ou avaient un père ou une mère anglais, comme Eton. Dans ce groupe, il y avait un noyau qui a servi à fournir des cuisinières, des plantons au QG, du personnel au dépôt. Certaines ne parlent que d'hommes, ne vivent que pour des « histoires de derrière » (comme elles disent). Certaines travaillent très durement le jour et passent leurs soirées dans les cabarets de Londres.

C'est certainement par ces dernières que j'ai été tellement choquée la première année ici, à cause de leurs plaisanteries crues, de leurs attitudes. C'était un milieu dont j'ignorais tout.

Il y a aussi dans ce premier groupe des femmes plus âgées. Certaines, je ne les connais que de vue ou à peine, je ne sais pas d'où elles viennent, ce qu'elles font, comment elles sont arrivées à Hill Street, puis à Moncorvo. Elles sont gentilles et réservées.

Et puis il y a les « jeunes filles », celles de mon âge, Constant, Hoctin, Claire, Guéhény, Josette, Cécile, Antoinette, Williams, entre autres. Certaines, que Bela traite de « demi-vierges », flirtent, vont plus ou moins loin, sortent avec des officiers presque toujours beaucoup plus vieux. Je connais toutes celles du temps de Hill Street, mais, à Moncorvo, il y a beaucoup de nouvelles avec lesquelles j'ai moins de rapports. Pourtant, il y a quelques jours, je voulais quitter mon travail deux heures plus tôt pour aller déjeuner avec un ami et je n'avais pas de remplaçante. Immédiatement, une des filles que je connais à peine s'est proposée pour me rendre ce service.

Le deuxième groupe des « femmes à femmes » est plus raffiné, plus vicieux. Ici, s'il y a débauche, elle est gantée de blanc, elle est inspirée par les *Chansons de Bilitis*, ou Renée Vivien. Au lieu de s'enivrer au gros rouge, on s'alcoolise au pernod, au whisky. Au lieu de se voler des hommes, on se vole des femmes. On est soi-disant plus cultivée, plus artiste.

Mais toutes, nous sommes des transplantées, nous vivons dans une atmosphère totalement anormale : guerre, caserne, bombardements, exil, loin de nos familles, de notre milieu habituel. Chaque nuit peut être la dernière. Dans tout Londres règne cette atmosphère de fin du monde. Probablement, en France, nous serions toutes totalement différentes. Ce sont les plus jeunes parmi nous qui sont les plus touchées. Les autres ont eu le temps de se former avant la guerre. Mais à dix-huit, à vingt, à vingt-deux ans, plusieurs d'entre nous sont sorties directement de pensionnats, de lycées, droit dans une caserne de femmes. Bien sûr, nous sommes détraquées, et aucun effort n'est fait par nos « aînées » pour nous aider moralement. Nos seuls « éducateurs » sont les officiers souvent de quinze, vingt ans nos aînés et avec lesquels nous sortons, Josette avec son capitaine, Claudine avec Tony, Jacky avec Claude, etc.

Quant à nos officiers et sous-officiers à la caserne ? Si l'on excepte notre nouvelle capitaine, Terré, que pour l'instant j'aime beaucoup et qui semble bonne, les deux nouvelles de France que je ne connais pas encore, Dupont et les caporales Caron et Queiroz, qui sont très gentilles, toutes sont dures, nous traitent comme des machines, se réjouissant lorsqu'elles peuvent nous punir : le sergent N., vieille fille constipée et desséchée, hypocrite, mielleuse ; le lieutenant C., femme autoritaire, froide, indifférente ; quelques caporales, plus laides les unes que les autres et qui prennent enfin des revanches sociales ; le sergent M., grosse femme amorphe, grande amie de notre ex-commandante Mme Matthieu ; la caporale G., vulgaire, criarde, méchante, qui lèche les bottes de ceux qui lui sont nécessaires. Le sergent X. touche une bonne solde, elle a gagné l'estime par une obéissance servile ; installée confortablement dans son grade, elle n'a jamais connu la véritable dureté de cette vie militaire, elle est inaccessible à la moindre compréhension. Il y a aussi Th., petite fille laide mais brave cœur, épouvantée à l'idée de se faire l'ennemie des *privates*[1] en appliquant la discipline, mais étourdie en même temps par la gloire de ses deux ficelles, elle vogue entre la crainte d'être impopulaire et l'orgueil de son titre. W. : brunâtre, maigre, grognon, ne pouvant pas vous dire « il fait beau »

1. Les simples soldates.

sans prendre un ton rogue ; sans parler de l'adjudante, que j'ai déjà décrite. Voici donc nos brillants cadres, les cadres de la France nouvelle. Les lois de la caserne reposent pour quelques-unes sur le favoritisme et sur la plus complète dureté pour toutes les autres. On nous fait don de lavabos supplémentaires, de pyjamas de flanelle rose, de lits neufs ou de pâte dentifrice et, après cet effort surhumain, les gradées estiment qu'elles ont accompli bien plus que leur devoir envers nous. Ce que nous sommes en tant qu'individus, ce que nous pensons, notre caractère, nos aspirations, nos défauts sont autant de choses qui ne leur viendraient pas à l'idée.

Nos capitaines nous ont été assignées, de but en blanc. Un beau jour, l'une s'est trouvée capitaine parce qu'elle avait été championne de tennis, l'autre, je ne sais pas du tout pourquoi.

Au début à Hill Street, des femmes adjudants, lieutenants, sergents apparaissaient ainsi. Je pense qu'il nous fallait des cadres et qu'il n'y avait pas d'autres moyens que de les nommer d'office.

Hier soir, dîner au *Mirabel*, puis le reste de la soirée dans une boîte de nuit avec Claudine, Tony, un docteur de l'armée et un officier de l'air. Nous avons dansé et beaucoup discuté. Le docteur et l'officier de l'air s'affirment athées. Ce qu'ils m'ont dit m'a assez frappée, peut-être ont-ils raison ? Je ne sais pas. Dieu pour moi est un besoin, ce n'est pas une certitude. Oui, j'ai besoin de l'idée de Dieu pour vivre, c'est pourquoi j'y crois. Tony croit en Dieu, il est juif. L'orchestre, à moitié nègre, était étourdissant, la nourriture médiocre. Nous sommes rentrées à la caserne à 1 heure du matin.

Cet après-midi, inauguration de l'exposition *Free France* chez Marshall and Shelgrove. J'ai présenté une poupée habillée en Lorraine à Mme de Gaulle.

Papa est reparti ce soir, déchirement. Je préfère ne pas y penser. Maman a été chez le médecin, elle est malade et doit se soigner pour son tremblement de main.

J'ai fait une sérieuse touche avec un Norvégien, brave type embêtant à mourir qui me téléphone toutes les deux heures et dont je n'arrive plus à me dépêtrer. En désespoir de cause, je l'ai envoyé aujourd'hui à la piscine avec Duperret, espérant qu'il lui plairait et qu'elle m'en débarrasserait.

Maman commence un traitement ; j'ai peur qu'elle ne soit

gravement malade. Il lui faudrait une vie calme, sans aucun souci, avec une bonne nourriture, toutes choses impossibles à avoir.

Mars

Dimanche. Il fait doux et beau. Toute la matinée j'étais assise dans le square devant la maison de maman, lisant *Grand Hôtel*[1]. Dans le square il y avait des bébés, un petit chien pékinois, une vieille dame qui tricotait, des cerisiers roses en fleur, des bourgeons transparents sur les rosiers et des jonquilles qui tiraient la langue hors de leur enveloppe verte. Au loin, on entendait une musique militaire qui passait, je sentais le vent sur mes jambes nues et dans mon cou. J'étais heureuse.

Cette nuit, j'ai rêvé que j'étais dans un train qui traversait soudain un coin de campagne française. Je n'étais pas seule et je ne pouvais pas descendre parce que nous étions tous des bannis, des gaullistes ; j'étais à la fenêtre, je regardais passer les champs, les arbres, la terre française et je sanglotais. C'était affreux.

Je me suis enfin débarrassé de mon Norvégien.

J'ai rencontré l'autre jour, au QG, Serge. Il y a un an presque jour pour jour, mon « premier baiser ». Je l'ai presque trouvé gentil et le revoir m'a ramenée tellement en arrière : la petite chambre de Bela, sa blouse rose, les plats de *beans* en conserve mangés par terre sur une nappe en toile cirée à carreaux, le printemps de l'année dernière, les drills dans Hyde Park, Hill Street notre sinistre caserne, ma passion pour une blonde Bela éclatante de vie. Bela dans sa longue chemise de nuit en satin bleu, dans ses mules de cuir rouge, et ce soir où voulant guérir d'elle je suis sortie avec ce garçon et me suis laissé stupidement embrasser par lui comme on avale de l'huile de foie de morue ! Pauvre Serge, ce n'était pas sa faute et je pense qu'encore aujourd'hui il n'a dû rien comprendre à ma lettre du lendemain.

En politique, cela n'a jamais été aussi mal, c'est tout dire.

Hier soir, je suis sortie avec des amis de Claire. Un jeune couple

1. Roman de Vicki Baum, 1929.

anglais et un de leurs amis. Nous avons été dîner et danser au *Mirabel.* J'ai fait une touche involontaire avec le… mari, qui danse très bien et qui a l'air d'être peu fidèle à sa femme.

Nous tournions dans le petit espace réservé à la danse, étouffés de toutes parts. Des gouttes de sueur perlaient sur le front des hommes, officiers et civils de toutes nationalités ; les femmes en divers uniformes ou vêtues des affreuses robes longues anglaises fondaient sous leur fard. Le jazz faisait boum boum et c'est presque tout ce que l'on entendait de la musique. Cette foule où le kaki et le bleu marine dominaient semblait un seul corps qui tournait sur place avec des visages morts. Il montait une odeur de mangeaille, de sueur et de chaleur humaine. Aux petites tables roses alentour, des hommes et des femmes riaient bruyamment. J'avais l'impression de ne former qu'un avec mon danseur, je ne marchais pas, mes pieds glissaient sur le parquet sans presque se soulever, mes jambes remuaient un tout petit peu et le reste du corps était immobile. Y avait-il vraiment une guerre ? Je me le demandais tout en dansant, et je pensais sans cesse à la France où l'on ne danse pas, où l'on ne mange pas, où règnent le froid, la misère et les larmes.

Parade sous le mausolée de l'Albert Hall, dans Hyde Park, devant toutes nos huiles, la capitaine Terré, les lieutenantes, le colonel Renoir ainsi que « la » colonelle Knox, commandant en chef de toutes les ATS. Il faisait un temps froid, la pluie était dans l'air. On nous a fait mettre nos casques et le vent, en passant dessus, faisait un bruit étrange. Nous n'avons pas très bien marché, les commandements étaient piteux ; c'était tout de même très émouvant et j'étais très fière, petite unité casquée, deuxième classe entre tant d'autres, de marcher bien droite devant la charmante colonelle anglaise dont j'ai gardé l'image devant les yeux. Elle nous a fait un beau speech en anglais et j'avais la larme à la paupière.

Malgré le froid, le casque qui comprimait le front, les exercices peu brillants, je me souviendrai de ce matin où nous représentions la France libre, nous qui sommes si peu de chose et qui, malgré nous, malgré cette caserne si triste, sommes cependant « la » femme française qui lutte.

En France, la question à l'ordre du jour est l'évasion de Giraud, le mystérieux général dont on ne sait rien encore, et depuis un moment déjà, le retour au pouvoir du plus laid traître au monde, Laval. Mme Offroy, avec laquelle je travaille au QG, me promet le retour chez nous pour l'automne. Mes cousins ont emménagé à Londres et les Japonais avancent en Orient. Il y a quelque temps, j'ai lu un roman curieux, « Le rideau cramoisi [1] », assez freudien, fataliste, avec la sensualité comme centre du monde. J'ai visité Kew Gardens, magnifique, plein d'arbres en fleurs (on se croirait au Japon) et de parfums, de soleil, de lumière. C'est Robert Speaight, un acteur et écrivain anglais, ami de mes parents, autrefois, à Paris, et ami des Fumet, qui m'y a emmenée.

En ce mois de mai 1942, il est peut-être temps de parler ici de ces journées passées en mai 1940 au centre d'accueil des réfugiés, à la gare Saint-Lazare. J'étais très heureuse de pouvoir « faire quelque chose », j'avais abandonné la philo avec joie. Du matin au soir, je courais avec mes plateaux de boissons et de nourriture, je berçais les nourrissons. Je crois que je ne m'asseyais pas un instant et je n'étais pourtant pas fatiguée. Sur les visages courageux de ces pauvres gens, je voyais une telle confiance dès que j'apparaissais dans mon tablier blanc.

Je me souviens de cet immense vieillard paralysé qui était étendu de tout son long sur le quai de la gare et que ses enfants avaient traîné, Dieu sait comment, jusqu'à Paris. Et de cette élégante jeune femme enceinte, dans son manteau de tweed, l'air si lasse, si fatiguée. Je me souviens de cette autre jeune femme qui portait un bébé sur chaque bras et poussait deux petits garçons devant elle, attachés par une ficelle, et de cette famille du Nord qui avait attaché tous ses enfants, sept gosses, par une corde, comme un troupeau de chèvres, pour ne pas les perdre. Tous ces gens

1. Il s'agit en réalité de la nouvelle qui ouvre l'œuvre de J. Barbey d'Aurevilly, *Les Diaboliques* (1874).

exhalaient une odeur suffocante de sueur et de crasse. Dans leur fuite éperdue, ils avaient traîné les choses les plus extraordinaires, les plus inutiles : parapluies, chapeaux, thermos cassés, balluchons qu'ils surveillaient jalousement.

Je n'ai jamais entendu chez aucun d'eux la moindre plainte, le moindre désir de faire la paix avec Hitler. Ils semblaient ahuris, sans idées, mais trouvaient presque normal leur exode, comme un des actes de la guerre, une conséquence inévitable. Lorsqu'ils parlaient des Boches, c'était sans cris, sans grandiloquence, ils disaient seulement, martelant les mots : « Les brutes, les sauvages. »

Je suis restée au centre d'accueil quelques jours, cinq ou six, puis nous avons décidé de partir à notre tour. Les Allemands approchaient de Paris. Je ne savais pas, je n'avais pas la moindre idée qu'à un mois de là j'allais devenir moi aussi une réfugiée sans maison, fuyant son pays, rassemblant tous les restes du passé dans une valise.

L'autre soir, nous avons eu une fête à la caserne, en l'honneur de l'anniversaire du lieutenant Burdet. Nous avons organisé une sorte de revue de music-hall, très réussie. J'ai joué « le théâtre à travers les âges » avec Cornéo, ensuite nous avons dansé au son d'un accordéon dont jouait un matelot. On se serait cru un 14 juillet à Paris. Mgr Baudrillart[1] est mort. Un collaborateur de moins ! J'ai reçu une lettre d'Annie de fin janvier. J'ai lu *L'Oiseau bleu* de Maeterlinck, qui m'a enchantée. J'ai aussi essayé de relire des pièces de Racine et je dois avouer à ma honte combien tous ces classiques m'ennuient. C'est un crime, je le sais, mais ces chefs-d'œuvre littéraires devant lesquels je m'incline très bas me font le même effet qu'un beau salon bourgeois, ordonné, parfait, qui ne me touche absolument pas et me paraît assez prétentieux, malgré ses admirables qualités.

J'ai été ajournée à l'examen du rédactorat, il me manque un quart de point ! J'ai 11,75 au lieu de 12. A la dissertation du matin, je suis troisième sur cent. L'après-midi, au dossier, je suis treizième sur cent.

1. Prélat français (1859-1942), cardinal depuis 1935.

Pentecôte à Windsor avec Claire. Ce beau château étrangement vide et silencieux derrière ses grilles closes est impressionnant. Vu au passage Eton et les collégiens en chapeaux hauts de forme. Passé la journée au bord de la Tamise, nous avons ramé, joué au ballon (comme à la pension). C'était une bonne journée. La campagne anglaise est ravissante, fleurie, pleine de sentiers herbeux, d'oiseaux et de bois. Maintenant, au bureau, cafard qui me noue la gorge sans raison. Je reviens de la caserne, c'est peut-être pour cela. Chaque fois que j'y mets les pieds pour cinq minutes, j'ai ensuite un spleen fou. Les choses que l'on aurait voulu adorer, si l'on est trop déçu, si l'on ne peut plus les aimer, alors on les hait. Est-il vrai que, si l'on diffère de la moyenne, on est toujours malheureux ? Est-il vrai que les gens n'aiment pas ceux qui sortent du commun ?

Lu *Lewis et Irène* de Paul Morand, bien écrit, curieux, assez original, très amusant à cause des allusions habiles que seuls les initiés peuvent comprendre : le livre scabreux que l'on peut mettre entre toutes les mains.

Voici ce qu'a écrit un journal anglais au sujet de notre visite à Windsor : « *Twenty French* heroines (souligné par moi !) *led by Captain Terré of the Volontaires françaises, are to make their first visit to Windsor Castle at the end of this week*[1]. »

Les interminables jours se suivent.

2 juin

Un beau jour ensoleillé. Grands bombardements de la RAF, grande victoire des FFL en Libye. Conférence de Paul Simon au *Hyde Park Hotel*, sur la France. Ça barde en Russie. Les Américains se préparent. Enfin, ça a l'air d'aller mieux, quel sentiment neuf et magnifique de sentir approcher notre victoire !

1. « Vingt *héroïnes* françaises sous la conduite du capitaine Terré, des *Volontaires françaises*, visiteront, à la fin de cette semaine, le château de Windsor pour la première fois. »

Je mène un léger flirt avec N., ce qui me plonge d'ailleurs dans un abîme de remords. Mais N. a beaucoup de séduction et c'est le printemps. Malgré tous les reproches que je me fais, je me rends compte qu'il s'établit entre certains êtres une sorte de courant, des atomes crochus, en dehors de l'amour, en dehors de la morale. Ce qui est drôle, c'est que N. me croit extrêmement expérimentée (s'il savait !) sous prétexte que je suis dans l'armée. Je veux pourtant résister. Je déteste l'idée du flirt.

J'écris mon roman, une fois de plus, la sixième ?

Masses de lettres récentes de France. Travail fou au bureau.

J'aime terriblement ma vie à Londres. Malgré la guerre, malgré la séparation, j'aime cette liberté totale, cette vie sans soucis matériels et sans règles autres que militaires. Je sais que, quoique sans cesse mon cœur et ma pensée soient en France, quoique je ne rêve que d'y retourner, un jour je songerai à Londres avec une très grande nostalgie.

Je voudrais fixer une de mes journées pour ne jamais l'oublier (chez maman à Cornwall Gardens) :

8 heures. Le réveil sonne. Je ne l'entends que très vaguement, dans un demi-sommeil. Lorsque enfin j'ouvre les yeux, je vois tout de suite les fenêtres ouvertes et les platanes si verts, si ensoleillés, avec un peu de ciel bleu entre les feuillages. La grande chambre claire de maman que j'aime. Aux murs, des dessins de papa, sur la cheminée des photos de nos amis de France. Comme tout est calme ! Mrs. Porte, la *housekeeper*, nous apporte le breakfast sur un plateau. Je grignote mes toasts en pyjama, maman me raconte ses rêves de la nuit, dehors le soleil dore la pelouse de notre square et le parfum des acacias pénètre jusque dans la chambre. Je sors, balançant ma boîte à masque à gaz toujours vide. J'aime la rue tranquille : mon uniforme aux épaules carrées, les chiens qui me disent bonjour au passage, les maisons toutes pareilles avec leurs colonnes à l'entrée. J'aime l'autobus rouge (n° 9) et les places de devant au premier étage, d'où l'on voit si bien la rue. Que de mouvements, que d'observations à faire sur les gens, les officiers, les magasins, tout le long de Knightsbridge, à travers Hyde Park Corner et en remontant Piccadilly ! Je descends, j'emprunte un passage qui coupe vers Carlton Gardens, voici Saint-James Square.

Les iris en fleur me rappellent mon petit jardin de Paris, les arbres pleurent de lourdes grappes jaunes le long de leurs troncs noirs. Voici les moineaux qui, sans se déranger, me regardent passer et, au-dessus des maisons, le drapeau que je salue chaque matin. Si bleu, si blanc, si rouge, dans le ciel clair au-dessus du QG. De toutes les rues débouchent des visages connus : le commandant Kief, qui marche si drôlement parce qu'il a les pieds plats, la secrétaire du professeur Cassin, qui se presse, une VF[1] chauffeur, au volant de sa voiture, Mlle Merlange, très droite, boiteuse, qui, paraît-il, dit d'elle-même : « Je suis un grand lys noir ! », le lieutenant Galois Mombrun, toujours tiré à quatre épingles. On se dit bonjour comme à Paris : « Quel beau temps, n'est-ce pas ? » ou « Toujours du vent dans ce sale pays. » L'ascenseur. Le liftier manchot : « *Good morning, lovely day, isnt'it?* » « *Third floor, please.* » Mon bureau. Je me pince. Est-ce bien moi, l'enfant de Marie, la présidente jéciste, la petite fille d'Héas ? Est-ce bien moi qui suis cette volontaire française en uniforme kaki, assise sagement à mon bureau, entre un fichier, un téléphone et une pile de dossiers ? Est-ce moi qui lis des télégrammes marqués « secret » en grosses lettres violettes, qui, un papier à la main, vais frapper à la porte du bureau d'état-major du Général, est-ce moi qui discute au service financier les dons du Brésil, qui passe demander un renseignement à l'Information, qui téléphone à la Guerre de la part du lieutenant d'Ollondes ? Est-ce moi ?

Midi trente. Je pars déjeuner. Je connais tous les restaurants du West End. *Rose*, *Véga*, le restaurant végétarien des Indiens et des étudiants, tous les restaurants chinois, italiens, espagnols, juifs, français de Soho et aussi les snack-bars, les milk-bars et les sandwichs de la National Gallery pendant les concerts à l'heure du déjeuner. Parfois, je rentre pique-niquer chez maman : une feuille de laitue, dix grammes de lard, je grignote un peu de fromage, je lèche une cuillerée de confiture, et je m'étends toute nue sous la fenêtre (dans la chambre) pour prendre un bain de soleil dans un rayon lumineux qui frappe le plancher.

2 h 30. Retour au bureau. Je suis allée à la bibliothèque municipale emprunter un roman français, ou chez *Swan & Edgar* acheter des

1. Volontaires françaises.

mouchoirs, ou dans le Strand pour voir ce que l'on joue au cinéma bolchevique, ou me confesser dans l'église vichyste (parce que c'est la seule du quartier), ou à Saint-James Park donner du pain aux moineaux, qui viennent manger dans ma main. Maintenant, rebureau jusqu'au soir. Encore un après-midi à être sérieuse et silencieuse. Comme, à la fois, je déteste et j'aime mon bureau !

A 6 heures, de ma fenêtre, on entend sonner Big Ben. Je pars. Au printemps, le soleil se couche. En été, il fait encore très chaud et beau. En hiver, je pars dans le brouillard, en automne dans la pluie, en janvier dans la neige…

Le soir, je vais parfois au cinéma, avec Claire ou Josette, ou je rentre à la caserne, ou je vais danser, ou je vais au théâtre, avec des amis, des officiers, de très vagues flirts. J'adore cette liberté.

J'ai lu un très bon, excellent livre sur Londres de Paul Morand, ce sale collaborateur. En politique, ça ne va pas mal. Les FFL se distinguent à Bir Hakeim, la BBC lance des appels à la population française en vue d'opérations sur les côtes. J'ai reçu par le Portugal des masses de lettres de France très récentes.

Juin

Pendant longtemps, j'ai désiré décrire Bela. Jusqu'ici, j'ai toujours reculé devant la difficulté, car Bela est mouvante comme la mer, et on ne peut la capter sur une feuille de papier.

D'abord, elle n'« est » pas, car à chaque instant elle évolue et change, et pour la décrire je ne peux que la prendre de l'instant où je l'ai connue jusqu'à aujourd'hui. Ce qui d'ailleurs ne sera pas un tableau de Bela, mais un tableau de Bela pendant quinze mois, ces quinze derniers mois, ce qui n'implique ni ce que Bela fut avant ni ce qu'elle sera demain.

Bela, à la gare d'Euston. Seulement le souvenir de ses cheveux si blonds.

Puis les premières vraies images d'elle en décembre 1940 dans la grande maison lugubre, notre caserne de Hill Street.

Bela est dans ce premier groupe de six filles envoyées de Bournemouth à Londres pour y préparer l'arrivée des autres.

Coiffée d'une sorte de turban, en riant elle emplit des paillasses, parce que nos lits ne sont pas encore là et que les premiers jours nous dormirons par terre, entourées cependant des boiseries et du décor autrefois élégant de cet hôtel particulier des Rothschild.

Bela veut aller téléphoner dans la maison d'en face, gardée par celui qu'elle nommera plus tard l'ambassadeur du Pérou, et, comme Tafin ne veut pas la laisser sortir, Bela se met soudain à l'« engueuler ». J'en reste bouche bée d'étonnement, d'admiration (secrète). Quel courage !

Ensuite, je la revois, régnant sur la fameuse pièce du standard téléphonique où, les premiers jours, elle fut si chatte, si envoûtante, roulant des hanches, souriante, douce, manifestant un évident désir de séduire. Elle me raconte sa vie avec esprit, grillant des cigarettes, accroupie sur le petit lit de camp, le col de sa chemise kaki entrouvert, son beau cou blanc se tendant un peu lorsqu'elle parle avec force gestes. C'est l'époque où j'ai d'elle le plus d'images et les plus belles : en robe de chambre à pois, un pied replié sous elle, une mèche de cheveux retombant sur le front, une épaule découverte, elle ressemblait à un tableau de Renoir et je ne pouvais détacher mes yeux d'elle. Jamais ces jours-là je ne la vis en colère. Elle tirait les cartes à toutes les filles, lisait dans les lignes de la main, racontait des histoires, buvait un peu et semblait m'aimer beaucoup. Je l'admirais, je l'adorais. Une seule chose m'intriguait : ce sentiment étrange que je ressentais envers elle, et auquel je ne pouvais donner ni nom ni explication, ne l'ayant encore jamais ressenti et ne soupçonnant même pas qu'il aurait pu être de l'amour.

Une semaine passa ainsi, Noël arriva, puis le Nouvel An. Bela était plus attirante que jamais et je la plaignais profondément parce qu'elle commençait à me parler de ses brouilles avec son mari, qui la quitta vers cette époque. Je l'aimais de plus en plus, je ne pouvais me passer d'elle, de son sourire, de la caresse de ses douces mains autour de mes épaules. La nuit, nous bavardions dans la cabine téléphonique malgré les bombardements et, lorsque je m'endormais, mes rêves étaient hantés par les visions de fumerie et d'aventures sexuelles dont elle m'avait parlé.

Un peu plus tard, après le 4 janvier, elle commença à changer. Toute son attitude envers moi devint soudain différente. Cela me blessait, me faisait mal, parce que je l'aimais si passionnément, parce qu'elle représentait pour moi, dans cette caserne sordide, la beauté, la grâce, la chaleur. Elle se mettait parfois en colère pour pas grand-chose et je n'arrivais pas à comprendre son caractère. Ses réactions m'ahurissaient. Lorsque je pensais qu'elle serait de bonne humeur, elle arrivait furieuse, lorsque je la croyais triste, elle riait aux éclats. De plus, elle mentait avec une telle assurance, un tel aplomb que je ne savais plus si j'avais rêvé ou si vraiment ce que j'avais vu, de mes yeux, blanc était noir, comme elle l'affirmait indignée.

De temps à autre, pour un instant, elle redevenait ma Bela séduisante d'avant, mais cela de moins en moins.

Elle buvait beaucoup, sortait beaucoup le soir avec différentes femmes, puis avec un officier supérieur. La première fois que, pour une bagatelle (dans laquelle je n'étais pour rien), elle me jeta les pires horreurs au visage, livide de colère, les yeux fous, je ne dis pas un mot, mais j'allais avaler la première chose qui me tomba sous la main – vingt cachets d'aspirine, dont j'ai encore l'horrible goût dans la bouche.

Le lendemain, j'étais abrutie, chancelante. Elle avait déjà oublié sa colère, et elle était si gentille que, pour un peu, je me serais accusée de la scène de la veille.

Les mois qui suivirent furent traversés d'orages. Elle faisait des scènes à tout le monde, à tout propos, mais le moindre cadeau, fleurs, livres, la calmait tout de suite et lui rendait sa gaieté. Elle pleurait pour un rien, ou riait et amusait tout le monde.

Dans le grand salon de Hill Street, au premier étage, elle joue du piano. Assise près d'elle, je la contemple avec adoration. Le soir, elle nous apprend à danser. Un soir, elle danse avec moi un lent tango. Nous partons en taxi. Nous marchons dans le parc. Il y a un peu de soleil, de la neige sur les pelouses. Je vais parfois chez elle. Nous mangeons du bacon sur des toasts qu'elle fait griller contre le radiateur à gaz.

Elle parle toujours beaucoup et je l'écoute avec la même fascination. Il y a en moi seulement l'envie de rester avec elle, de poser ma tête sur ses genoux, de l'embrasser. Lorsque je suis avec elle, pas un instant ne me quitte la frayeur de la perdre, ou de la fâcher ; je me sens comme un danseur sur une corde lisse. Je n'arrive toujours pas à la comprendre, elle m'est une énigme. Je l'observe passionnément, mais j'ai sur les yeux un voile. Elle est trop différente de tout ce que j'ai connu jusqu'alors pour que je puisse la déchiffrer. Je suis sur une terre inconnue, où l'on parle une langue qui m'est étrangère. Je n'arrive pas à comprendre pourquoi elle peut, pour se défendre, dévoiler ce qu'on lui a dit en secret, ou accuser quelqu'un de choses qu'elle invente ou l'invectiver vulgairement. Puisque je l'adore, je cherche une explication et, puisque l'unique explication, je ne peux pas, je ne veux pas la voir, je cherche en vain autre chose.

Et le printemps arrive. Notre caserne est détruite par une torpille. Avec Claudine, je vais habiter chez Bela.

Ce qu'il y eut alors, je n'en ai pas trouvé l'explication. Il me semble que Bela a d'abord voulu s'amuser à me rendre jalouse de Claudine et que, voyant que ça ne prenait pas, voyant que j'opposais un air indifférent, elle s'est piquée au jeu, elle a voulu voir qui vaincrait, aller aussi loin qu'il le fallait pour me faire crier grâce. Mais elle ne me connaissait pas, ni mon entêtement, ni mon orgueil à ne jamais montrer que je souffre. Plus les choses allaient loin, plus je montrais un sourire impassible qui, je le sais, l'exaspérait.

Cela dura trois mortelles semaines. Je ne sais absolument pas comment je ne suis pas devenue folle à certains moments, mais toujours en moi cet orgueil insensé de ne pas céder, de ne rien montrer, de ne pas partir chez maman, de peur de lui faire croire que « cela me faisait souffrir ».

Je voudrais être impartiale, ne rien dire d'injuste, cela est écrit pour moi en toute sincérité. D'ailleurs, à la pensée de ces trois semaines, je n'ai ni rancune ni colère, tout cela est fini, depuis longtemps pardonné, mais le souvenir en est si pénible que tout en moi se contracte encore.

Ensuite, elle partit en permission. Je retournai dans la nouvelle caserne, évitant de la rencontrer et, un jour, il y eut son coup de téléphone furibond parce qu'elle pensait que j'avais dressé Jacky contre elle. Je raccrochai et cessai complètement tout rapport avec elle. Claudine fit de même et, pendant plusieurs mois, nous nous persuadâmes qu'elle était morte pour nous, mais je pensais pourtant sans cesse à elle, avec encore de l'adoration.

En automne, elle revint à la caserne pour y habiter. Elle était plus belle que jamais et semblait très calme, désireuse de faire la paix avec tout le monde. Elle vint me parler très amicalement. Je l'aimais encore, elle me troublait encore. Un soir de paie, dans le hall enfumé, nous bavardions lorsque, soudain, brusquement, ce fut comme une corde tendue que l'on tranche, et je ne l'aimai plus. Inexplicable, comme toute cette histoire. En une seconde, je cessai complètement de l'aimer. Je vis immédiatement ce que jamais, depuis plus d'un an, je n'avais remarqué, tout ce qu'il y avait en elle de factice. Je vis l'inutilité de toutes ses colères, l'artifice de sa beauté, ses premières rides et ses yeux qui louchent un peu lorsqu'elle est en colère.

En même temps, depuis ce même instant, mon attitude envers elle changea. Je lui disais ce que je pensais sans aucune crainte de la fâcher. J'étais naturelle, elle ne me faisait plus rien. Bela, elle, sembla alors ressentir pour moi une amitié qu'elle n'avait plus depuis longtemps. Elle cherchait à me voir, à me raconter ses malheurs et ses griefs, qui ne m'intéressaient que peu. Elle n'avait plus pour moi le charme de la Bela passée, si rieuse, si spirituelle, c'était une femme qui paraissait avoir la manie de la persécution, qui s'enivrait souvent et semblait même devenir folle de temps à autre. Ses yeux prenaient alors une effrayante expression fixe, et tout le visage devenait hagard lorsqu'elle entrait dans une de ses colères.

A d'autres instants, elle était calme, gentille, et maintenant encore il y a à la caserne des petites filles qui l'adorent.

C'est aujourd'hui la fête des Nations unies qui sera, paraît-il, une fête nationale dans le monde entier, après la guerre. J'ai été avec maman revoir *Fantasia*. C'est d'une telle poésie, tant de charme, de féerie ! Je pourrais encore le revoir dix fois sans me lasser.

Hier soir, j'étais avec maman chez André et Bela, qui nous avaient invitées. André habite une très jolie petite maison dans Brompton Road, très bien meublée. La soirée a été très agréable. C'était assez drôle pour moi de voir ma mère dînant là. Bela était tout à fait séduisante. Je prends conscience de tout ce qui fait l'extraordinaire de cette femme. Dangereuse et brûlante comme le feu, cruelle parfois, mais brillante, douce aussi et pleine de vie. A un moment où nous étions seules, elle m'a dit qu'elle n'aurait jamais dû agir avec moi comme elle l'avait fait, elle me l'a dit si gentiment. Je sentais qu'elle voulait me demander pardon et j'étais affreusement gênée, presque comme une coupable.

Je dois tant à Bela, elle m'a plus changée à tous les points de vue que je n'aurais pu l'être en vingt ans. J'ai l'impression qu'elle a mis en moi comme le feu aux poudres. Mère Marthe a formé mon âme et mon cerveau ou plutôt m'a donné une certaine orientation qui, à l'heure actuelle, a laissé peu de traces. Bela a provoqué chez moi une émotivité sensuelle très grande. Depuis elle, je vis beaucoup plus par le cœur et le corps, et c'est mieux.

Soir du 18 juin

Deuxième anniversaire du premier appel lancé par de Gaulle.

Sourire du Général, rencontré dans l'escalier du QG. Ce merveilleux, ce bon sourire à chaque fois que je le croise. Puis manifestation à l'Albert Hall, cinq mille Français enthousiastes « sept cent vingt-cinquième jour de la résistance du peuple français ». Magnifique discours du Général. A la sortie, marche des VF au milieu des bravos et des « Vive la France » venant de la caserne de la RAF, derrière l'Albert Hall.

Souvenir des derniers jours de France. Il y a si longtemps, par un jour ensoleillé à Bayonne. Mon bac de philo. Conversation avec Lucilla de Castro, retour à Saint-Jean-de-Luz en autocar, sur les belles routes de France. Il y a si longtemps, si longtemps, des années en arrière.

18 juin 1940. Jamais aucun Français n'oubliera plus cette date. 18 juin de France, 18 juin à Londres. Déjà le deuxième. Où sera le troisième 18 juin ? Mon Dieu, que la France semble loin ! Comme son rappel fait mal, comme j'aurais besoin de sentir son parfum, de voir la campagne fertile et le ciel de Paris ! Mais tout s'éloigne tellement, semble plus inaccessible chaque jour, repoussé chaque jour vers un plus lointain avenir. Nostalgie. Comme un corps affamé qui en recherche un autre, qui en appelle un autre et

souffre de sa solitude, tout mon corps se tend vers la France, vers sa chaleur, sa beauté.

Dimanche dernier, promenade à bicyclette avec Claire et ce garçon peintre, Marcel « quelque chose », du côté de Wimbledon et de Richmond. Me suis foulé la cheville et, résultat, j'ai dû passer deux jours à l'infirmerie de la caserne, m'y ennuyant à mourir dans l'affreuse atmosphère de Moncorvo. Maintenant, je suis à la maison chez maman, jusqu'à ce que je puisse marcher. Je lis, ou plutôt relis, *Le Puits de solitude* de Radcliff Hall. C'est très poignant, admirablement analysé, surtout jusqu'à l'arrivée de Stephan à Paris. La deuxième partie est plus faible. Ce livre m'émeut et me fait poser mille questions douloureuses et sans réponse.

Il fait beau dehors, beau et chaud. Les oiseaux chantent, l'herbe sent bon. En politique, nous ne recevons pour toute pâture que l'annonce d'une suite ininterrompue de désastres.

J'étais au concert puis au restaurant avec mon *boss*, le lieutenant d'Ollondes, qui s'est montré très gentil. J'aime sentir cette impression de sécurité auprès de lui, je sais que lui ne me fera pas de mal.

Bela est venue me voir à l'infirmerie. Elle nous a raconté son dernier malheur, elle a été cambriolée chez André, avec lequel elle habite. C'était un peu comme autrefois à Hill Street. Bela entourée de filles attentives, racontant avec brio, riant, fumant, rejetant sa mèche blonde, un bras passé autour de mes épaules. Un peu comme autrefois ? Seulement, heureusement pour moi, maintenant j'ai changé.

Tout semble si terriblement sans espoir. Peut-on être autre que ce que l'on est ? Puis-je me changer ?

14 juillet

Le plus beau jour de ma vie ? En tout cas, un jour que je n'oublierai pas aussi longtemps que je vivrai. A 10 h 30 dans la grande cour de Wellington Barracks a eu lieu une prise d'armes, en présence de détachements de terre, mer et aviation, les VF, les « commandos », les représentants des nations alliées. Le Général nous a passés en revue, a décoré quelques soldats. La musique jouait *Sambre et Meuse*, *La Marseillaise*. Le soleil inondait la cour, toutes les troupes au garde-à-vous étaient là. Nous portions nos nouveaux uniformes à écusson bleu pâle. Puis nous avons défilé dans les rues de Londres, avec la musique et les hommes, au milieu de l'enthousiasme indescriptible d'une foule énorme. Les enfants agitaient des drapeaux, les fenêtres étaient pavoisées, la foule criait « Vive la France », « Vive de Gaulle », « Vive les femmes françaises ». Mes genoux tremblaient d'émotion, j'avais les larmes aux yeux et je marchais portée par un élan au-dessus de tout ce que j'ai jamais expérimenté. Nous avons défilé devant la statue pavoisée et fleurie du maréchal Foch, nous avons fait « tête droite » en passant, nous marchions impeccablement et ma pensée, comme à chaque occasion semblable, allait vers la France, vers ceux qui, là-bas, au même moment, pensaient à nous. Ensuite, réception au *Savoy Hotel*. Avec quelques autres, j'assurais le service d'ordre. J'étais juste devant le Général, à un pas de lui, pendant presque une heure. Aurais-je jamais cru, il y a deux ans, au Portugal, lorsque, petite fille mince en robe de taffetas bleu, je fêtais le 14 juillet au casino de Figueira, aurais-je jamais cru que ce bonheur-là m'attendait ? Le bonheur de servir ma patrie ?

Je clos ce cahier sur cette date. Puisse le 14 juillet prochain se passer en France, c'est mon seul vœu.

Ce cahier commencé en exil, dans le soleil portugais, se termine donc aussi en exil, à Londres, et cette petite fille que j'étais sur la plage de Figueira est aujourd'hui un soldat de la France combattante.

17 août

Retour de Bristol, où j'ai passé le 15 et le 16 août. Temps superbe hier et aujourd'hui. Ces deux jours ont été un paradis. Claire et moi avons quitté Londres le vendredi soir. Dans le train nous avons follement ri et tout le samedi nous avons fait de la bicyclette jusqu'à la mer sous une pluie battante et avons bu une pinte de lait chacune dans une ferme. Dimanche, nous sommes allées faire de l'équitation dans les *moors* du Somerset. Il y avait un immense soleil. Ce pays couvert de fougères, le doux cheval brun et sa bonne odeur, le soleil brûlant, les bois, les collines, et ensuite le thé dans une vraie *inn* du temps de Shakespeare avec des Anglais à l'accent d'Oxford : « *Actually, what a jolly good show... what!* »

Je voudrais passer la vie ainsi dans la campagne, à faire du cheval, nager, courir dans les champs. On ne peut être heureux que dans une vie saine en pleine nature.

19 août

CE MATIN, LES TROUPES ANGLAISES ONT DÉBARQUÉ A DIEPPE. LE SECOND FRONT EST OUVERT.

20 août

... Non, il n'est pas encore ouvert...

Le commando de grande envergure, à Dieppe, hier, s'est bien passé. Mais les troupes qui y ont participé sont rentrées en Angleterre. Quelle désillusion !

Assise dans mon lit après le dîner. Claire et Yvonne prennent un bain. Josette écrit une lettre. Constant et Guéhény bavardent près de la fenêtre. Pour une fois, tout est calme dans la chambrée et je rêve au retour.

... Je serai simplement debout sur la place de la Concorde, dans un midi ensoleillé. Je serai là, sans pensée, sans mouvement, avec un peu de vent, soufflant une boucle de cheveux sur mon front.

Sans rien dire, sans rien faire, aspirant profondément l'air de Paris, sa vie, sa foule, la large place solennelle et au loin toute ma ville harmonieuse, un peu rose, un peu grise entre la verdure des avenues.

Je m'en irai tout doucement, le long des quais, le long de la Seine, frôlant de la main les pierres des parapets.

Je m'en irai tout doucement dans mon Paris retrouvé, en riant toute seule, comme les vieilles gens qui se souviennent.

Claire revient toute nue dans la chambrée et me crie, avec son accent mi-anglais, mi-français : « L'eau est bouillante, tu viens prendre un bain ? »

L'autre jour, nous étions toutes à poil dans la chambrée après dîner lorsque la porte s'est ouverte et un jeune aumônier de l'aviation est entré cherchant je ne sais qui ou quoi. Il est devenu cramoisi et il est ressorti précipitamment, en nous voyant.

Nous avons ri aux larmes pendant une bonne demi-heure comme des pensionnaires.

Août

Retour hier soir de Manchester, ville sale et sombre, où j'ai représenté la France libre à une exposition. Manchester, le Lodz anglais. J'étais avec une autre VF, Odile. Nous étions logées chez un ménage d'Anglais un peu fous, en adoration devant leur dieu, leur chat Figaro. Avec nous, à l'exposition, il y avait un marin, Joseph, très brave type, et un aviateur grossier et d'une crétinerie sans égale. On nous a photographiés pour les journaux, sous toutes les coutures. A part cela, le travail était épuisant, car nous devions passer la journée dans une salle sans air, enfumée, à la lumière électrique, au milieu d'une foule où beaucoup de gens étaient sales et malades. C'était un peu comme s'il fallait passer dix jours dans le métro !

Le ménage d'Anglais chez lesquels nous logions à Manchester était tellement fier d'avoir chez eux ces deux « héroïnes » françaises (comme nous ont appelées les journaux locaux) que nous n'avons pas eu le courage de leur avouer que moi seule m'étais « enfuie » de France en 1940, tandis qu'Odile, qui faisait ses études à Londres et qui a une partie de sa famille ici, parle anglais mieux que nos hôtes. Elle a donc fait semblant de ne pas savoir un mot d'anglais, ce qui a donné lieu à des scènes hilarantes à table, au dîner, où c'était à moi de « traduire » les conversations.

Nous avons fait en tout cas une très bonne propagande et nous étions fières de représenter la France libre.

Mercredi, je repars à Newcastle avec la même exposition et un ordre de mission signé par Jacques Soustelle me détachant au Commissariat national de l'information « pour les besoins de mon service ».

Septembre

Écrit dans le train en route vers Newcastle.

Les avoines sont couchées et le blé mûr a été lié en lourdes gerbes blondes. Ce vent qui souffle tout doucement, ce vent humide sous un ciel gris et ces terres si vertes, ces routes et ces bois, c'est tout le pays de l'exil. Cette bonne terre accueillante et honnête, une terre à visage d'homme, pas compliquée et propre.

Tout est calme, sauf notre cœur, que rien ne peut apaiser. Notre cœur qui ne voit rien, qui erre et désire, notre cœur dépaysé, qui pleure vers toi, patrie lointaine. Sous le ciel du pays d'exil, vert et calme, nous allons en ne pensant qu'à Toi. Revoir la maison de notre enfance et la place ensoleillée. Revoir Paris un matin d'avril tout frissonnant le long des quais. Un coin de rue, un marronnier, une silhouette connue, bonheur de posséder de nouveau ce que l'on a perdu.

26 septembre

Je suis de retour à Londres, après un séjour à Newcastle que je n'oublierai jamais.

Newcastle a été un tournant dans ma vie. Dès les premiers jours de l'exposition, nous avons été invitées, Odile et moi, à déjeuner à bord d'un bateau de la France libre, en réparation dans un chantier de la rade : le *Savorgnan-de-Brazza*.

Il faisait un temps magnifique. Nous avons astiqué nos boutons, nos souliers, noué nos plus belles cravates de soie kaki.

Le capitaine nous attendait sur le pont, entouré de ses officiers, qui avaient l'air ravis de nous voir arriver. Nous avons bu du sherry dans la cabine du capitaine, qui nous a montré des gravures chinoises, des souvenirs de voyage. Il nous a raconté comment le *Brazza* se trouvait en Angleterre en juin 1940. Tous les hommes et la plupart des officiers avaient répondu à l'appel du 18 juin.

Le *Brazza* a participé à l'attaque de Dakar, il y a deux ans. C'est du *Brazza* que partit la vedette transportant les parlementaires contre lesquels les troupes de Vichy ouvrirent le feu. Le *Brazza* a été en mer Rouge, en Orient, en Amérique.

Après, nous sommes tous montés au mess des officiers et nous avons déjeuné autour d'une grande table, nous deux et une douzaine d'officiers charmants et très gais. Leur bateau est depuis trois mois à Newcastle et ils ont hâte de repartir.

A côté de moi était assis un officier de marine d'environ trente-cinq ans, très grand, brun avec des yeux marron chaleureux, une belle bouche aux lèvres larges, des dents très blanches.

Philippe.

Nous commençons à parler. Il me plaît tout de suite. Il ne me fait pas du tout peur comme tous les hommes rencontrés jusqu'ici depuis la guerre. Il me regarde avec tant de gentillesse et d'intérêt ! Très vite, j'apprends que non seulement il connaît bien Lectoure, mais que son père a un château à quelques kilomètres de là. Philippe a été élevé en Gascogne. Je lui parle de ma marraine Mya, de mes vacances à Lectoure lorsque j'étais petite et d'Héas, mon paradis perdu, où j'allais avec Mya. Il s'établit entre nous un courant immédiat. Comme si nous étions du même village ou de la même famille.

Après déjeuner, assis au salon, la radio jouait. Odile discutait avec le médecin du navire, moi avec Philippe. Je lui parlais de Hill Street, de cette affreuse caserne, puis de notre nouvelle caserne et de notre vie militaire, de mes amies. Philippe m'a demandé soudain si j'avais un « ami ». J'ai dit non, mais j'ai eu l'impression très nette qu'il ne me croyait pas. Deux ans dans une caserne de femmes et pas de *boyfriend*, comme disent les Anglais, ça n'existe pas !

Mais les officiers se sont mis à chanter, et Odile et moi avec eux. « Auprès de ma blonde », « En allant couper des joncs », de vieilles chansons françaises comme nous en chantions au pensionnat en hiver, autrefois dans la salle de récréation, en faisant des rondes.

Le capitaine et les autres officiers se sont excusés et sont partis.

Nous avions la journée libre. Philippe et le médecin (que tout le monde appelle « Doc ») sont restés avec nous et nous ont proposé de nous faire visiter le *Savorgnan-de-Brazza.*

Escaliers de fer, couloirs, ponts, passerelles, nous montions, nous descendions. Nous avons vu la cuisine, la salle des machines, les galeries, les cales, la passerelle du commandant. Odile est partie d'un côté avec Doc et je me suis trouvée seule avec Philippe. Mes mains étaient noires à force de m'agripper aux escaliers de fer, à des cordes, aux balustrades des ponts. « Venez vous laver les mains », me dit Philippe. Nous recommençons à monter, à descendre, nous arrivons enfin devant une porte qu'il ouvre et il me dit : « Voici ma cabine. »

Je me lave les mains. Philippe me fait les honneurs de sa cabine. Tout y est dans un ordre parfait. Il me montre des livres, des cartes, des photos, des souvenirs de tous les pays où il a été. Puis, comme je me lève pour partir, il me dit : « Vous avez encore de la poussière sur le visage. » Je dis : « Où ça ? », en toute innocence, levant le menton vers lui. Alors Philippe se penche et me prend le menton légèrement dans la main, en disant : « Ici. » Il se penche encore : soudain, j'étais dans ses bras et il m'embrassait.

Ce n'était pas du tout comme avec Serge, cette fois-ci je ne voulais pas fuir. Je voulais vraiment que tout aille bien. Je voulais savoir. Je voulais une expérience avec un homme. J'étais allongée sur sa couchette et il continuait à m'embrasser et je trouvais cela très agréable et j'étais prête à ce que ça continue très longtemps comme ça.

Mais alors il a voulu aller plus loin et je me suis redressée, prête à sauter à terre. Philippe répétait : « Mais pourquoi ? Pourquoi ne voulez-vous pas ? » Je lui ai dit que je n'avais jamais fait l'amour avec un homme et que cela me faisait peur. Que j'aimais l'embrasser mais que, s'il essayait autre chose, j'allais m'enfuir. Je voyais bien qu'il ne me croyait pas. C'était comme après le déjeuner lorsqu'il m'avait demandé si j'avais un « ami » à Londres et que j'avais dit non. Je n'arrive pas à comprendre pourquoi il ne pouvait pas me croire. Pourquoi aurais-je menti à ce sujet ? Cela me paraît une sorte d'infirmité d'être si différente de tout le monde. Il aurait été tellement plus simple pour moi de pouvoir tomber amoureuse d'un homme et de faire l'amour avec lui comme les autres filles autour de moi.

Mais Philippe n'avait pas l'air fâché, il m'a promis de ne pas recommencer; pourtant, dans ses yeux, il y avait ce même sourire, comme s'il pensait que je jouais un jeu et j'aurais tant voulu lui prouver que je lui avais dit la vérité.

Nous sommes remontés sur le pont où nous avons retrouvé Odile et Doc, et nous avons pris rendez-vous pour le lendemain soir, pour dîner en ville tous les quatre. Toute la journée, à l'exposition, mon cœur n'arrêtait pas de battre. J'avais chaud et froid, mes genoux tremblaient, j'avais la gorge serrée. Je n'arrivais pas à répondre aux questions des Anglais qui venaient regarder les photos et les affiches.

Philippe et Doc avaient un appartement en ville. Ils ne couchaient presque jamais à bord depuis trois mois. Nous devions rester jusqu'à la fermeture et, après cela, nous étions libres tous les soirs. Nous devions donc les rejoindre chez eux.

Je savais que tout allait recommencer. Philippe allait m'embrasser, puis il tâcherait d'aller plus loin et je prendrais peur. J'avais déjà peur en y pensant. En même temps, j'étais attirée vers lui. Je voulais et je ne voulais pas. C'est difficile de me l'expliquer. Il y a en moi deux filles : celle d'autrefois, de Paris, de Mère Marthe, de mes parents, et celle d'aujourd'hui, de la caserne. Les deux sont vraies, sont moi-même, mais les deux sont opposées.

Le soir est arrivé. Nous sommes rentrées « chez nous », dans la famille qui nous loge, prendre un bain, passer une chemise propre, puis nous nous sommes rendues chez Philippe en autobus.

Là, nous avons bavardé, bu du sherry, puis sommes sortis dîner dans un restaurant de Newcastle. Philippe avait un appétit de loup et il n'arrivait pas à comprendre pourquoi je n'avais pas faim. Après dîner : retour chez eux. Nous ne sommes pas plutôt arrivés que Odile et Doc disparaissent dans une des chambres à coucher et je reste au salon avec Philippe. D'abord, nous avons parlé. Philippe me raconte des souvenirs de son enfance en Gascogne. Lorsqu'il était petit, s'il faisait quelque chose de mal, de défendu, il disait : « Ce n'est pas moi, c'est Popaul. » Popaul était toujours le second lui, le vilain. Tandis que Philippe était le gentil lui, celui qui obéissait, qui disait la vérité. Il m'a parlé de sa vie d'officier de marine, me déclarant : « Ma seule femme sera toujours la mer. Je n'épouserai jamais que la mer. » J'étais assise sur le divan. Philippe vint s'asseoir à côté de moi et tout recommença. Tant qu'il m'embrassait, tout allait bien. Dès que sa main s'aventurait plus loin, malgré tout mon désir du contraire, je n'arrivais pas à me dominer. Je repoussais aussitôt sa main, je me dressais prête à fuir.

Le pire, c'est que je ne pouvais pas arriver à m'expliquer. J'avais peur de le fâcher, mais je ne pouvais vraiment pas. Des heures se passèrent ainsi. J'aimais l'embrasser, mais il y avait toujours cette frontière. Et, lorsqu'il y arrivait et que je le repoussais, il disait en riant : « Ce n'est pas moi, c'est Popaul. » Plusieurs fois, il m'a demandé si c'était vrai que j'étais vierge et je répétais que oui. Je voyais qu'il aurait voulu y croire, mais qu'il n'y croyait pas. Je pensais : si je le laisse faire, il verra que c'est vrai.

Il disait : « De quoi avez-vous peur ? Je ne vous ferai pas de mal. Vous devez devenir une femme si vous ne l'êtes pas encore. Il faudra bien le faire un jour ou l'autre. Vous verrez, vous serez très heureuse après. Il faut sauter le pas. »

J'avais envie de pleurer. Il avait tellement raison. Je craignais qu'il ne me prenne pour une de ces « aguicheuses » dont Bela parle toujours avec mépris. Si seulement j'avais pu lui parler de Bela.

Philippe se leva du divan. Il nous versa du whisky et me parla encore de la mer, du *Brazza*, de ses voyages, de ses parents, de sa sœur. Comment était-il possible que nous soyons si près l'un de l'autre, si bien ensemble, et qu'il y ait en moi cette peur ?

Odile et Doc revinrent au salon. Elle, parfaitement à l'aise, bien élevée comme toujours, pas un cheveu déplacé, son rouge à lèvres impeccable. C'était moi qui avais l'air sens dessus dessous. Doc mit des disques. Nous avons dansé. Enfin, ils nous ont raccompagnées chez nous. Il était très tard. Nous étions mortes de fatigue. Nous avons vu Philippe et Doc plusieurs fois. Tout était pareil. Il nous restait encore trois jours avant notre retour à Londres. L'amiral Auboyneau est venu à l'exposition et le public était nombreux et très intéressé par la France combattante.

J'étais toujours dans le même état. Toute la journée, j'avais la gorge nouée, des frissons continuels, le cœur battant et je me disais : « Il faut que je fasse ce pas. Il le faut. »

Un soir, Philippe vint me chercher juste avant la fermeture. Odile allait au cinéma avec Doc, de son côté, et Philippe m'emmena dîner.

Je ne pouvais rien avaler, absolument rien. Philippe avait l'air choqué : ne pas manger les si bonnes choses qu'il commandait, je le voyais, était à ses yeux un crime tout aussi grave que de me refuser à lui.

Pourtant, j'étais bien décidée ce soir-là. Il ne me restait que trois jours. Il n'y avait rien à faire, j'allais « sauter le pas ». Philippe ne le savait pas, mais ce soir serait différent.

Nous allâmes chez lui. Après ces années de caserne et toutes les conversations que j'y avais entendues, je ne savais toujours pas vraiment ce que j'étais supposée faire dans une telle circonstance.

Je suis allée dans la salle de bains. Je me suis déshabillée. J'ai ôté les médailles que je porte au cou. Je pensais qu'en tout cas je ne pouvais pas faire ça « en médailles ».

Lorsque je suis revenue au salon, il était assis sur le divan, il fumait. Il eut l'air très étonné. Il s'est levé, il m'a dit d'une voix émue : « Lève la tête, Tereska, n'aie pas honte, tu es très belle, regarde-moi. » La radio marchait : la BBC en français, une voix solennelle qui discutait des *Lettres de mon moulin* d'Alphonse Daudet !

Il m'a prise dans ses bras et m'a portée dans sa chambre.

Lorsqu'il s'est couché à côté de moi, je me suis mise à trembler, mes dents claquaient. J'essayais d'arrêter de trembler ainsi de toutes mes forces et je n'y arrivais pas.

Philippe m'embrassait et me parlait doucement, mais il n'y avait rien à faire. Je ne sais pas combien de temps cela a duré, très longtemps je crois.

Alors il a allumé la lumière, il s'est assis dans le lit. Il m'a dit : « N'aie pas peur, ma petite fille chérie, ne crains rien. Je ne vais plus te toucher. Regarde, je ne peux pas te toucher lorsque tu trembles ainsi. Tu es trop petite, c'est vrai, tu n'es qu'une petite fille. C'est Popaul qui te voulait, mais tu vois c'est Philippe qui est ici maintenant. Tu vas dormir avec moi, tu veux bien, tu n'as rien à craindre. »

Il me berçait, il me consolait et je pleurais contre lui. Il était si bon, si bon pour moi. Il s'est levé, il a mis une robe de chambre en lainage à carreaux verts. Ensuite, nous avons dormi. C'était la première nuit où j'arrivais à le faire depuis ce déjeuner sur le *Brazza*. Au milieu de la nuit, nous nous sommes réveillés. Il m'a dit : « Tu veux boire quelque chose ? » J'ai dit oui. Il est revenu de la cuisine avec un verre de whisky pour lui et un grand verre de lait pour moi.

J'ai revu Philippe encore deux soirs. Nous allions dîner ensemble, puis dormir chez lui. Le matin, il préparait le petit déjeuner pour nous deux. Nous prenions notre bain ensemble. Nous riions, nous nous éclaboussions. Philippe me prenait sur ses genoux, il m'embrassait et il disait : « Tu me fais penser à la mer, au soleil, au sable. Tu es chaude et légère. Tu me fais tant de bien. Tu me rends meilleur. Avec toi, je suis toujours Philippe. Je ne suis pas Popaul. Un jour, tu te marieras, tu trouveras un homme que tu aimeras. Je l'envie. Moi, je serai en mer, ou je serai mort. Tu penseras au vieux Philippe. Moi, je ne peux pas t'épouser. » Et il répétait : « Ma seule femme sera la mer. C'est mieux que les choses se soient passées ainsi entre nous. Je ne t'oublierai jamais. » J'étais heureuse que Philippe sache que je ne lui avais pas menti. Ces trois jours avec lui, moi non plus je ne les oublierai jamais, aussi longtemps que je vivrai.

Il m'a donné son adresse. En revenant à Londres, je lui ai envoyé une photo de moi, prise sur la plage, à Figueira da Foz, dans le costume de bain deux-pièces que le prêtre portugais trouvait tellement choquant.

Colette a été démobilisée et je ne sais pas exactement où elle est. Elle est enceinte. L'association des Français de Grande-Bretagne l'aide à vivre. Elle n'a pas laissé son adresse. Pauvre Colette ! Elle m'a raconté tout de suite après ce qui s'était passé entre « parrain » et elle. Colette a le besoin de se mettre toujours dans des situations impossibles et compliquées. Il fallait qu'elle tombe amoureuse justement d'un homme qui ne pourrait jamais l'épouser, qui ne voulait pas faire l'amour avec elle, il fallait qu'elle le séduise et il fallait qu'elle ait un enfant de lui alors qu'il allait partir en mission à l'étranger. Il est parti. Il ne sait pas que Colette est enceinte et elle ne le lui dira jamais. Que va-t-elle faire ? Comment élèvera-t-elle toute seule cet enfant ? Où est-elle ?

Toutes les filles sont amoureuses. A la caserne, on ne parle que de ça. « Je suis amoureuse », me dit Claire. « Il est beau comme un dieu », répète Yvonne, à chaque fois. « Mon chou, je suis follement amoureuse » (Yvonne, Antoinette, Raymonde). « J'étais amoureuse d'un officier anglais… » « Lorsque je suis amoureuse… » Elles sont amoureuses une heure, un jour, un mois. Cela vient, cela passe. Elles se décrivent les unes aux autres des baisers, des extases, dont elles vont, je crois, chercher les descriptions dans des romans scabreux.

Comme elle est étrange, notre armée de femmes ! C'est un tel mélange de tempéraments, de classes, d'éducations ! Un chaos complexe, insoumis. Un chaos kaki, dominé par une puissance suprême, l'armée, ayant tous les droits des dictateurs. Dans la troupe, on murmure, on se pousse aux premiers rangs, on se déchire à coups de langue, on s'aide aussi, surtout s'il s'agit de tenir tête aux officiers. Car les officiers sont l'« autre côté », la force, le pouvoir. Et cette force est dure, ce pouvoir est despotique.

5 octobre

Hier soir, je suis retournée de permission en Cornouailles, où j'étais au bord de la mer avec Claire, chez des Anglais. A chaque permission, des familles anglaises invitent des soldats et des volontaires françaises, parce qu'ils savent qu'en général nous n'avons pas de famille en Angleterre. C'est tellement gentil de la part des Anglais, qui doivent nous nourrir, alors que tout est rationné pour les civils. Jamais nous n'oublierons la générosité des Anglais. Alors qu'ils auraient pu considérer que la France les a trahis, ils sont spécialement gentils pour les soldats de la France combattante. Combien de fois dans la rue des Anglais m'ont crié « Vive la France » lorsque je passe en uniforme !

En Cornouailles, ce furent huit jours parfaits de beau temps, de calme, de paix. Une petite plage, des rochers, quelques villas blanches, des champs moissonnés, un doux vent, on se serait cru dans un petit coin sauvage du Morbihan. Huit jours d'oubli. Un matin, nous étions arrivées, pâles, yeux cernés, nerveuses, habillées de kaki, et, le même soir, nous étions déjà deux jeunes sauvages, en *slacks*[1], les cheveux fous, avec un brin de rose aux joues. C'était si bon et c'était si court.

Notre seul mauvais souvenir : il y avait des moules en abondance. Les Anglais chez lesquels nous habitions, persuadés que, Françaises, nous devions être des cordons bleus, nous ont demandé de leur préparer des moules « à la française ». Or ni Claire ni moi ne savons cuire un œuf, mais nous n'osions l'avouer. Comment prépare-t-on des moules ? Nous avons pris une grande casserole d'eau froide, nous avons jeté les moules dedans et les avons mises à cuire. Ça a cuit, ça a cuit et, à la fin, les moules étaient comme du caoutchouc. On a dû les jeter. Nous étions très gênées. En rentrant à la caserne, nous avons demandé à Rachel, qui sait tout faire, et celle-ci s'est moquée de nous et nous a expliqué comment on prépare les moules. Ça sera pour la prochaine fois.

Octobre

Et revoici Londres, pluvieux, humide, froid et sombre. Mon bureau, la fumée, les dossiers, la guerre, l'uniforme, le drill chaque matin, l'affreuse vie faite d'espoirs, de nostalgie, de chutes, de solitude. La vie.

Ma vie que je n'échangerais cependant contre rien, que je n'échangerais pas contre la vie la plus calme au bord de la plus belle des mers. Car je ne suis pas ici pour courir sur les plages. Je suis ici pour l'aventure, pour me traîner le long des jours gris et trimer au bureau, je suis ici pour être en kaki, pour marcher au pas, pour « faire la guerre ». C'était bon la Cornouailles, c'était doux, mais ma place est *ici*.

Dehors, un grand vent secoue les platanes. Dans mon bureau, un peu de poussière étincelle dans un rayon de soleil.

J'ai eu la mer, les bateaux, les voyages, la solitude. Les machines

1. « Pantalon ».

à écrire crépitent dans notre bureau gris. C'est mon aventure de remuer les dossiers, de répondre au téléphone. J'ai revêtu le manteau des croisés, j'ai revêtu l'uniforme kaki.

Il y eut des canons, ils se sont tus, les flammes se sont éteintes et, à force de les voir, je ne remarque plus les maisons en ruine, tout le long des rues de Londres.

Où es-tu, aventure rouge et or ?

Devant les ennuyeuses piles de dossiers, j'attends depuis des années.

Mais derrière la fenêtre ouverte quelque chose de tricolore claque au vent, avec une croix de Lorraine au milieu.

10 octobre

Et pourtant, j'éprouve aussi le poids des jours. J'ai une telle peur de la vie, un tel sentiment physique de mon impuissance totale. Je continue à me sentir incapable de lutter, de me défendre.

C'est en général au bureau que me viennent ces pensées réjouissantes. Dans le bureau, sous la lumière électrique qui sent déjà l'hiver, avec le claquement des machines à écrire, les sonneries des téléphones, le stupide visage congestionné d'un de mes chefs de service, dehors la brume et la pluie, dans cette atmosphère trop chaude qui sent la bête humaine, la guerre et la poussière.

Mais aussi chaque soir lorsque je rentre à la caserne où sont enfermées deux cent cinquante femmes si peu faites pour vivre ensemble, je pense que je dois être morte sans le savoir et que je suis en enfer. Je pousse la porte, et il y a tout de suite une sergente grincheuse qui remarque que mes boutons ne brillent pas assez ou que mes cheveux sont trop longs. Je rentre dans une chambrée où Yvonne raconte sa dernière aventure, où Givenchy se dispute avec Rachel, où circulent tous les derniers potins.

Une fille raconte : « Mon mari trouvait que j'avais le plus beau dos qu'il eût jamais vu. » Yvonne dit : « Ce que j'ai de mieux dans le visage, ce sont mes jambes. »

Le bruit circule qu'Anna s'est fait avorter. La caporale au visage de pruneau desséché hurle des ordres.

Notre vie est rythmée par une cloche qui sonne. Cloche de l'appel le matin. Cloche des repas, cloche de l'extinction des feux, cloche du départ au travail, cloche pour descendre dans les abris pendant les alertes.

Il pleut contre les vitres. Lorsque la cloche sonne à 6 heures du matin, dans la chambrée, les corps allongés sous les couvertures grises prennent vie. Des jambes s'allongent, des bras s'étirent et le bruit commence. Cécile met en marche le phono. Du disque s'élève une voix qui chante : « Mon cœur a besoin d'aimer ». Yvonne réclame à grands cris sa robe de chambre, Jacky sort en claquant la porte de la salle de bains, il y a des rires, des appels, des meubles remués. Claire fait son lit, Williams astique les boutons de sa tunique en sifflant. Des retardataires prennent d'assaut la salle de bains, trois femmes se précipitent dans une baignoire pendant que deux autres se brossent les dents et qu'une dizaine font la queue devant la porte.

Mais lorsque la deuxième cloche sonne, deux cent cinquante uniformes kaki sont au garde-à-vous dans le hall et l'adjudante, avant de commencer l'appel, nous parcourt d'un regard circulaire. « Guéhény, vous appelez ça des boutons astiqués ? Et vous, Hoctin, vous ne pouvez pas répondre lorsqu'on appelle votre nom, vivement et que ça saute ! » A mi-voix, Constant fait des remarques derrière le dos de la caporale. Claire réprime un fou rire. Dans le réfectoire, les cuisinières disposent déjà des seaux de café, du pain, du porridge fumant. Dans la rue, sous une pluie monotone, nous défilons au pas avec l'adjudante, en tête, qui crie des ordres secs de sa grosse voix d'homme. Des passants se retournent vers nous. Nous sommes les *Free French*. Nous essayons de marcher le mieux possible. Les camions nous attendent déjà pour nous emmener au travail. Infirmières, conductrices, secrétaires, cuisinières, plantons, téléphonistes, radios, de la capitaine à la volontaire de deuxième classe, nous partons vers nos journées de travail.

Dimanche 9 novembre

Le plus beau jour depuis trois ans ! Ce matin, à 8 heures, les forces américaines ont ouvert le second front sur la France métropolitaine, l'Algérie, une partie du Maroc, Oran, Dakar et Casablanca. Tandis que la VIIIe armée poursuit victorieusement les divisions en déroute de Rommel et les chasse d'Égypte, tandis que les Russes avancent sur le front de Stalingrad, tandis qu'au Pacifique les Japonais reculent, en Afrique française du Nord la libération a commencé. Toute la journée à Chipstead, nous sommes restés suspendus à la radio, écoutant Roosevelt, de Gaulle, le général Giraud. Il y a trois ans que nous attendions cette minute et enfin le moment est venu. Dans chaque homme aujourd'hui, il y a une joie si grande que rien ne peut la décrire. Des millions d'êtres affamés, torturés, mourants ont aujourd'hui relevé la tête et senti passer le premier vent de l'espoir.

Bientôt, bientôt je reverrai la France.

11 novembre, midi

L'Allemagne a, ce matin, occupé toute la France.

Nous avons eu une messe de requiem à Brompton Oratory, avec le général de Gaulle, l'amiral Auboyneau et, à la stupéfaction générale… l'amiral Muselier, qui est arrivé au début de la messe à la tête des fusiliers marins. Ce 11 novembre est le plus triste que j'aie jamais vu. Un brouillard très épais recouvre Londres. Malgré les excellentes nouvelles de tous les fronts et d'Afrique du Nord, une atmosphère inquiète et lourde règne chez les Français rassemblés autour du général de Gaulle. On ne sait encore rien de l'attitude de Giraud et de Darlan, que les Américains semblent avoir nettement l'intention de placer à la tête d'un nouveau gouvernement.

Le général de Gaulle, héros de juin 1940, le symbole de la résistance, l'espoir des Français, est entouré d'un épais réseau d'intrigues et de haines.

Si Giraud est mis à la tête d'un nouveau gouvernement français, la question que devra se poser chaque Français combattant sera : qui suivre maintenant ? Faut-il faire complètement abstraction de nous-mêmes ? Puisque c'est pour la France seule que nous sommes ici, faut-il suivre le nouveau gouvernement, qu'il s'appelle Giraud ou Darlan, pourvu que celui-ci combatte l'Allemagne ?

Et le général de Gaulle ?

Le brouillard recouvre Londres, un brouillard si épais que l'on ne voit rien à un mètre devant soi. Tout bruit s'est évanoui. On ne voit plus ni arbres ni maisons.

En Afrique française, des hommes meurent, des bateaux coulent, des avions flambent, dans une lutte fratricide. En France, aujourd'hui, le Boche est à Marseille, on se bat en Russie et dans le Pacifique. Des hommes meurent chaque jour en Europe dans les camps.

A Londres, on attend, on espère, on essaie de comprendre quelque chose à une situation si embrouillée que l'on ne sait plus qui est fou et qui est sain.

5 heures du soir

La fin d'une journée historique.

Cet après-midi, le Général nous a réunis à l'Albert Hall. Il y avait une foule considérable, dont beaucoup de généraux des nations alliées. La séance a commencé dans un « climat » fiévreux. On sentait l'assistance vibrante, prête à applaudir avec force et à huer s'il le fallait. Musique militaire, drapeaux, lumières, photographes.

Au début, Maurice Schumann a présenté successivement au public des Français qui ont pris la parole au nom des ouvriers, des paysans, des marins, des aviateurs. Une femme qui débarque de France, un as de l'aviation, un otage échappé et sa femme, une volontaire alsacienne, un petit Parisien de douze ans qui vient d'arriver ici pour rejoindre son père, Teddy, qui a fait un petit discours remarquable, racontant la lutte des enfants, son désir de voir le général de Gaulle et qui a été très applaudi et que le Général a embrassé.

Après cela, M. Guéritte ayant commencé un de ses rasants discours habituels, l'assistance prenait un petit répit et, sous la lumière des projecteurs, chacun se reposait, tandis qu'au fond de tous veillait cependant cette tension des nerfs qui marque tellement ces dernières journées.

Enfin, Guéritte se tait et le Général se lève. La foule applaudit, le Général va commencer à parler, lorsque soudain une voix s'élève des loges de droite : « Mon général, je demande la parole, je suis le général Éon, un Français libre. » Sensation, cris, étonnement du public. Le général de Gaulle tente encore de parler, mais de la loge la voix monte, insiste : « Je demande à l'assistance d'applaudir notre chef, le général de Gaulle. » La foule fiévreuse applaudit avec force, des exclamations fusent de partout. Des officiers, dont Schumann et Tissier, entrent dans la loge d'Éon et essaient de le faire taire, mais il continue : « C'est par respect que je demande à parler avant vous, mon général. »

Cette fois-ci, un murmure de réprobation passe dans la salle, le Général, debout, attend, puis se rassoit. De force, Tissier essaie de tirer Éon de sa loge. La scène est affreuse, Éon se débat, crie : « Mon général, mon général. » C'est à pleurer. On ne sait pas s'il est fou, ni ce qu'il veut dire, des voix crient : « Explications ! », « Ferme-la ! », « Suffit ! »

Ou plutôt, ce qu'il veut dire, chacun le sent confusément, même ceux qui ne connaissent pas grand-chose à ce qui se passe en ce moment. Ce que veut dire Éon, du moins je le pense, c'est que, depuis des mois, des hommes de la France libre mènent une lutte sourde contre notre chef, que les États-Unis tripotent là-dedans, que peut-être demain Giraud sera placé par eux à la tête d'un gouvernement qui, en droit, revient au général de Gaulle. Ce qu'il veut dire, c'est qu'il y a chez nous des ambitieux comme Labarthe et Muselier qui ne savent ni ne peuvent obéir, que ce matin Muselier est arrivé soudainement à l'église, très en retard et suivi des fusiliers marins, qui l'ont attendu à la porte pour entrer. Ce qu'il veut dire, c'est que ce poison de dissension pénètre partout et commence à faire son œuvre. Près de moi, Claire et combien d'autres en sont atteints.

J'imagine que c'est tout cela que le vieux général Éon a ruminé pendant des jours, jusqu'à en arriver à un tel point d'excitation qu'il a essayé de troubler l'assemblée de l'Albert Hall, sans se rendre compte qu'ainsi il ne faisait que du mal. J'entends encore cette voix pleine de reproches : « Mon général, mon général », comme un chien fidèle qui s'étonne que son maître le laisse emmener par des étrangers. Tout cela n'est que mon impression et peut-être que je me trompe sur ce qu'a voulu dire Éon.

Car il n'a pu parler. On a tiré le rideau de la loge, on l'a sorti de force, et le général de Gaulle a pris la parole. Calmement, en orateur parfait, il nous a parlé de la France, de sa lutte, de ses efforts, il a dit de ne pas se leurrer, que la victoire n'est pas encore gagnée, et puis *La Marseillaise* a été chantée en chœur par toute l'assistance, avec notre chef, les commissaires nationaux et Riché.

Et me voici. C'est le soir de cette étrange journée. Le brouillard, dehors, est incroyablement épais, à couper au couteau, c'est le vrai pea-soup que je désirais tellement voir.

Je suis triste, parce que tout est trop compliqué.

13 novembre

Le corps des volontaires françaises a célébré hier son deuxième anniversaire et, en cet honneur, le général de Gaulle est venu à la caserne remettre notre fanion à croix de Lorraine au capitaine Terré.

Nous étions alignées dans un ordre parfait. Tuniques impeccables, souliers et boutons étincelants, et, a écrit le journal *France*, « malgré tout, ce charme qui fait toujours reconnaître une Française sous l'uniforme le plus strict » (ah ! ah ! ah !).

Le Général était accompagné du général Legentilhomme et du général Valin. Il y eut d'abord une prise d'armes. Puis Terré s'est avancée pour recevoir le fanion. Enfin, le Général a remis des décorations.

C'est la première fois que le Général décore des femmes en uniforme français :

« *La croix de la Libération à titre posthume au sous-lieutenant Hackin qui a pris une part importante à la formation du corps féminin. Désignée pour accompagner le commandant Hackin dans sa mission, a trouvé la mort à ses côtés au service de la France.* » Le sous-lieutenant Hackin… J'ai sa photo. La seule de nos officiers du temps de Hill Street dont nous, celles d'alors, ayons gardé un souvenir pur. La seule qui était toujours humaine, dont le sourire, l'air de bonté, me réchauffaient le cœur dans cette caserne glaciale.

La seconde citation est également à titre posthume : la croix de guerre est remise à Yvonne, pour sa meilleure amie Moune. Yvonne gardera la médaille pour la donner après la guerre aux parents de Moune.

J'entends comme dans une brume ces mots : *à l'ordre de l'armée… croix de guerre… palmes de bronze à la volontaire Valentine Mallaroche.*

« *Volontaire d'une conduite exemplaire, vivra dans le souvenir de ses camarades du corps féminin comme un modèle de courage calme et d'abnégation souriante. Morte pour la France à son poste au cours du bombardement du 16 au 17 avril 1941.* »

Valentine, ce nom qu'elle n'utilisait jamais. Elle devait le trouver ridicule. C'était Moune, son nom. C'est Moune qui, en plein bombardement, s'est offerte pour aller à la cuisine faire du café pour les filles qui gardaient le toit de la caserne et qui y a trouvé la mort. C'est vrai qu'elle était toujours prête à rendre service. C'est vrai qu'elle était courageuse, gentille et qu'elle se conduisait très bien, pauvre petite Moune.

Ensuite, Wagon et Morvan ont reçu la croix de guerre avec étoiles d'argent pour « *avoir fait preuve du plus grand courage* ». Elles ont toutes les deux été blessées dans le bombardement. Je les connais depuis la première heure, car elles sont du premier groupe, et pourtant je les connais à peine. Wagon est une blonde assez forte plus âgée que nous et Morvan est une petite Bretonne, gaie et gentille.

Ensuite, nous avons défilé devant le Général.

Après la revue, le Général, accompagné de toutes les « huiles », est venu à Moncorvo pour un vin d'honneur.

Les Alliés avancent partout et la situation politique est de plus en plus embrouillée. Darlan qui, jusqu'ici, était honni comme traître, a été placé par la grâce toute-puissante des Américains comme chef des Forces françaises d'Afrique du Nord, et cela alors qu'il continue de louer Pétain.

Même à la caserne, je ressens les divers courants. Nous sommes influencées par nos chefs de service dans les bureaux d'état-major, par les officiers avec lesquels nous sortons.

Je sors beaucoup. Depuis Newcastle, je me sens plus forte, plus libre. C'est étrange comme ces quelques jours ont eu de l'importance sur ma vie, surtout sur mon comportement.

Je suis sûre qu'un jour les noms comme les visages de bien de ces hommes, je ne me les rappellerai plus. Ce que je pense, c'est que, si j'étais un homme, je saurais mieux m'y prendre pour attirer une femme dans mon lit. La plupart des hommes que je vois ont si peu d'imagination. Leurs compliments sont si banals. En tout cas, je m'étonne encore de me voir, moi, ainsi entourée d'hommes : Polonais, Français, Anglais, Norvégiens, et de savoir rire, danser, parler. Je suis moins timide, mais je me regarde toujours et je suis sévère envers moi-même. Chez moi, le passage de la jeune fille à la femme se fait très lentement. Mon esprit ne s'habitue pas à ce nouvel ordre des choses. Sans cesse, « je me regarde agir », je ne peux me faire à l'idée que moi qui, hier, étais encore tellement enfant, suis aujourd'hui traitée en femme par les hommes et que je sais leur parler. Autour de moi, le monde s'agite, la guerre bouillonne, les armées avancent, des pays disparaissent ou se soulèvent, autour de moi tout est volcans et chaos, et cependant, malgré cette guerre que je ressens tellement, je fais mon petit chemin d'expériences personnelles de ma vie de femme. Au bureau, j'ai beaucoup de travail en ce moment. Avec la France, toutes les communications sont coupées. Ma seule joie m'est donc enlevée, il n'est plus possible d'écrire là-bas.

Dimanche

Il fait froid dehors. Retour de la messe. J'ai lavé au Dab mes dernières paires de bas de soie. Le feu est allumé, papa nettoie ma bicyclette, maman est en bas au téléphone, cet après-midi nous allons au cinéma russe.

Jo Davies m'a déclaré qu'il veut m'épouser. Comme si j'allais épouser un Anglais et vivre toujours ici! Un garçon, Yvon Morandat, vient d'arriver de Lyon. Il y a juste une semaine, Aniouta Fumet lui faisait une inhalation, n'est-ce pas étrange? Il a des messages pour tous les amis, mais nous ne l'avons pas encore vu. C'est un syndicaliste, il était dans la Résistance.

Aniouta, Stanislas Fumet. Les soirées d'autrefois, chez eux, rue Linné. Je revois l'atmosphère mystique, artificiellement enfantine, très gaie cependant qui régnait chez eux. Stanislas, avec son éternelle frange, était simple et très français d'esprit. Aniouta, très belle, avec ses cheveux blancs, son visage jeune et son air russe malgré tout sa vie passée à Paris. Elle était la meilleure amie de maman et elles se téléphonaient tous les jours. C'est avec Agnès et Angèle que j'ai fait ma communion solennelle.

Agnès, rêveuse, très mince, très âgée depuis toujours, et Angèle ronde, bruyante, énergique et garçonne. Autour d'eux s'agitait le cercle étrange de leurs amis : juifs convertis, exilés russes, musiciens, écrivains, peintres. Je ne savais pas pourquoi, mais je ne me sentais pas à l'aise dans cette atmosphère qui, cependant, m'intriguait. L'abbé Marmora régnait sur leur cercle, bénissait des stylos et des écharpes, plaisantait, racontait des histoires extravagantes. Il était considéré comme le « saint personnel » des initiés de la rue Linné.

La dernière fois que j'ai vu les Fumet, c'était à Hendaye à la fin de juin 1940, à la veille de notre départ au Portugal. Hendaye était vide, le soleil et le silence régnaient sur la grande plage de sable. Nous marchions le long de la mer avec Stanislas et Aniouta. Ils disaient qu'ils auraient voulu partir avec nous, mais n'avaient pas de visas. Nous sommes entrés dans un café, nous discutions avec angoisse. « Plus bas, me dit Stanislas, il y a des espions allemands partout. » Un grand froid descendit en moi. C'était la première fois qu'au pays de la liberté on ne pouvait plus parler librement. Nous nous sommes quittés sur la route ensoleillée. Nous nous sommes embrassés. Je ne me souviens plus si maman pleurait. Probablement elle *devait* pleurer ! Jamais je n'avais aimé ces gens cultivés, et bons, comme à cette minute sur la route d'Hendaye, avec les Allemands déjà là, à la veille de partir en exil. Ils étaient calmes. Comme d'habitude, nous avions discuté d'art, des amis, d'idées, plus que de politique. Nous partions vers l'inconnu. Nous les laissions dans l'inconnu, sans savoir si ni quand nous nous reverrions.

Leur foyer lointain me revient en images confuses. Le foyer des Fumet, les soirées du mercredi chez les Fumet.

28 novembre

Hier, la France a ressuscité. Après deux ans de honte, la France a effacé toute trace de souillure. En quelques heures, les marins de Toulon ont écrit une des plus glorieuses pages d'histoire de France et, en sacrifiant notre flotte, en sacrifiant leurs vies, ont refait de la France la nation la plus noble du monde. Les marins de Toulon ont montré au monde ce qu'est la France.

Hier également, j'ai assisté à une réunion en l'honneur de Ludmilla Pavlinchenko, lieutenant de l'armée soviétique, qui a tué trois cents Allemands. C'était excessivement intéressant de voir ce qu'est actuellement une femme russe. Saine, forte, absolument dépourvue du vernis de notre civilisation, parlant, riant comme bon lui semble, elle avait l'air de nous considérer comme des dégénérés. Elle portait un très bel uniforme à écusson rouge, des bottes de cuir noir, une casquette d'homme, des cheveux courts coupés comme un garçon et rejetés tout droit en arrière. Elle a un beau visage intelligent, des yeux gris superbes, une bouche sans fard et des dents très blanches. Elle semble absolument et entièrement convaincue de sa cause, ce qui manque tant à nos orateurs occidentaux. Forte comme un homme, égale à un homme, lieutenant de l'armée rouge, directe, dépourvue de ce que Mère Geneviève aurait appelé la « bonne tenue », telle m'est apparue Ludmilla Pavlinchenko, âgée de vingt-deux ou vingt-trois ans, qui a été envoyée ici pour représenter les femmes russes. Comme son visage est dissemblable de celui d'Irène, cette autre jeune fille que nous connaissions à Paris, fille de Russes blancs, aristocrate, émigrée, raffinée, compliquée, malade et poète, chez qui tout était politesse, éducation, traditions ! La vieille et la jeune Russie.

8 décembre

Souvenirs de classe, du couvent, de la fête d'autrefois, de la grotte en « papier rocher » érigée à la grande salle d'étude et de la procession dans toute la maison, avant le salut, devant les petits autels illuminés dans les classes. Toutes les élèves en voile blanc, souliers vernis, rubans de sagesse, avec médaille d'enfant de Marie, livre de chant à la main. Fleurs, bougies, encens. 8 décembre d'autrefois auxquels on se préparait une semaine à l'avance, 8 décembre qui sentait déjà Noël, la neige, les vacances et le sapin argenté.

Je revois Lucilla avec ses cheveux blonds, courts, ses jambes agiles, ses tout petits pieds, fierté de sa famille. Lucie rieuse, moqueuse, bavarde et insoumise, son voile de tulle blanc rejeté en arrière, ses chaussettes tombant à moitié sur les talons, ses yeux bruns un instant recueillis dans la lumière des cierges. Lucilla, ma compagne de farces, de glaces à la vanille sucées dans les toilettes, ma compagne d'indiscipline, de longues causeries, de jeux, de rires. En ce très lointain 8 décembre que je revois ce soir, Lucilla a douze ans, elle rêve de devenir détective, elle lit en cachette dans son lit au dortoir, son pupitre est un dépotoir de pelures d'oranges, de bonbons collés aux cahiers, de chaussettes à repriser, de photos de stars, de vers à soie, de ficelles, de germes de lentilles qu'elle fait pousser sur du coton humide.

Monique ne la connaîtra pas. Lorsqu'elle arrive à la pension, Lucilla est partie en Angleterre. Monique, ce 8 décembre de mes souvenirs, est timide, mais tout le monde l'aime. Elle suit la procession en chantant, en laissant errer des regards chargés d'amour sur Mère Stanislas et en pensant à la nouvelle couleur de sa robe de sortie. Monique accepte en souriant toutes nos plaisanteries, elle est toujours contente, mais pleure facilement, elle a le pire esprit de contradiction que l'on puisse trouver dans tout Paris et elle change d'idée, de caprice, à chaque seconde. Aujourd'hui, Monique est mystique, demain elle adore Voltaire, aujourd'hui elle lit Claudel et demain Tristan Bernard. Monique, à quinze ans, est déjà féminine, changeante, fantasque, elle va à des « matinées dansantes » dont je me moque. Monique souffre en silence, elle est susceptible mais ne le montre pas, elle est pleine de cœur, difficile à connaître. Elle aime les sports, le maquillage et la poésie. Ses trois passions sont le camembert, Mère Stanislas et Katharine Hepburn. Elle a un joli visage, un ravissant profil, mais ne voit que d'un œil et c'est cette infirmité qui la rend très timide.

Ce soir d'un 8 décembre d'autrefois, Monique tourne d'un doigt une mèche de ses cheveux châtains, un peu décolorés à l'eau oxygénée (ce qu'elle ne veut jamais avouer). Sa mère, méridionale et expansive, suit la procession au milieu des parents.

Dans la procession, je vois enfin Annie, que je ne peux imaginer autre que cette grande fille aux mouvements brusques, aux cheveux très droits, très bruns. Annie, si dissipée en classe et si sérieuse chez elle que je n'arrive pas à la reconnaître, car, en classe, elle est l'une des plus bruyantes, bavarde, désobéissante, avec ses grands mouvements et son rire éclatant et, chez elle, elle devient soudain si bonne maîtresse de maison, si femme, souriante et bien élevée, tricotant, me servant le thé, que j'en perds le souffle. Ce jour de procession, Annie a des souliers à talons, seule de notre classe. Elle chante très haut et très faux, elle a le fou rire au milieu de la cérémonie, elle casse un vase, elle se fait renvoyer au prochain cours et vient, essoufflée et fière, me retrouver sur le toit du couvent.

Annie me parle de scoutisme, nous discutons de livres, de films, de sa famille. Je lui raconte les souvenirs de mes vacances en Pologne, mes rêveries, mes projets. Elle écoute patiemment mes incessantes divagations sur les qualités et la beauté et la bonté de Mère Marthe, ma passion d'alors. Annie fume avec moi des cigarettes égyptiennes, et comme nous en sommes fières !

Avec Annie, à la cour des adieux sur le vieux banc, sous les marronniers, nous réglons les détails de nos voyages de noces, le nombre de nos enfants et leurs prénoms, le mobilier de nos chambres et les métiers de nos maris. Mes amies, vous retrouverai-je jamais ?

Noël

Noël, encore une fois loin de la France. Encore un Noël de guerre, rempli de souvenirs.

Messe de minuit à Moncorvo. Notre chorale de femmes soldats chante tous les cantiques que nous répétions des semaines avant Noël, autrefois au couvent.

La chapelle était illuminée et l'autel disparaissait sous les fleurs. Toutes les élèves portaient de longs voiles de tulle blanc. Ce sont les mêmes cantiques, l'histoire des bergers, des anges, des trois mages.

Ici, un marin sert la messe et nous portons des uniformes militaires. La capitaine est debout au premier rang, à sa gauche, à sa droite, les officiers.

A quoi pensent toutes ces femmes soldats ? Reviennent-elles comme moi vers leur enfance ? Vers des villages de France, vers Paris, vers des maisons familiales ? Sûrement. Après la messe, nous avons été réunies devant l'arbre de Noël et photographiées en train d'ouvrir nos cadeaux préparés par les Français de Grande-Bretagne. Ceux-ci, pleins d'attention, avaient emballé des chaussettes, des rasoirs, de la crème à raser, de l'eau de toilette pour les « soldats ». Celles d'entre nous qui dans leurs paquets ont trouvé ces cadeaux-là ont bien ri. Nous connaissons toutes des hommes à qui ils feront plaisir. Ensuite, je suis rentrée souper chez maman et, le lendemain, j'ai déjeuné chez Iza, dont les parents se sont procuré la dinde traditionnelle. Ils habitent maintenant Londres et c'était très gai chez eux. Il y avait des officiers polonais, un grand choix de whiskies, de vins, de portos. Nous avons dansé et tout le monde était un peu ivre.

Avec maman, j'ai fini les fêtes chez nos cousins à Chipstead, à écouter les sornettes d'un de leurs amis polonais, Waleslav, qui me fait la cour.

Au dernier Noël, nous étions en plein bombardement de Londres.

Darlan a été assassiné. Tout le monde s'en réjouit, mais la politique est tellement embrouillée qu'il est même possible que dans trois jours on lui élève des statues, à moins qu'on élève des statues au garçon qui l'a tué. On n'y comprend rien. En tout cas, j'ai renoncé à essayer de comprendre.

Il fait très froid. Je lis *Le Pain quotidien* de Poulaille, qui était autrefois un ami de mes parents.

Tony est revenu. Après avoir séduit la jeune fille blonde aux yeux bleus, comme dans les romans, le cruel et cynique homme l'abandonne à la fin du bouquin. Claudine semble très malheureuse, mais je crois plus par ambition que par amour. A de rares exceptions près, ici à Londres, les hommes n'ont pas de cesse qu'ils n'aient fait de vous leur maîtresse. Avant, ils sont tous attentifs et tendres, mais, une fois qu'ils ont ce qu'ils ont voulu, ils méprisent la femme qui a accepté. Dans l'histoire Claudine-Tony, je n'arrive pas à m'expliquer l'attitude de Tony, car Claudine est jeune, jolie et qu'elle commençait à devenir amoureuse de lui. Alors pourquoi, après lui avoir écrit toutes ces lettres d'amour pendant son absence, la plaque-t-il soudain à son retour ?

C'est presque aussi compliqué que l'affaire Darlan.

Demain, je déjeune probablement avec Yves Lamy, que je retrouve décidément à chaque Noël.

1943

Vendredi 1er janvier 1943

Que nous apportera cette année ? Qu'apportera-t-elle au monde ? Que m'apportera-t-elle à moi ?

Voici la troisième année d'exil, de vie à l'étranger. Pour ma mère, la troisième année d'allées et venues entre des hôtels, des appartements meublés. Nos vêtements gisent au fond des malles toujours prêtes à repartir, la pluie éternelle gicle contre les carreaux. Je compte les innombrables lits où nous couchons, j'espère sans cesse : demain, cela ira mieux ; au printemps prochain, nous rentrerons chez nous. « Au printemps prochain », combien l'aurons-nous entendu dire, cette phrase ! C'est notre « l'an prochain à Jérusalem ».

A Londres, on ne sent pas trop ce quatrième hiver de guerre. On trouve à acheter presque tout, on s'amuse, on boit, les théâtres et les concerts sont pleins, les rues sont bruyantes.

Nous avons passé la Saint-Sylvestre en compagnie du colonel Baranger, ami de Paris, qui continue à Finedon ses recherches contre la malaria dans un laboratoire, lequel ressemble à la salle d'études d'un moine du XIIe siècle, avec des fenêtres à vitraux, de hauts murs blancs donnant sur un vieux parc « solitaire et glacé ». Pas de bureau aujourd'hui. Bonheur sans borne d'échapper aux fiches et aux dossiers. En Afrique du Nord, nous avançons lentement mais partout. Les Russes aussi avancent et les affaires de

Gaulle-Giraud semblent s'arranger peu à peu. Darlan, dont on ne sait toujours pas s'il fut un héros ou un traître, a cependant très bien fait de mourir au bon moment comme dans les romans policiers.

J'ai l'impression que 1943 est notre dernière année de guerre et d'exil. J'ai l'impression que cette année nous serons en France.

Ce 1er janvier me rend sentimentale. Est-ce la grisaille devant nos fenêtres, les arbres nus du square, la pluie, le vent !

Nous commençons encore une mystérieuse nouvelle année, sans rien savoir de ce qu'elle nous apportera. Et, derrière moi, il y a déjà tant d'expériences accumulées, tant d'événements.

En ce 1er janvier, comme à chaque 1er janvier depuis 1940, ma pensée retourne vers la France et, tout bas, je parle à mes amies :

… Nous n'irons plus au bois, nos nattes sont coupées, sur le pont d'Avignon nous n'irons plus danser. Les trois mousquetaires sont partis à la guerre et les petites filles modèles, avec l'ourse aux yeux fidèles, au fond d'un placard rêvent délaissées.

Les rubans de sagesse, les dictionnaires latins, les cantiques à la messe en procession s'en sont allés.

Bien sagement, balançant leur cartable, Annie, Monique et Lucilla s'en revenaient à la maison chaque soir, au temps des lilas. La rue avait une odeur nocturne, les réverbères s'allumaient, les amoureux s'embrassaient au bord des trottoirs, sonner aux portes était notre premier péché.

Nous n'irons plus au bois, ils ont brûlé nos forêts, sur le pont d'Avignon, les tanks sont passés. Tout le long de la route, les petites filles sont couchées, les unes auprès des autres, on les a allongées. Elles portent leurs médailles, elles ont du sable dans les cheveux, des sourires reposent sur leurs visages heureux.

Mais d'autres qui sont mortes, on ne les a pas déposées au cimetière, à l'entrée du bois. Elles errent à la recherche de leur âme. Elles ont perdu leur enfance, où l'ont-elles égarée ?

Annie, Monique et Lucilla, vous souvenez-vous du passé ?

Les lauriers sont coupés.

… Interruption l'autre jour. Michel est venu me chercher pour aller au cinéma. Michel est soldat dans l'armée polonaise et je l'aime beaucoup. Comme dirait Rachel, le *beaucoup* est de trop. Il est très doux, timide, silencieux. Il écrit de très beaux poèmes. Sa famille est réfugiée en Afrique du Sud. Michel était en Suisse au début de la guerre. Il y a fait connaissance de notre ami Jean de Ménasce, qui est dominicain, écrivain et juif converti. Michel était dans un grand état de dépression, il voulait se tuer, sa vie lui semblait inutile. C'est alors que Jean de Ménasce lui conseilla de partir en Angleterre pour y entrer dans l'armée. Mourir pour mourir, ne vaut-il pas mieux le faire en combattant Hitler lorsqu'on est juif ? C'est ainsi que Michel est arrivé en Angleterre, comme nous, par l'Espagne, le Portugal, Gibraltar. Il a rencontré papa dans l'armée polonaise en Écosse. Ensuite, lorsque l'armée a envoyé Michel travailler dans un bureau à Londres, papa a donné l'adresse de maman à Michel. Nous le voyons souvent. Il a vingt ans. Nous sortons ensemble, en tout bien, tout honneur.

Je vois aussi cet officier de la RAF, Jo Davies, dont je n'ai rien de spécial à dire, des officiers polonais qui m'ennuient tous et qui sont des amis de mes cousins. Ils habitent près de Londres maintenant, dans le Surrey. Ryśia est pensionnaire dans une école anglaise. Iza termine ses études. Elle veut devenir médecin.

Au lieu de prendre le camion devant la caserne le matin pour aller au QG, je pédale sur ma bicyclette. J'adore sentir le vent sur mes joues froides, voir l'ombre grise des maisons dans le brouillard, les lumières bleues, rouges, jaunes aux carrefours, j'aime l'air frais du soir, le murmure des arbres dans Hyde Park. Je file à toute allure et je suis heureuse.

Il n'est pas possible que la guerre dure encore longtemps, il n'est pas possible que dans trois ou quatre mois ne s'ouvre pas le « second front », il n'est pas possible que la tragédie que nous traversons depuis trois ans continue encore très longtemps.

Grands nouveaux événements. Papa a reçu la permission de l'armée de venir travailler à Londres comme sculpteur. Plusieurs autres artistes polonais ont été ainsi mis en congé et sont payés par l'armée pour peindre et sculpter. Papa habite maintenant avec maman. Moi aussi, je vais recevoir, je crois, l'autorisation de l'armée d'habiter en ville. J'aurai une chambre dans la même pension, au-dessus de mes parents, et j'irai à la caserne uniquement pour les exercices, les jours de paie ou pour des raisons spéciales. Je ne peux pas encore croire à ce bonheur. Ne plus vivre dans le bruit, dans la fumée, au milieu des querelles, des jalousies de la caserne. Aller à Carlton Gardens, chaque matin, sur ma bicyclette achetée d'occasion, un modèle ancien, très haut, sur lequel je suis perchée comme un oiseau sur un arbre.

Ma chambre. Il y a trois ans que je n'en ai pas eu. Je me rappelle ma chère petite chambre jaune clair à Paris, donnant sur un jardin où fleurissait un rosier. J'avais une grande bibliothèque, ma seule richesse, trois cents livres. Une table, un lit, une armoire, un grand tapis de fourrure, une vierge sculptée par papa sur la cheminée et deux vases toujours remplis de fleurs.

C'est dans cette chambre que j'écrivais à dix-sept ans « mon » roman, toujours inachevé. C'est là que je faisais mes devoirs de classe, que je peinais sur mon latin, que papa essayait de me faire entrer de force dans la tête ma géométrie dans l'espace. C'est là qu'un après-midi d'été Édouard m'a demandée en mariage, événement qui m'a tant impressionnée alors, et dont j'ai mis des années à me remettre, je ne sais vraiment pas trop pourquoi. De la fenêtre de ma chambre, je voyais la neige tomber sur Paris, je voyais les feuilles d'automne et les poiriers en fleur. C'est dans ma chambre que j'ai connu les premières alertes de la guerre. C'est là encore que je me déguisais avec Wanda pour jouer à nos étranges et interminables jeux d'enfants : aux Trois Mousquetaires, à la princesse indienne, à *Quo vadis*, habillées de draps, de châles et d'écharpes.

Ma chère petite chambre jaune qui m'a vue partir un soir à la fin du mois de Marie, alors que l'on entendait le canon et que, sur la carte au mur, j'avais épinglé le drapeau boche sur Compiègne en m'en allant. J'ai tout laissé en ordre, parce que je devais revenir à la rentrée des classes, comme après des vacances. Depuis trois ans, elle m'attend. La retrouverai-je jamais ? 1940-1943. Ma chambre depuis trois ans est une chambrée…

Je me souviens encore en frissonnant des premiers jours dans notre ancienne caserne, surtout de ces premiers jours passés à frotter les parquets. C'était tellement différent, un parquet vu de près. Je remarquais toutes les rainures, toutes les taches, les bouts de ficelle, les poussières, les différentes teintes du bois ou de la pierre. J'explorais des pays inconnus, des pays très plats au-dessus desquels j'étais agenouillée, revêtue d'un grand tablier beige, munie d'une grosse brosse. Je ne savais pas laver un parquet, que faire de ce savon noir et pâteux que m'avait donné la caporale au visage de pruneau ?

C'était hier.

... Par la fenêtre de la chambrée entrait un air froid et humide, un ciel gris. La chambrée était silencieuse, vide, les lits nus, toutes les couvertures pliées, en paquetage, à la tête de chaque lit.

Agenouillée par terre en compagnie d'un seau d'eau chaude, d'une brosse de chiendent et d'une poignée de savon noir, je voyais la chambrée plus grande, elle prenait un air hostile.

J'avais froid, j'avais peur.

Il y a déjà trois ans. Maintenant, je commence à savoir me défendre. Certains rires, certaines plaisanteries ne me choquent plus. Je sais que dans la vie, plus tard, si cette guerre finit un jour, je ne serai plus perdue. Je suis reconnaissante à la caserne de m'avoir rendue adulte.

L'autre jour, Marie est venue me transmettre une proposition de la part de son ami Antoine. Elle voulait savoir si je voulais bien faire une partouze avec eux ! J'ai ri en déclinant cette invitation peu ordinaire. Il y a trois ans, je n'aurais même pas compris le mot. Je me souviens qu'alors je ne connaissais même pas le mot *lesbienne*. Je disais : des femmes « pédérastes », ce qui faisait rire Bela. Mon ignorance était incroyable.

Aujourd'hui, j'ai emménagé dans ma nouvelle chambre (soixante et onzième lit). C'est la première fois que j'ai ma propre chambre depuis notre départ de Paris. Elle est toute petite, à l'étage au-dessus de celle de mes parents. Je suis folle de joie. En cet honneur, j'ai reçu de Bernard deux magnifiques orchidées rouges, à ma stupéfaction, mais surtout à la stupéfaction de mes parents, qui ne se sont pas encore faits à l'idée que leur « petite fille » puisse recevoir des orchidées d'un homme qu'ils ne connaissent même pas.

Toute la journée, au bureau, des officiers de toutes nationalités me téléphonent : Lazard, Carl, Bernard, Jo, qui m'a envoyé sa photo presque grandeur nature, Pierre, d'autres. « Mes hommes », qui m'intéressent pourtant si peu, que j'oublierai si vite. Des visages beaux, ou laids, ou indifférents. Dans quelques années, j'aurai oublié jusqu'à leurs noms. Ils viennent me chercher à Moncorvo ou à Carlton Gardens. Nous dînons, nous allons danser, je rentre tard, je me lève tôt. Pour aucun d'eux je ne ressens ce que j'ai ressenti pour Philippe. J'aime beaucoup Michel, mais seulement comme un petit frère timide. J'ai appris à passer une soirée à ne parler que de choses sans intérêt.

Je me suis acheté une grammaire et j'apprends toute seule à lire le russe. Je me suis acheté un nouveau stylo et un ravissant rouge à lèvres, rose. Voilà. C'est à peu près tout.

Jacky nous a raconté que le Général, l'autre jour, a envoyé un de ses aides de camp lui chercher un dossier aux Affaires étrangères. L'officier est revenu, les mains vides, en disant : « Mon général, ce dossier n'existe pas. » Il paraît que le Général, furieux, s'est écrié : « Je ne vous demande pas s'il existe, je vous demande de me l'apporter ! »

Je suis dans ma petite chambre chaude. Il fait bon. Churchill a dit que la guerre serait finie dans neuf mois. Demain, c'est l'anniversaire d'Annie. J'ai déjeuné avec Lazard, plus compliqué et tourmenté que jamais. Visité, cet après-midi, la Chambre des communes. C'était très intéressant, j'étais pilotée par un « honorable » Lord Craig-Henderson, très gentil, à qui j'étais allée porter une lettre pour mon service. L'autre soir, j'ai dîné avec Lord Truc-Machin, le mari divorcé de Rosamond Lehmann [1], et hier je suis rentrée à la maison avec Maurice Schumann, qui est magnifique et dont je suis un peu amoureuse.

Il m'a beaucoup parlé du général de Gaulle et de la première fois qu'il a entendu parler de lui, en 1934, par von Ribbentrop, qu'il interviewait à Londres. Schumann est un homme enthou-

1. Romancière britannique, 1903-1990.

siaste, d'un dévouement absolu au Général. Je pense avec une certaine émotion que je connais en lui un homme qui passera dans l'histoire, dont le nom sera appris par mes enfants en classe. Maurice Schumann, poète, politicien, volontaire de la France libre, orateur et juif converti.

Maurice Dejean va revenir probablement aux Affaires étrangères comme aide de Massigli. Il fait si bon vivre, mais l'amour me manque tant ! Je voudrais ne rien perdre de ces années de jeunesse. C'est affreux de penser que bientôt je vieillirai, que mon corps vieillira, mon corps mince, souple, que j'aime. Dans dix ans, je serai déjà presque vieille. C'est pourquoi je voudrais tant, tant avoir encore, dans ce peu de temps qui me reste, passion, bonheur, vie. Je sais bien qu'il y a la morale, la vertu, mais je peux toujours avoir cela. Je veux tellement autre chose.

J'ai lu un merveilleux livre de Franz Werfel, *The Song of Bernadette.*

Mon boss va me faire avoir une beaucoup plus forte « prime de spécialité », je vais donc gagner plus d'argent, ce qui sera très utile pour mes parents. Je voudrais tellement qu'ils n'aient plus tous ces affreux et continuels soucis matériels. Comme lorsque j'étais petite, je vais terminer cette page par : « Au revoir mon cher cahier, je vais me coucher. »

J'ai découvert hier que Petit de La Villéon, qui travaille depuis près de cinq mois dans mon bureau, n'est autre que le frère de Rosaine de Monjamont, une de nos amies de Paris. N'est-ce pas étrange ? Il connaît parfaitement l'abbé Caffarel. Nous bavardons à longueur de journées. Je cache mon manuscrit dans mon tiroir pour y travailler dès que j'ai une minute et lui son papier à dessin et sa boîte d'aquarelles. Dès que nous sommes seuls, nous ouvrons nos tiroirs et nous nous mettons à notre vrai travail avec des mines de collégiens sournois.

Dans mon bureau travaille aussi un nouveau lieutenant (encore un !), bel homme et très flirt, ancien cinéaste, Roddy. Je vois aussi Bernard d'Horizon, qui se met en quatre pour ne pas me faire peur et ne dit pas un gros mot. Cela doit être la première fois qu'il sort ainsi platoniquement avec une jeune fille, l'emmène au parc donner du pain aux moineaux ou faire des promenades à bicyclette. C'est un homme étrange, il a des yeux verts tristes comme des yeux de suicidé, je l'aime bien et je pense qu'il est meilleur que l'on ne croit.

Je lis une analyse psychologique de l'instinct et de l'intelligence par Henri Roger. Les affaires entre Giraud et de Gaulle semblent s'arranger.

Demain, je dois dîner avec Roddy, que je trouve très attirant.

En France, il y a en ce moment des révoltes en Savoie et des masses d'arrestations de Juifs et de résistants.

Décision du 12 mars 1943 affichée à la caserne :

Il est rappelé aux volontaires que les cheveux ne doivent pas dépasser le col de la veste, que le vernis à ongles de couleur est interdit, que les breloques, badges non réglementaires sont interdits, que le port des bas de soie est interdit pendant les heures de service.

Des sanctions graves seront prises par tous les officiers ou gradés, rencontrant des volontaires vêtues de façon non réglementaire, même si celles-ci n'appartiennent pas à leur section.

Il est également rappelé aux volontaires de toutes les sections qu'elles sont tenues de saluer tous les officiers français et les officiers et gradés des volontaires françaises.

23 mars

Voici le poème que Bernard a écrit pour moi, et qu'il a posé sur mon assiette, hier, lorsque nous déjeunions à Soho :

Ô Tereska,
Polska,
Préférons le hasard
A la banalité
De l'habituel rancard
Sous prétexte de thé,

Ô Tereska
Rien qu'à
Voir ta joue duveteuse
Comment ne pas envier
Qui te rendra heureuse,
Colombe et épervier.

Je mène cette année une vie très différente de toutes mes vies antérieures. Pour la première fois, je « sors » avec des hommes divers et presque tous plus âgés que moi. J'essaie de faire comme tout le monde : rire, parler de choses indifférentes, danser, me conduire comme une jeune fille de mon âge se conduit en 1943. Je fais des efforts désespérés pour « être comme tout le monde ». Alors, pourquoi, pourquoi suis-je incapable de perdre mon dégoût ? Dans ma gorge, sans cesse, toujours, il y a ce dégoût, cet écœurement tenace. Je ne peux rien faire contre. Ni la musique, ni le bruit, ni l'alcool, rien ne peut chasser de moi le dégoût.

Au milieu des plaisanteries crues de Bernard, entre deux jazz, entre deux verres de whisky, au bureau, dans la rue, il y a toujours avec moi une petite fille qui marche sans rien dire à mes côtés. Soudain, je la vois : elle a des nattes, un tablier bleu, une bouche que personne n'a touchée, des pensées claires comme les matins à la montagne. Elle sourit à ses rêves, elle pense que la vie est merveilleuse, elle a dix-sept ans et elle adore une religieuse aux yeux bruns. Je revois cette petite fille et, tout de suite, le dégoût me serre la gorge.

J'ai reçu aujourd'hui des nouvelles de Wanda, qui est en bonne santé en France. J'en suis si heureuse. Lui ai envoyé un colis tout de suite par la Croix-Rouge.

Je viens de rentrer d'un sublime concert de Yehudi Menuhin à l'Albert Hall. Menuhin a l'air jeune, il est petit et blond, assez beau et, lorsqu'il joue devant l'orchestre, il se balance avec la musique, musique vivante lui-même. Son violon le transforme en être surnaturel, éthéré, un ange. Rien n'existe plus, ni guerre, ni corps, ni terre, seule la musique existe.

J'étais dans une loge avec les acteurs de cinéma Leslie Howard et Robert Donat, ainsi qu'avec Colette, qui est depuis plusieurs mois l'amie de Leslie. J'étais très impressionnée d'être en compagnie de deux acteurs si connus. Robert Donat est plutôt antipathique, très froid et arrogant, mais Leslie est merveilleux, comme un gosse, gai et simple. Après le concert, je les ai emmenés, lui et Colette, prendre le thé chez moi. Mes parents n'étaient pas là, j'étais bien embarrassée à l'idée de préparer toute seule un thé ! Dans la rue, tout le monde se retournait pour regarder Leslie et je dois avouer que j'étais fière comme une pensionnaire.

Il a beaucoup aimé les œuvres de papa et voulait acheter un dessin. Papa va peut-être faire son portrait.

Quand je pense que, si j'avais accepté de passer la soirée avec Roddy, qui m'avait invitée, j'aurais dû y aller et mourir d'ennui au lieu de rentrer après le concert avec Leslie et Colette !

Les jours passent et c'est le printemps. Tout Londres est baigné dans un nuage de fleurs, chaque square, chaque pelouse, chaque arbre.

Les nouvelles de Tunisie sont très bonnes, mais je n'ai plus l'état d'esprit d'autrefois, qui me faisait me réjouir de chaque victoire et bondir d'espérance. Maintenant, l'idée que cette guerre atroce puisse finir un jour ne parvient plus jusqu'à ma conscience.

Pâques

Impossible de communier, et je me sens triste à cette idée, triste et sans force pour changer de vie. Je me souviens du temps où les religieuses nous faisaient prier pour les pécheurs qui pouvaient encore se convertir et « faire leurs pâques ». Je pensais alors avec étonnement à ces « pécheurs », que j'imaginais comme des êtres étranges, des francs-maçons, des alcooliques ou des blasphémateurs. De gros messieurs cyniques, athées, comme les décrivait Henry Bordeaux. Et, aujourd'hui, c'est moi qui suis de ces pécheurs.

Ce matin, je pédale, haut perchée sur ma bicyclette, et traverse le parc lorsque je vois arriver vers moi une très imposante auto noire avec deux petites filles qui se penchent à la portière. La grande auto noire ralentit. Je n'ai que le temps de reconnaître les princesses, Elizabeth et Margaret, vêtues pareillement de bleu ciel et très intriguées par les écussons de mon uniforme. D'étonnement de me trouver soudain en telle compagnie, j'ouvre largement la bouche… et l'auto brillante disparaît dans le palais.

Je suis assise sur mon lit, il est presque 10 heures du soir, par la fenêtre ouverte entre le ciel. Une branche garnie de petites feuilles toutes propres se profile en ombre chinoise.

Hier soir fête de Terré à la caserne. Nous avons organisé une sorte de revue de music-hall, entièrement jouée par les volontaires. Fortuna a admirablement chanté, on se serait cru à Paris. J'ai lu trois poèmes de Jacky. Terré nous a fait un de ses speechs habituels. Des clichés, des mots, encore des mots, qui ne correspondent à rien. Autrefois, cela me faisait quelque chose, je croyais que ces mots répondaient à du réel, maintenant je sais qu'il n'y a rien derrière. Mme Matthieu au fond était mieux, car au moins elle ne nous promettait rien, et n'avait donc jamais l'air autre que ce qu'elle était.

11 mai

La Russie a rompu les relations diplomatiques avec la Pologne, ce qui a fait un grand charivari. Giraud et de Gaulle ne sont pas encore réunis, l'Amérique et l'Angleterre se mangent le nez, ainsi que la Tchécoslovaquie et la Pologne, bref, c'est la sainte union chez les Alliés.

J'ai passé le dernier week-end avec Colette dans la maison de Leslie Howard, « Monkseaton ». J'ai dormi dans le lit de Leslie et je me suis lavé les dents en me servant de son verre à dents ! De quoi émerveiller toutes les petites filles à mon retour en France. Faut-il ajouter que Leslie est en ce moment en mission au Portugal ? La campagne était merveilleuse, d'un vert féerique.

C'est une campagne luxueuse, genre Vésinet en plus naturel. De grands champs, des lacs, des arbres centenaires, une vieille église, et un *garden of remembrance*, beau comme un décor de Gabriele d'Annunzio. Ce *garden of remembrance* est juste à côté de la maison de Leslie. On y « sème » les cendres luxueuses des rejetons des « deux cents familles » britanniques qui, après avoir passé leur vie à rouler dans des Rolls et à jouer au baccara, sont morts de la goutte et ainsi reposent au milieu des saules pleureurs dans ce jardin où le yard carré coûte deux cents livres et où personne ne vient jamais. Pendant ce temps, des enfants rachitiques meurent de faim dans les ghettos, les prisons. N'oublions pas que les Alliés sont en train de lutter pour la Civilisation.

Colette, qui a été démobilisée, a un bébé ravissant qui rit tout le temps. Pauvre bébé, je me demande ce qu'il deviendra. Pauvre bébé entouré de mystère dès sa naissance et dont je suis peut-être la seule, avec Colette, à connaître le père.

Colette m'a beaucoup parlé de Leslie. Elle est très amoureuse, toujours aussi jolie, sophistiquée et fantasque, plongée jusqu'au cou dans le spiritisme, le nudisme, et va faire du cinéma. Elle va tourner dans le prochain film de Leslie, le seul rôle de femme.

J'ai lu aussi là-bas une assez extraordinaire pièce de théâtre anglaise, *Rose-Mary*[1], également à tendances spirites.

Fête de Jeanne d'Arc. Les Alliés ont pris Tunis et Bizerte. C'est une grande victoire. On espère le prochain front pour bientôt.

L'atmosphère à la maison est très déprimante. Depuis que papa est revenu d'Écosse et a reçu un congé d'un an, il est absolument différent. Ces quatre ans de vie militaire lui ont fait un mal terrible. Je ne peux pas encore arriver à comprendre ce qui s'est passé en lui, pauvre papa chéri. Je pense qu'il a tellement souffert de ces années loin de maman et de moi, dans un milieu extrêmement vulgaire et brutal, que cela a provoqué une sorte de choc. Lui qui était toujours calme, doux, gai, il est devenu taciturne, triste, nerveux. Il ne dort pas la nuit, n'arrive pas à se remettre à la sculpture, à se

1. D'Ira Levin.

réadapter à la vie. Maman, elle, est malade depuis notre arrivée en Angleterre. Ce sont aussi les nerfs, et le tremblement de la main qu'elle avait est passé à presque tout le corps, surtout à une jambe. C'est très pénible. Elle a tellement vieilli et maigri et je sens qu'il n'y a rien à faire pour elle et pour papa. J'essaie tant que je peux d'être très gaie pour les égayer lorsque je suis là, et pourtant souvent j'ai le cœur qui passe par tous les états sauf la gaieté. Je n'ai pas toujours le courage de rester dans cette atmosphère et je sors le soir autant que je peux, car cela me sauve de cette tristesse à la maison. Les dîners, les sorties avec Roddy ou avec Pierre, le cinéma, tout est un dérivatif. Après cela, lorsque je suis à la maison, j'ai davantage le courage de faire le clown pour les faire rire. J'adore mes parents. Autrefois, mon père était mon dieu, il était pour moi sur une hauteur inaccessible. Il était la Vertu, l'Intelligence, la Beauté, maintenant mes parents me semblent des enfants dont j'ai la responsabilité.

Maurice Schumann m'a cité cette phrase du général de Gaulle : « Il faut toujours choisir de rester sur les sommets… c'est la place la moins encombrée. »

J'ai fait connaissance, avec Pierre Calmann-Lévy, d'un homme de peut-être quarante ans, qui était un éditeur très important à Paris. Au moins, lorsque je sors avec lui, je passe une soirée intéressante. Pour moi, c'est un personnage de Proust. J'aime l'écouter me parler de livres, d'art. Je lui ai dit que j'écrivais un roman et il m'encourage à continuer. Je ne me sens absolument pas attirée physiquement par lui, mais j'aime parler avec lui. Roddy, c'est le contraire. Je le trouve attirant, mais ennuyeux à mourir. Je sors aussi avec Robert Speaight, un ami de mes parents qui est un acteur anglais, également écrivain et qui me fait de grandes déclarations d'amour.

Au bureau, tout est pareil. Je travaille beaucoup. C'est devenu automatique. Je vais à la caserne le moins possible. Colette est follement amoureuse de Leslie, qui va adopter son enfant et qui veut l'épouser.

Leslie Howard avait été envoyé en mission au Portugal et Colette attendait son retour avec impatience. Hier, la radio a annoncé une terrible nouvelle : l'avion dans lequel se trouvait Leslie a été attaqué on ne sait pas encore comment et il a disparu dans la mer. Tous les passagers sont morts.

Depuis la mort de Leslie Howard, je passe mon temps libre à la clinique où l'on a transporté Colette qui a eu un très sérieux *breakdown* et voulait se laisser mourir de faim. Aujourd'hui, elle va un peu mieux. Pauvre Colette, tout ce monde du cinéma l'a laissée immédiatement tomber dès que Leslie n'a plus été là pour la défendre. J'espère pourtant qu'elle va se remettre et qu'à cause de son enfant elle essayera de se refaire une vie. Mais son désespoir est immense et elle ne parle que de se suicider. J'ai revu le Père Marcel de passage à Londres, qui a été très bon pour moi, comme toujours.

Je sors souvent avec Pierre, qui est très gentil, intelligent, et auquel je commence à trouver beaucoup de séduction. Hier, nous avons été au *Gargoyl Club*, nous avons dansé et beaucoup bu et je suis rentrée à 1 heure du matin.

En Algérie, le Comité français de la Libération est constitué après de nombreuses difficultés. Peut-être partirons-nous tous en Algérie ? Papa va un peu mieux.

Il y a une fille adorable à Moncorvo cette année, elle a l'âge que j'avais lorsque je me suis engagée. D'origine russe, elle s'appelle Kropotkine et son grand-père était, je crois, un anarchiste russe. Elle est toute petite et très naïve, comme je l'étais il y a trois ans.

Je ne sais trop pourquoi hier soir m'est revenu soudain un souvenir d'enfance qui m'avait beaucoup frappée. J'avais environ dix ans, j'étais à Héas avec ma marraine et notre ami Romeck. Nous étions couchés tous les trois dans un herbage au-dessus de la vallée et Romeck découvrit tout à coup, en regardant les pentes d'en face, que se mouvaient de minuscules taches, qui étaient des chèvres. Mya et moi, nous ne voyions rien; puis, après beaucoup d'efforts et d'explications de Romeck, Mya aussi aperçut les chèvres, moi seule continuais, malgré toute mon envie, à ne rien voir. Mya et Romeck m'indiquaient la direction, les points de repère, mais en vain. Au bout de dix minutes, Romeck se fâcha soudain et me dit, furieux, que je devais le faire exprès, car il était impossible que je ne voie pas les chèvres; alors, pour lui faire plaisir et pour qu'il ne soit plus fâché, je mentis et dis qu'en effet je venais de les apercevoir et je me rappelle que, pour la première fois de ma vie, à ce moment-là, je compris qu'il fallait parfois mentir. J'étais un peu triste, je me rappelle très nettement que j'avais dans le cœur une sorte d'étonnement blessé, je venais d'expérimenter que le monde n'était pas comme je le pensais et que la vie était différente.

J'ai reçu une carte de Paris, de Monique, par la Croix-Rouge, j'en étais folle de joie. Je crois que le jour où je les retrouverai tous, ceux de là-bas, je mourrai de bonheur.

Toutes les « huiles », chez nous, partent en Algérie. Je voudrais partir également, changer d'atmosphère, mais comment puis-je laisser mes parents ? Je ne sais que faire. Plusieurs de mes amies vont partir. Bela, l'une des premières. Rachel est aussi inscrite pour partir.

La vie à Carlton Gardens a beaucoup changé. Au bureau, personne ne fait plus rien. On bavarde, on lit et on attend les décisions d'Alger. Le lieutenant d'Ollondes est en mission. J'ai un nouveau patron. Je travaille avec une femme anglaise, veuve d'un officier français. Elle a vingt-six ans et un petit garçon. Son courage est étonnant.

Lorsque la guerre sera finie, lorsque je rentrerai en France, arriverai-je à redevenir un peu ce que j'étais ? Ou est-ce déjà trop tard ?

J'ai fait la connaissance d'un officier américain, Ted Wood, excessivement sympathique. Il était professeur d'université à Boston. Hier, nous avons passé la soirée jusqu'à 11 heures dans le parc, à bavarder de tout. Il est grand, mince, blond. J'espère le revoir. J'espère aussi que nos rapports, contrairement à ce qui se passe généralement ici, pourront continuer de la même façon amicale.

24 juin

Il ne se passe pas de semaine sans que me revienne à peu près toujours le même rêve : je suis de retour en France, la guerre est finie, ou bien une partie de la guerre, en tout cas je suis revenue. Je suis en uniforme et je vais à la recherche du passé, à la recherche des amis d'autrefois. Je cherche Annie ou Monique, elles ne sont pas là ou, si elles sont là, elles ne semblent pas spécialement heureuses de me revoir. Elles sont distantes, froides. Je cherche Mère Marthe et je ne peux jamais arriver jusqu'à elle, ou bien je la trouve couchée, malade ou mourante, et elle me reconnaît à peine. Les amis ne remarquent même pas mon uniforme. Personne ne s'intéresse à moi, et je me répète sans cesse : « Dire que j'ai tant désiré ce moment, que je l'ai tellement attendu, avec un tel espoir, et voilà ce que c'est ! Tout le monde ici m'a oubliée, est différent, tout a changé. C'est affreux. »

Mon rêve varie un peu. Parfois, cela se passe encore sous l'occupation et je suis un agent gaulliste. Je rase les murs, je prends mille précautions pour que personne ne suspecte mes activités, mais je porte mon uniforme, avec *France* sur l'épaule et la croix de Lorraine au-dessus de la poche de ma tunique.

Parfois, ce rêve revient plusieurs nuits de suite. Tantôt je suis à Paris, tantôt chez Annie, tantôt à Chanteloup, ou à Lectoure, et toujours il y a cette chose horrible : un fossé est survenu entre le passé et mon retour. Les gens qui sont restés « là-bas », sous l'occupation, qui ont eu faim, froid, qui ont connu les Boches, la prison, la terreur, n'ont plus rien de commun avec ceux « d'ici », les exilés, les « Londoniens ». Nous ne parlons plus le même langage.

Et le pire est que je crains tellement que cela ne soit ainsi, le retour.

Temps magnifique, je suis aussi bronzée que si j'étais au bord de la mer. Cet après-midi, je vais revoir Ted Wood, qui m'a téléphoné hier au bureau. J'espère qu'il ne me décevra pas. Que ce beau garçon intelligent n'apparaîtra pas, à la deuxième rencontre, comme un « coureur » de plus.

J'ai vu Françoise Rosay[1], qui vient d'arriver à Londres. C'est une amie de Pierre, qui l'estime beaucoup.

Même soir

Après-midi passée allongée dans l'herbe au parc avec Ted, à parler de la vie, d'art, de littérature. Il est excessivement gentil et j'ai auprès de lui le sentiment merveilleux que c'est *moi* qui l'intéresse, mon cœur, mon esprit, et non pas seulement mon corps. Il m'a beaucoup parlé de l'Amérique, du matérialisme des Américains.

Ce soir, je vais chez Rachel, à qui je sers d'alibi pour masquer une de ses aventures. Ce rôle ne m'amuse guère, et demain je ressors avec Pierre, qui se prépare à l'assaut final.

Juillet

La plupart des Français combattants ont quitté Londres. C'est une époque d'histoire de France qui va se terminer. La France libre, la France combattante, Carlton Gardens, les émigrés de 1940, le Comité national français, les dénationalisés de Londres, tout cela est fini. A Alger commence une époque nouvelle, normale presque, un gouvernement, une grande armée bien équipée, en terre française. Les temps héroïques sont révolus. Le temps où le général de Gaulle était seul avec son officier d'ordonnance, dans une chambre d'hôtel à Londres, et où, de là, il appelait à lui la France entière. Juin 1940, lorsqu'il a dit : « Certains croient à la victoire de l'Allemagne. C'est peut-être la réalité… mais ce n'est pas la vérité. » Le temps où dans de frêles embarcations arrivaient les pêcheurs de Bretagne et les garçons échappés des écoles, des villages, des montagnes de France, le temps où les premières

1. Actrice française (1881-1974).

femmes montaient leur première caserne dans Hill Street, le temps où nous étions les « traîtres », le temps du Blitz, le temps des désastres, le temps où l'invasion signifiait l'écrasement de l'Angleterre, le temps où tout semblait perdu, sans espoir, où Churchill nous promettait le feu et le sang, tout cela est fini. Nous redevenons maintenant des gens normaux, nous revenons dans un département français, sous les lois de la République.

La Sicile vient d'être envahie, la fin approche. A Carlton Gardens, on plie bagages, on emballe les dossiers, on fait la liste des choses à emporter en Afrique : épingles, rouge à lèvres, coton, papier, fil, et on parle déjà de manger des bananes !

Je me prépare au départ. Le seul point noir est de quitter mes parents, je préfère ne pas penser à cela, tellement c'est affreux.

14 juillet

Encore une fois, nous n'aurons eu ni lampions, ni feux d'artifice, ni parade sur les Champs-Élysées, ni danses aux coins des rues de Paris.

Encore une fois, et probablement pour beaucoup la dernière, nous avons eu Londres, l'exil, le ciel gris, le défilé devant la statue de Foch, au milieu d'une foule britannique accueillante.

J'étais, l'après-midi, à une revue avec Michel, à l'hippodrome. Une revue sur Paris sous l'occupation et le Lisbonne des réfugiés. *Lisbon Story*, pas mal. Danses, chants, cela fait passer le temps.

Mon départ se précise. Tout le monde essaie de m'en dissuader : Ted, Michel, Pierre Calmann-Lévy et Pierre Baranger, etc., mais je veux partir. Je ne sais même pas moi-même si j'ai raison. Simplement, je sens que c'est plus fort que moi. Peut-être vais-je le regretter beaucoup. Probablement, je serai très malheureuse, seule, sans mes parents, pour la première fois de ma vie aussi loin de ma mère, et pour combien de temps ? Je sais combien ce sera dur.

Qu'y a-t-il en moi qui fait que je ne peux jamais me stabiliser ?

Dès que j'ai quelque chose, ou que je suis dans un endroit, je dois partir, rompre, comme le Grand Meaulnes toujours à la recherche de son palais de bonheur.

Nous avons deux nouvelles « recrues » chez les volontaires : Mme de Rothschild et sa fille Nicole. J'admirais ce matin pendant la cérémonie combien Terré et toute sa bande d'officiers s'empressaient autour de ces deux femmes : la puissance de l'argent ! Lorsque je suis dans un groupe de ces officiers VF, ce qui me dégoûte particulièrement c'est leur hypocrisie, et dire que probablement on apprendra à nos enfants à vénérer leurs noms ! Va-t-on leur apprendre qu'à Londres, pendant la guerre, il y eut des Françaises héroïques qui vouèrent leur vie à la « cause » ? Dans une atmosphère de camaraderie unique, qu'elles menèrent la vie simple et rude de soldats ?

En Sicile, les Alliés avancent.

Hier soir, chez maman, la voisine hollandaise est arrivée en coup de vent, vers 11 h 30, pour nous dire que la radio venait d'annoncer que Mussolini avait démissionné. C'est une nouvelle fantastique. Cela va changer beaucoup de choses, certainement. Hier après-midi, goûter chez les Dejean. M. Dejean m'a parlé d'Alger où, paraît-il, le culte du maréchal et des hommes de Vichy continue. Giraud est venu à Londres, il y a eu un défilé devant lui. J'y ai échappé, étant en permission, mais on m'a raconté que les troupes furent glaciales et que Giraud a l'air d'un second Albert Lebrun.

J'ai passé ma permission à Londres, suant sang et eau pour finir mon livre. J'ai travaillé dessus presque sans arrêt pendant toute la semaine.

29 juillet

Le départ en Algérie a l'air de s'annoncer pour le mois de septembre. Après la démission de Mussolini, on a cru que l'Italie ferait la paix, mais, pour le moment, tout a l'air d'un coup monté par

Hitler, et la situation reste très embrouillée. J'ai presque fini mon livre et j'espère que, cette fois-ci, la septième, je ne déchirerai pas le manuscrit. Les Russes avancent en Russie, maintenant les Alliés ont vraiment le dessus sur tous les fronts.

Hier, j'ai été dans une étrange situation. On m'a envoyée à la Marine porter leurs passeports à l'amiral Auboyneau et à un de ses officiers, le commandant X. Or ce commandant est le père de l'enfant de Colette, le bébé que j'ai vu à Monkseaton. J'étais donc dans son bureau et je pensais : « Je sais une chose tellement importante pour vous que, si je vous la disais, elle changerait peut-être votre vie. Colette m'avait chargée, au cas où elle mourrait, d'aller vous dire que vous avez un fils. » Je regardais son visage. L'enfant a absolument le même, la ressemblance est extraordinaire. Il n'a que les yeux de Colette.

Je crois cependant que si Colette, dont personne ne sait rien depuis des semaines, était vraiment morte, je ne donnerais pas son message au commandant X. La vie matérielle de l'enfant est assurée jusqu'à sa majorité et, officiellement, son père est un autre. Pourquoi donc soulever ce mystère ? A quoi cela servirait-il, sinon à ruiner le foyer de son vrai père, qui a une femme et des enfants en France, qui a succombé un instant à Colette, laquelle a tout fait pour le faire succomber ? Je pensais à tout cela dans ce bureau, tandis que je parlais avec le commandant. J'avais l'impression de tenir sa vie entre mes mains. Je n'ai rien dit, mais, c'est étrange, il me semblait tout le temps qu'il avait une question à me poser, il me regardait de ses yeux si bons, et j'avais sans cesse cette impression qu'il savait que j'avais quelque chose à lui dire.

Je vois de temps à autre Ted Wood, qui est toujours parfait et me sort platoniquement. C'est un garçon intelligent, un peu compliqué pour un Américain. Je l'aime bien, mais décidément non, je ne suis pas amoureuse de lui. Jo m'envoie des télégrammes d'Afrique. Michel est un amour, toujours très timide, très pur, très amoureux, je l'aime… comme un frère.

Pierre ne s'intéresse plus à moi depuis notre dernière conversation. Je pense qu'il est en train d'arpenter la ville pour me trouver une remplaçante. Au bureau, rien de neuf.

J'ai fini *mon* livre, enfin ! C'est la septième version et j'espère qu'elle n'aura pas le sort qu'ont eu ses six sœurs, de finir dans la corbeille à papiers.

Cette fois-ci, j'ai l'impression que c'est bien et que c'est publiable. Je voulais l'appeler « Jeunesse ». Mais je crois qu'en fin de compte je vais choisir *Le Sable et l'Écume.* Titre choisi par papa. Je travaille dessus presque jour et nuit, depuis plus d'un mois. Si cela paraît, ça sera un roman dont une partie se passera dans une caserne de femmes. Mais je ne sais pas si cela pourrait paraître en Angleterre, à cause de la censure. Actuellement, j'ai environ trois cents pages à la main. Il est un peu question que je passe travailler comme archiviste au BCRA[1]. Mais ce n'est encore qu'à l'état embryonnaire. Si cela se faisait, je ne partirais pas à Alger. Ça serait un travail très intéressant et qui me permettrait de rentrer en France dans les premiers jours. J'aurais envie d'y travailler, mais je n'ose même pas croire que ça va se réaliser.

On prédit de partout la fin de la guerre pour bientôt. Il paraît qu'en Allemagne il y a une crise totale de découragement dans la population. L'Italie continue la guerre. Churchill est au Canada avec Roosevelt. Les Russes avancent.

Demain, mes parents partent pour un mois à la campagne chez Pierre Baranger et je resterai seule pour garder les pénates familiaux.

Août

La Sicile est prise… Enfin ! Et on attend le second front d'un jour à l'autre.

Ce matin, mon passeport est parti pour l'*exit permit* et j'oubliais aussi de signaler à la postérité que j'étais « première classe ». C'est fou ce que j'avance vite dans ma carrière militaire.

1. « Bureau central de renseignement et d'action », créé en octobre 1941.

Claire a fait la connaissance, il y a déjà quelque temps, d'un garçon qui est arrivé récemment de France pour s'engager chez de Gaulle. Je crois que, cette fois-ci, cela va se terminer par un mariage.

D'ailleurs, Josette aussi vient de se marier avec un Anglais et j'étais son témoin à la mairie.

Jacky est toujours avec Claude. La seule liaison stable depuis 1940 et, sans être mariés, ils sont comme un vieux couple fidèle.

J'étais au restaurant l'autre jour avec Kropotkine. Au moment de payer l'addition, la serveuse nous dit : « C'est fait, des Anglais assis à une des tables, en voyant que vous étiez dans l'armée française libre, ont payé pour vous et sont partis. »

Nous ne pouvions même pas les remercier. Et cela n'est pas la première fois. Ça m'est arrivé souvent depuis 1940. Je ne dirai jamais assez la gentillesse des Anglais pour nous.

Octobre

La jeune femme anglaise qui travaille au bureau avec moi m'a demandé vendredi si je pouvais la remplacer et sortir avec un colonel américain. Elle avait un autre rendez-vous (avec un colonel français !). J'ai accepté et me suis trouvée en face d'un homme immense qui vient du Texas et m'a emmenée dîner et danser. Il s'appelle Kenneth D. Nous parlions mi-anglais, mi-français, entre les plats et entre les danses. J'avais entendu parler du racisme des Américains, mais c'est la première fois que j'étais en présence d'un raciste. Lorsque je lui ai dit ce que je pensais de ses idées sur la séparation des races, l'infériorité des nègres, etc., j'ai vu sur son visage paraître une sorte de mépris intense. Il me méprisait parce que je pouvais dire que je ne voyais aucune différence entre les hommes, que nous sommes tous égaux et que je pourrais, si je l'aimais, épouser un homme de n'importe quelle couleur. Il était très tard ; avant de me reconduire, le colonel Kenneth D., grand défenseur de la vertu des femmes blanches, m'a emmenée sous un prétexte dans sa chambre (nous avions dîné dans son très élégant hôtel) et là, il a essayé de me violer.

Novembre

Meyer Levin est arrivé à Londres il y a quelques jours. Je le connais depuis que j'ai quatre ans. J'ai même une photo prise avec lui à cette époque. Photo que je retrouverai si je remets jamais la main sur mes albums restés à Paris.

Levin est correspondant de guerre. Il est marié et il a un fils aux États-Unis. L'autre jour, j'étais chez mes parents, qui sont absents en ce moment. Le téléphone a sonné et Mrs. Porte m'a appelée. J'ai été répondre. C'était Levin. Il m'a demandé si je me souvenais de lui. Il voulait voir mes parents et, comme ils n'étaient pas là, il m'a invitée à dîner le soir même.

Il est venu me chercher. Je venais d'acheter d'occasion une robe en lainage bleu de Schiaparelli, absolument ravissante, que j'ai mise pour me changer de l'uniforme. Levin s'appelle Meyer. C'est drôle, je ne le savais pas. Mes parents l'appellent toujours Levin et je croyais que c'était son prénom, alors que c'est son nom de famille. Il est écrivain. Je me souviens très bien de lui. Il jouait avec moi lorsque j'étais petite; une fois, il m'a apporté à Paris, d'Amérique, un théâtre de marionnettes. Avant la guerre, il est venu nous voir avec sa femme, qui était très belle et qui partait en Espagne aider la cause républicaine. C'était étrange de sortir dîner avec lui, parce que, pour moi, il a toujours été un ami de mes parents, donc un adulte, et moi une petite fille avec laquelle il jouait. Soudain, je dansais à Londres, en pleine guerre, avec lui au *Mirabel.* Dès la première minute, il était évident qu'il était tombé amoureux. Il me serrait contre lui en dansant, d'une façon à la fois tendre et passionnée, en poussant une sorte de gémissement étouffé de bonheur. J'étais émue. Je l'aime beaucoup, mais je ne suis pas amoureuse. Je l'ai revu. Je lui raconte les histoires de ma vie à la caserne, dont il ne se lasse pas. Il me parle de son petit garçon qu'il adore, mais je crois que son mariage ne va pas durer.

Bela, qui est en Algérie, m'a écrit une très longue, très gentille lettre. La Bela des bons jours. Elle a ajouté une lettre pour un jeune officier, ami à elle qui est à Londres et dont elle n'a pas l'adresse, pour que je la lui donne. C'est le garçon qu'elle m'a montré un jour à la cantine de Carlton Gardens, en l'appelant « mon jeune loup ».

Claire s'est mariée le 28 septembre.

Clémy et Aurélia font des projets d'avenir pour après la guerre.

Je vais à la caserne toucher ma paie ou assister à une conférence ou à une soirée. J'y vais s'il y a des exercices auxquels je dois prendre part. Cette année, plusieurs nouvelles filles se sont engagées. Toutes très différentes des filles d'autrefois. Des étudiantes françaises qui arrivent des États-Unis, un milieu qui n'a rien à voir avec les petites paysannes bretonnes, les quelques ex-prostituées de Soho en mal de patriotisme, les ex-vendeuses ou serveuses françaises de la première heure. C'est mieux et pourtant, qui l'eût cru, je regrette parfois cette vieille horrible caserne de l'époque héroïque. Les crises de nerfs, le danger, le ciel rouge, les cris, les querelles, les rires, je peux seulement maintenant me dire : c'était terrible, mais c'était une période incroyable dans le sens le plus littéral de ce mot, car personne ne le croira jamais. Comment arriver à expliquer, à décrire cette vie des volontaires de la France libre en ces années 1940 et 1941 à Londres sous les bombardements et à la caserne ? Maintenant, en 1943 à Moncorvo, il y a des tas de filles que je ne connais pas et qui portent des uniformes bien coupés et qui parlent un français châtié. Parmi nous, les anciennes, beaucoup habitent en ville, comme moi.

Hier, j'ai été voir Annette, la secrétaire de Maurice Schumann, pour lui demander de passer de nouveau des messages à la radio. Annette transmet cinq fois par semaine des messages personnels que nous envoyons depuis trois ans vers la France.

En octobre 1941, le *Picture Post* m'avait photographiée en train de sauter d'un camion militaire, tenant la main de Jeanne, devant Moncorvo. Mes cousins avaient conservé le journal et Ryśia a découpé ma photo. A ma dernière visite chez mes cousins, elle a absolument insisté pour s'habiller dans mon uniforme et se faire aussi photographier en « soldate ». Elle a beaucoup grandi, elle est très mignonne et a pour moi cette admiration que j'avais pour Mère Marthe !

J'ai été reçue à l'examen d'entrée de rédactrice, mais évidemment refusée ensuite à la « cote d'amour » en commission, pour des raisons que j'ignore… ou que je devine. Les officiers des VF ont toujours considéré que j'étais absolument incapable de rien faire de sérieux et le refus de m'accepter comme rédactrice vient certainement de Terré, Burdet et autres. Mes crimes sont variés. Je porte, paraît-il, les cheveux trop longs, alors qu'ils ne doivent pas toucher le col de la veste d'uniforme ; je ne suis pas disciplinée ; j'oublie de saluer tous les gradés, je me suis un jour enfuie de la caserne, ce qui prouve mon enfantillage ; mes meilleures amies sont toutes des filles de mon genre : « pas sérieuses », etc.

Cependant, j'ai été acceptée par le BCRA, où je vais travailler, à ma grande joie, à la section du courrier militaire (BRAL) qui assure les renseignements et les contacts entre les FFI et les FFL. Mon commandant sera Roulier.

11 décembre

Avant-hier soir, Robert Speaight m'a emmenée dîner au petit club français, dont je suis membre et où nous avions fêté le départ de Rachel pour l'Algérie. Nous n'étions pas plutôt entrés que je vois debout, au bar, ce garçon, Georges Torrès, pour lequel j'avais reçu une lettre de Bela, il y a déjà un moment, mais dont je ne savais pas l'adresse. Je l'ai reconnu aussitôt et j'ai été lui dire que j'avais cette lettre. Il m'a demandé de la lui apporter le lendemain et de dîner par la même occasion avec lui. Hier, nous avons donc dîné à Soho dans un restaurant chinois. Nous avons parlé la soirée entière comme si nous nous étions connus toute notre vie. Il a vingt ans, il est grand, très brun, très beau, il a une expression grave et une voix très basse. Nous avons parlé de catholicisme, de littérature, de juifs convertis comme mes parents et Maurice Schumann. Torrès est parti en 1940 au Brésil avec son père, qui est avocat et qui est réfugié à New York aujourd'hui. Il a connu au Brésil Georges Bernanos, avec lequel il a eu de longues conversations. En février, Torrès s'est engagé dans les FFL et il est arrivé à Londres, où il est passé par l'école des cadets.

La veille, alors que je dînais avec Robert au petit club, après que je lui eus dit que j'avais cette lettre pour lui, Torrès s'est assis à la table à côté de la nôtre. Il écoutait chaque mot que Robert et moi échangions, mais je n'arrivais pas à me sentir fâchée. Il est très sympathique et extrêmement intelligent.

Décembre

J'adore mon travail au BCRA. L'atmosphère dans toute cette maison très « chut, chut » est intense. Je me sens, pour la première fois, vraiment utile dans le travail que je fais à l'armée, car il est lié à tout ce qui se passe dans la Résistance. C'est d'ici que partent les « courriers », c'est ici qu'arrivent les renseignements.

Je sors beaucoup. Meyer m'a demandé de l'épouser. Il veut divorcer. Son mariage a été extrêmement malheureux. Il m'a dit qu'il m'aime depuis la première minute lorsqu'il est venu me chercher à la boarding house et je crois que c'est vrai, mais nous sommes trop différents en tout. Certaines choses dans son caractère me font peur. Je crois que je ne pourrais pas être heureuse avec un homme comme lui. Pourtant, il est bon, il est intelligent, il est artiste et il me connaît depuis toujours. Il était très malheureux lorsque j'ai refusé et m'a dit : « Vous ne voulez pas, parce que vous aimez Georges Torrès » (qu'il a rencontré chez mes parents). J'ai nié. J'aime Georges, mais fraternellement. Il n'y a rien d'autre entre nous. Je sors avec Torrès plusieurs fois par semaine et c'est vrai que je m'entends avec lui comme je ne me suis jamais entendue avec personne. Nous avons les mêmes goûts, les mêmes plaisirs, nous rions sans cesse ensemble, nous aimons les mêmes livres, les mêmes gens. Je sors donc avec Meyer, avec Georges, et aussi avec Alain, dont je n'ai encore rien dit, je crois, ici.

Je l'ai également rencontré au petit club français un soir où j'y étais avec Rachel. C'est un de ses amis de Paris. Il est poète, il s'est enfui de France après y avoir épousé une amie de sa sœur, de dix ans je crois plus jeune que lui et « pour lui faire plaisir », m'a-t-il dit. Ensuite, il n'a pu supporter ce mariage et il a quitté la France par l'Espagne. Il travaille à la radio. Il a des yeux très bleus. Il est un peu chauve, il a un charme fou, il est plein de fantaisie. Je l'aime beaucoup, mais je sais qu'il ne pourrait jamais être le père que je voudrais pour mes enfants. Cependant, je suis toujours heureuse et intéressée auprès de lui et par lui.

Entre Meyer, Alain, Georges, Robert, Michel aussi, je sors tous les soirs. Sauf Torrès et Michel, les autres ont quinze ou vingt ans de plus que moi. J'apprends beaucoup à leur contact, et Torrès, malgré ses vingt ans, a l'esprit d'un homme beaucoup plus âgé. Nous n'arrêtons pas de parler, de rire comme des gosses, de faire des kilomètres à pied dans le black-out. Georges fumant la pipe, enveloppé dans son grand manteau kaki, m'a dit l'autre jour : « Après la guerre, je vais acheter un autobus et je ferai dedans le tour du monde. »

J'ai été au cirque avec Torrès. Nous avons tiré des plans au sujet de son autobus. Il m'a parlé de son enfance. C'était un petit garçon terriblement difficile, qui faisait le désespoir de sa mère. Ses parents sont divorcés et sa mère est remariée avec Léon Blum – son troisième mari –, avec lequel elle est prisonnière dans un camp en Allemagne. Georges essaie de tout faire pour être envoyé en mission, afin de les sauver.

L'autre soir, je rentrais en métro avec Meyer. De pauvres gens couchaient sur le quai du métro, par terre sur des couvertures sales, entre leurs paquets, leurs valises, parce qu'il y avait une alerte. Soudain, Meyer s'est arrêté et m'a montré une toute petite fille blonde qui dormait sur les marches d'un escalier. Il m'a dit : « Elle vous ressemble, vous étiez exactement comme cela à quatre ans. » Il voudrait que je l'aime. Je ne sais pas pourquoi, mais de Meyer aussi j'ai peur. Pourtant, je le connais depuis si longtemps et il y a une grande bonté en lui. Peut-être est-ce à cause de son âge ? Je n'ai absolument pas peur ni de Torrès ni d'Alain.

Papa va bien maintenant et travaille beaucoup, mais maman est toujours malade. Heureusement que papa habite avec elle. Nous avons de bonnes nouvelles du Canada, des grands-parents, mais aucune nouvelle de Pologne.

Stanislas Fumet a été arrêté à Paris. Je l'ai appris au BCRA par le journal clandestin, *Les Étoiles*, du mois d'octobre. Pauvres Aniouta, et Agnès, et Angèle ! Que vont-elles devenir ?

Noël

Encore un Noël d'exil, mais, cette année, il a été très gai. Nous l'avons fêté chez mes parents. Meyer, Robert, Georges, Michel sont venus dîner. Et Alain, parti en vacances en Cornouailles, m'a écrit pour Noël la lettre la plus gentille, la plus exquise que j'ai reçue de ma vie. Encore une fois, j'ai « vraiment » terminé mon livre *Le Sable et l'Écume.* Je vais le faire taper et le présenter à un éditeur. Georges l'a lu et il l'aime énormément.

A la caserne, j'ai des ennuis avec les cours d'officiers de liaison, parce que Burdet et Terré ne veulent à aucun prix me laisser devenir officier. Malgré l'appui de Renoir et son assentiment, elles me mettent des bâtons dans les roues. La commandante Terré m'a reçue main à la poche, sourire béat, grosse voix amicale et a recommencé le récit de tout ce qu'elle avait fait de merveilleux ces derniers temps pour les VF. J'étais au *Cocoanut Grove*, boîte de nuit de Londres, avec Joan, Zimerun, un neveu d'André Maurois, et Alain. Nous avons bu et dansé jusqu'à 5 heures du matin. C'est extraordinaire combien l'atmosphère d'une boîte de nuit est triste. On se demande pourquoi les gens vont y dépenser des sommes invraisemblables. Par snobisme seulement, je pense, car personne ne me fera croire qu'ils s'y amusent. Alain était très beau et séduisant. Joan, très anglaise, devenait de plus en plus réservée et digne au fur à mesure qu'elle buvait, et Zimerun avait le cafard et m'étourdissait de théories lugubres. Je me suis couchée à 6 heures pour me relever à 7 h 30 et me rendre au bureau. Inutile de dire dans quel état d'abrutissement j'étais toute la journée.

Robert m'a emmenée au *Garrick Club*, où j'ai déjeuné avec lui. C'est le club des écrivains et artistes de Londres. C'est très pompeux, bourgeois, digne. On croirait un club de banquiers ou de commerçants riches. Robert va lire mon livre.

Les Russes sont en Pologne. Les Alliés avancent glorieusement depuis trois mois sur la « route de Rome », les communiqués annoncent qu'ils ont pris une rue, un café, ou une colline, alors que les Russes passent des fleuves, prennent des villes et des contrées entières. J'ai vu avec Michel une excellente pièce d'Oscar Wilde : *An Ideal Husband.*

1944

18 janvier 1944

Je me suis représentée cet après-midi devant la commission de liaison où Boislambert m'a cuisinée pendant dix minutes et je ne sais pas encore les résultats.

Je me suis foulé la cheville hier soir dans le black-out, avec Georges Torrès. Soirée avec Georges ce soir aussi. Nous avons été dans une boîte de nuit nègre. Ensuite, nous avons été *Chez Jacqueline*, une boîte à matelots, où j'ai fait la connaissance d'une petite Polonaise que j'appelle «Śiu Śiu» et dont je vais écrire l'histoire, très certainement.

Pauvre Śiu-Śiu, j'aurais voulu l'emmener chez moi pour la soustraire à tous ces affreux types ivres. Elle a l'air d'avoir à peine quinze ans et porte un extraordinaire uniforme : capote de l'Air, calot de la Terre, cravate de la marine, dont elle a dû hériter ici et là.

Je sens maintenant que *Le Sable et l'Écume* va paraître, je suis tellement heureuse que je ne peux pas l'exprimer.

20 février

Les bombardements ont recommencé. Non pas des alertes sans importance, comme depuis presque deux ans, mais de vrais bombardements, qui durent plus d'une heure et laissent derrière eux une nuit d'incendies. On entend les poutres qui craquent, des appels dans la rue. J'ai peur pour mon manuscrit ; si je le savais en sûreté, le reste me serait indifférent.

Avant-hier dans la nuit, je pouvais voir de mon lit les bombes pleuvoir dans le ciel, les *flares* [1] s'allumer, les projecteurs, les fumées orange des incendies.

Suis beaucoup sortie avec Torrès, avec Claire, son mari et des amis à eux.

26 février

Semaine aux nuits mouvementées.

Avant-hier soir, sortie avec Claude Phillips. Nous avons été voir une très belle pièce traduite du norvégien, *The Witch*, de beaucoup la meilleure que j'ai vue à Londres. Puis dîner chez les Chinois. Une bombe est tombée à quelques mètres, toutes les vitres ont volé en éclats et tous les clients ont sombré sous les tables. Je me suis mise à rire lorsque je nous ai tous vus à quatre pattes. La bombe est tombée sur le restaurant *Cortis*, où j'avais déjeuné la veille, et en une minute toute la maison était en flammes. Nous sommes rentrés à pied sous le bombardement, sans même des *tinhats* [2] sur la tête, et Claude ne cessait de répéter : « Comme je vous admire, comme vous êtes courageuse ! » S'il savait combien ce n'est pas du courage, mais seulement une totale indifférence.

Hier, j'ai été envoyée à la première du film *Madame Curie* [3] pour présenter un bouquet de fleurs à la duchesse de Gloucester. J'ai fait une révérence qui m'a rappelé le bon cher vieux temps du couvent, une révérence qui, je crois, aurait satisfait Mère Geneviève. La duchesse est jeune, simple, elle a l'air d'une brave petite femme, un peu bourgeoise. Drôle.

Mon livre est chez la dactylo, enfin !

1. « Fusées traçantes ».
2. Casques militaires.
3. De Mervin LeRoy, 1943.

Alain est un être plein de fantaisie, de charme. Il écrit de très beaux poèmes (le premier soir, lorsque je l'ai rencontré, il m'a lu chez lui l'un de ses poèmes : « Le labyrinthe »). Il a le don de transformer chaque sortie en « aventure », il est très cultivé, il est sophistiqué, mais je sens que je ne peux pas compter sur lui. C'est un ami merveilleux, pour une semaine ou un mois. Il ne faut pas lui demander plus. Auprès de lui, je veux me contenter uniquement de l'heure présente.

28 février

Je regardais tomber les feux cette nuit, les bombes en chapelets lumineux, le ciel orange d'incendies. Devant mon lit, par la fenêtre ouverte, entraient toutes ces lumières brutales, une artère dans mon cou battait, je regardais briller une étoile verte, toute seule, qui entrait par la fenêtre ouverte. Cachée sous mes couvertures, j'écoutais un bruit de vent, le grand souffle d'une bombe qui passe, un grand souffle d'ouragan. Je pensais : ce n'est pas une mort pour moi. Je regardais, par la fenêtre ouverte, briller toute seule cette étoile verte.

Dans le métro de Londres, à odeur de bétail, les enfants aux joues grises sont couchés pêle-mêle. J'ai envie de les prendre dans mes bras, j'ai envie d'être le père Noël. Au bout de notre rue, il y a une grande maison qui flambe, quelqu'un chante dans cette rue d'une voix douce, qui tremble.

Je n'ai pas peur, j'imagine que tu es près de moi. Je pose ma joue sur l'oreiller, je t'appelle, mais bien sûr tu n'entends pas, dans tout ce bruit mortel.

29 février

J'ai rompu avec Alain.

Une vieille femme dans l'autobus, assise en face de moi, avec une bouche édentée, de très grands pieds, des mèches blanches, des yeux doux et sans couleur, qui me regardait sans cesse.

Au moment de descendre, elle s'approche, me tape affectueusement les genoux et me dit « *Cheer up, my girl, don't look so sad*[1] *!* » Ça m'a rappelé Mère Marthe qui me disait parfois à la fin d'un cours : « Lorsque soudain vous prenez vos yeux tristes, je ne peux plus continuer mon cours, j'ai envie de sortir de la pièce. »

Suivant les conseils de Georges, je me suis fait inscrire, et suis acceptée, pour suivre les cours de l'école d'officiers, qui auront lieu bientôt. Je partirai dans un camp militaire où ces cours auront lieu. J'ai oublié de dire que je suis passée caporale. Georges a trouvé un petit chien noir que nous avons appelé Médor. Georges m'a dit en me le présentant : « Vous serez sa tante. »

J'ai vu le merveilleux film *For Whom the Bell Tolls*[2].

12 mars

Suis à la veille de mon départ à Camberley pour six semaines. Je vais suivre un cours d'officier de liaison (MMLA[3]), apprendre à conduire, à tirer, la transmission, etc. Je suis allée plusieurs fois danser avec Meyer. C'est tellement étrange de danser avec lui, qui m'a connue lorsque j'avais quatre ans, et évidemment j'ai eu cette étrange réaction qui me fait vouloir fuir à tout prix, sans que je le comprenne moi-même, et qui fait que l'homme qui m'attirait la veille me fait brusquement peur. J'ai eu une explication avec Meyer, au-dessus d'une douzaine d'huîtres ; il croyait que tout marchait à merveille entre nous et je sais que cette « explication » l'a fait souffrir, mais je n'avais pas le choix.

Il n'y comprend rien et, surtout, moi je n'y comprends rien.

1. « Souriez, ma petite, n'ayez pas l'air si triste ! »
2. *Pour qui sonne le glas*, de Sam Wood (1943).
3. « Mission militaire de liaison administrative ».

24 mars

Week-end à Londres. Soirée avec Georges.

Les cours à Camberley sont intéressants. Chaque conférencier contredit ce qu'a dit son prédécesseur durant le cours de la veille. Les élèves officiers sont d'une intolérance inquiétante. Lorsqu'un élève a le malheur d'émettre un avis, celui qui n'est pas du même avis menace immédiatement de le pendre. (Ça promet pour la liberté de penser après guerre !) On nous apprend à tirer à la carabine et au *Bren gun* [1], ce qui simplifiera tout et nous permettra de liquider ceux qui oseront penser différemment. Je tire très bien, j'adore ça.

La vie ici est agréable, il fait beau, le printemps monte dans chaque branche, dans chaque herbe. Chaque branche, chaque herbe contredit tout ce qu'on nous enseigne sur la guerre. Nous couchons dans une hutte Quonset et les filles qui y sont avec moi sont extrêmement sympathiques. Je suis leur caporale, mais j'essaie de ne jamais agir en caporale, l'idée de les commander ou de les punir me serait odieuse. Il y a, dans notre hutte, Françoise, une petite brune arrivée d'Amérique et toujours plongée dans des livres de chimie ; Alix, qui s'est engagée à New York – elle a des yeux bleus immenses et toujours comme noyés d'amour. Il y a Marguerite, qui a une grosse bouche de bébé et qui est la distraction même, elle aussi plongée dans la lecture dès qu'elle a une minute. Ces trois-là et moi, nous ne nous quittons pas. Comme la vie à l'armée aurait été différente si elles avaient été là dès le début. J'apprends à conduire un camion, mais je ne suis pas très douée. Le garçon qui a écrit *Éducation européenne*, ce roman qui a paru à Londres en français et qui se passe en Pologne pendant la guerre, un livre très triste, très émouvant, est dans une autre partie du camp. Il s'appelle Romain Gary. Il est dans l'aviation. Alix me l'a montré en passant. Il est très beau.

Nous suivons les mêmes cours que les hommes : juridiction militaire, topographie, manœuvres. Les cours ont lieu dans une longue

1. « Fusil-mitrailleur ».

salle très enfumée. Les quelques femmes sont assises au premier rang, tous les hommes sont derrière et nous les entendons chuchoter et rire pendant que les conférenciers expliquent très sérieusement leurs théories sur la situation en France au moment du débarquement et sur le rôle que nous aurons à jouer dans les villes libérées.

Après les cours, nous sommes libres. Nous nous promenons dans les bois autour du camp.

Françoise m'explique la beauté unique de la chimie, à laquelle je ne comprends rien, Marguerite rit de son air enfantin, se trompe d'heure, de jour, se perd dans les bois avec un livre.

Nous avons également des manœuvres de nuit, de longues marches, des exercices de saut. C'est une vie active et amusante.

Avril

Maintenant, à chaque permission, je retrouve Georges à Londres. Nous parcourons les rues, nous arrêtant pour admirer, dans les vitrines, des sacs et des chaussures, ses deux passions. Il m'a dit : « Après la guerre, je vous achèterai tout ce qu'il y a de plus beau. » Il m'a obligée à me commander un uniforme sur mesure et un magnifique manteau d'officier, doublé de soie rouge. Il m'a dit avec fierté : « Vous serez l'officier la plus élégante de Londres. » Nous rions sans cesse ensemble. Dans les restaurants les serveuses nous sourient et nous servent immédiatement, comme si elles nous connaissaient et nous portaient un intérêt particulier.

Georges me parle de sa famille, de sa maison qui s'appelle le « Clos des Metz », de sa mère, Janot. Elle a divorcé de son père, Henry Torrès, lorsque Georges était petit, il avait quatre ans. Ensuite, Janot s'est remariée avec un homme très riche, mais toute sa vie elle était amoureuse de Léon Blum, qui est beaucoup plus âgé qu'elle. Lorsque Blum a été déporté en Allemagne, elle s'y est fait envoyer aussi, pour l'y rejoindre. Lorsque Georges avait douze ans, si par hasard sa mère devait faire la cuisine un jour de congé de la cuisinière, elle la faisait si mal que Georges allait remanger au restaurant. Son beau-père était propriétaire des Uniprix. Un jour, Georges, à douze ans, alla dans les magasins inciter les employés à faire grève pour obtenir de plus hauts salaires. Georges a le don de raconter des histoires et il me fait rire aux larmes.

Nous nous promenons dans Londres. Lorsque nous longeons des hôtels devant lesquels se tiennent des portiers en grand uniforme, Georges s'arrête et salue très sérieusement comme s'il était face à un général. Souvent, Médor est avec nous. Il est le croisement d'au moins quatre races différentes. Il a une passion pour la *Marche lorraine*, que Georges siffle pour lui. D'autres fois, nous nous promenons à bicyclette dans Hampstead, où Georges habite dans une pension de famille. Georges me fait répéter mes cours pour être sûr que je serai reçue aux examens.

A Camberley, nos professeurs nous prédisent des révolutions à notre retour en France. Pucheu a, paraît-il, commandé lui-même « Feu ! » à son peloton d'exécution. On ne sait même pas si c'est un traître ou un second Dreyfus.

J'ai été reçue à l'examen de la MMLA. Je suis donc sous-lieutenant, après quatre ans de vie militaire. Par la même occasion, je suis allée discuter de mon travail avec un de mes nouveaux « patrons », Guy de Rothschild, qui est d'une beauté et d'un charme auxquels personne ne peut rester insensible. Sa nièce, Nicole, est une amie de Georges. Elle, sa sœur et sa mère sont toutes les trois dans les FFL.

Georges a décidé d'inviter Nicole au restaurant, hier. Mais, ne pouvant pas l'inviter sur sa solde chez *Prunier* ou autres lieux comparables auxquels nous pensons qu'elle doit être habituée, Georges me dit que le mieux serait donc de l'emmener, à l'opposé, dans un restaurant du genre de *Chez Rose*.

Malheureusement, cette tactique « diplomatique » a fait faillite lorsque, au moment de régler l'addition, Georges s'est aperçu qu'il n'avait pas un sou sur lui. Nicole a bien ri de notre embarras et a payé.

La 2e division blindée du général Leclerc, qui vient d'arriver en Angleterre, ne va engager dans ses rangs que des soldats. Georges a donc rendu son galon d'officier pour pouvoir être pris dans cette unité. Il y sera deuxième classe, mais aura ainsi la chance d'être parmi les premiers qui débarqueront en France.

10 mai

C'est parce que je suis tellement heureuse que je ne peux rien dire. Cela me paraît un rêve d'être réveillée. Derrière le camp, le soleil se lève. J'ai rayé tous les visages, tous les noms, j'écoute seulement battre ton cœur de petit garçon.

Parce que tu es si jeune, si droit, je voudrais te donner tout de moi.

Tu fais partie de mon enfance, je retrouve en toi tout ce que j'avais perdu, toute ma joie.

Nous irons dans les clairières, nous irons dans les bois. Tu n'es pas un oiseau bleu, tu n'es pas une fumée. Tu m'as pris par la main, tu m'as emmenée.

Est-ce toi que j'attendais depuis si longtemps ?

C'est parce que je suis tellement heureuse que je ne puis rien dire. Seulement m'en aller avec toi et oublier et rire.

17 mai

« Chère petite Tereska,

« Je comprends maintenant pourquoi les arbres n'avaient jamais porté de plus jolies fleurs que ce printemps : c'est parce que mon amie Tereska se marie. C'est un printemps plein de promesses et, la plus printanière, c'est que mon amie Tereska se marie. Qui est-il ? Je ne te demande pas comment il est, puisqu'il est le fiancé de Tereska. Il est jeune, me dis-tu, mais c'est un don qui vient de toi : ils sont jeunes, tous les amis de Tereska et le resteront aussi longtemps que tu voudras.

« C'est la plus jolie, mais aussi la plus profonde nouvelle de 1944.

« C'est elle que je mets en première page de mon journal de

l'espoir : Tereska se marie. C'est le cadeau de toutes les fées qui ont entouré ta naissance, le cadeau de la poésie au monde qui a trop souffert. C'est le message.

« Sois heureuse, petite Tereska. Chante ta vie.

« Écris de jolies histoires et vis la plus belle.

« Je te félicite de tout mon cœur.

« Alain. »

15 juin

Le 24 mai, j'ai épousé Georges à 3 heures de l'après-midi à l'église Our Lady of Victories de Kensington Square. Il y a trois semaines de cela maintenant. Je ne me souviens que d'une semaine épouvantable précédant le mariage, de courses à travers Londres, des difficultés sans nom pour les papiers, les permissions, puis enfin du mariage. Il faisait beau, je crois. Nous étions tous les deux énervés, fatigués, nous n'avons rien vu, rien entendu à l'église. Le soir, emmenant notre chien, nous sommes partis près d'Oxford, dans la propriété de l'amiral Muselier. Nous y avions une grande chambre, pleine de fenêtres et de soleil, dans une petite maison au milieu des champs. Nous étions très heureux. Maintenant, Georges est parti rejoindre son unité et je travaille depuis deux semaines à la section Presse de la mission de liaison auprès des services américains.

Quand le reverrai-je ?

Le second front est ouvert en Normandie, bientôt je rentrerai en France.

Londres, 28 juin

Mon petit enfant, ce cahier est pour toi.

Tu n'es encore qu'un embryon de vingt-cinq jours, un embryon de bébé. Ton papa croit que tu seras Dominique. Pour moi, c'est égal, Dominique ou Marie-Catherine, tu es mon enfant à moi que j'attends depuis des années, depuis le temps où je jouais avec ma poupée qui s'appelait Catherine.

Tes parents sont mariés depuis un mois, ils sont tous les deux dans l'armée, ton papa est dans le nord de l'Angleterre depuis deux semaines, dans une division blindée fameuse, sous les ordres du général Leclerc, dont tu entendras parler plus tard en classe. Tes parents, mon futur bébé, se sont connus un soir il y a six mois, à Londres dans le petit club français où se réunissaient tous les « exilés ». Ils ne pensaient pas du tout alors qu'ils deviendraient un jour les parents de Dominique (ou de Marie-Catherine). Ils s'aimaient déjà beaucoup, dès la première fois. Ils avaient confiance l'un dans l'autre et ils étaient heureux d'être ensemble. Ensemble, ils riaient sans cesse et, dans les restaurants, les gens se retournaient en souriant pour les regarder rire, parce que ça leur faisait plaisir de voir rire ces deux enfants si jeunes, en uniforme. Ils n'avaient pas l'air sérieux tes parents, mon bébé ; la première fois qu'ils sortirent ensemble, ils allèrent au restaurant chinois et ils bavardèrent de tout, de Paul Claudel, de religion et de Schumann, qui est le porte-parole de la France combattante. Ensuite, ils se virent souvent. Ils passèrent Noël ensemble, ils parcouraient les rues de Londres dans le black-out, toujours riant, toujours bavardant. Ta maman aimait Georges comme s'il était son frère, elle aimait mieux sortir avec lui qu'avec aucun autre homme. Ainsi pendant cinq mois.

Un jour, Georges pensa être envoyé en Italie et j'étais très malheureuse. Je me disais : « Voici que mon frère, mon meilleur ami va partir. » Je l'aidais à faire toutes ses courses, à faire ses bagages. Dans les magasins, pour nous amuser, nous nous faisions passer pour mari et femme. Georges disait « ma femme » et je disais « *my husband* », pour rire. Je suivais alors un cours d'officiers dans un camp, à Camberley, Georges m'accompagna à la gare. Je pensais que je ne le reverrais plus de longtemps. J'étais très, très triste. Je me souviens que, lorsque le train partit et qu'il était debout devant la portière, j'avais très envie de pleurer. Ensuite, dans le compartiment, je regardais défiler les champs. C'était au début de mai, tout était blanc et rose de fleurs. Je pensais sans cesse : « Mon frère est parti, je ne le verrai peut-être jamais plus, et je n'ai rien eu de lui, ni lui de moi, que cette amitié pure et merveilleuse, mais j'aurais voulu plus, j'aurais voulu qu'il m'embrasse, parce que je l'aime d'une très grande amitié. » Et il ne partit pas. La semaine suivante, ce fut une grande joie de revoir mon frère Georges. J'allais ramener chez lui son petit chien Médor, qu'il m'avait confié avant son départ, je bavardais, je ris de nouveau et, ce soir-là, une chose étrange se passa. Je rentrais chez moi et je m'endormis, et la nuit, soudain, je sentis que Georges était là près de moi et je sentis sa bouche sur la mienne, non pas comme dans un rêve, mais si réellement que je me réveillai et, à la première seconde, je ne savais pas où j'étais, mais je compris que je l'aimais et je compris qu'un rêve tellement fort ne pouvait survenir que parce que lui aussi m'aimait et qu'à cette seconde il avait pensé à moi.

Le lendemain, je revis Georges. Le soir, nous étions assis sur le tapis dans sa chambre avec Médor au milieu de nous, lorsque soudain Georges me dit : « Tereska, si nous nous mariions ? » et j'ai répondu : « Chiche ! » Alors, nous avons pris un papier et nous avons écrit dessus une demande de mariage adressée à l'armée, puis je me suis exercée à signer mon nouveau nom : « Mme Georges Torrès », puis nous avons encore ri et bavardé et je ne croyais pas du tout à ce mariage, je croyais que Georges plaisantait comme toujours, mais tout à coup il se pencha, me prit dans ses bras et m'embrassa pour la première fois, très longuement, très fort, comme cette nuit dans mon rêve, exactement comme dans ce rêve et alors j'ai cru qu'il serait le père de mes enfants.

C'était au début du mois de mai. Le 5 mai, je crois. Je retournais à Camberley et, la semaine suivante, nous commencions les démarches pour le mariage.

Voici ce que j'écrivis à l'armée : « J'ai l'honneur de vous demander l'autorisation d'épouser le deuxième classe Georges Torrès (Achard) dans le plus bref délai, pour raison de départ de ce dernier. »

Je te parlerai plus tard, Dominique, de ce 9 mai d'il y a un an, vers 6 heures du soir. Je ne l'oublierai jamais. Tout entre nous a été simple, facile et, nous avions beau ne pas être encore « officiellement » mariés, nous nous considérions déjà comme mari et femme. Mes parents, tes grands-parents Guina et Marek, aimaient Georges comme leur fils et Georges disait de sa voix si extraordinairement basse : « Ma belle-mère a une tête d'impératrice romaine », en parlant de Guina.

Avant le mariage, nous avons eu tant de courses et de démarches à faire, nous avons pris tant de taxis, cela était si compliqué, qu'il nous fallut aller jusqu'à voir Mme Churchill, la femme du Premier ministre anglais qui a sauvé l'Angleterre. Georges la connaissait. Il lui fallait la permission de son père pour se marier et, comme son père, ton grand-père Henry, vit à New York, nous n'avions pas le temps de lui écrire pour lui demander d'envoyer d'urgence son assentiment. C'est pourquoi Georges alla sonner à la porte de Mme Churchill, à Downing Street, et à mon grand étonnement, mais pas du tout à celui de Georges, elle arriva au bout de cinq minutes et promit de nous aider, comme si c'était la chose la plus naturelle au monde pour deux jeunes soldats de venir à elle à ce sujet.

Ces jours d'avant le mariage me paraissent encore une espèce de cauchemar. Nous courions de chez Cartier chez le consul, du consul chez les militaires, des militaires chez les témoins, des témoins à l'église, de l'église à la mairie, ainsi sans trêve jusqu'à une heure avant la cérémonie.

La veille de notre mariage, Joseph Kessel nous invita à dîner, car Georges le connaît depuis qu'il est petit. A la table d'à côté était assis Maurice Schumann, qui vint nous féliciter et m'embrasser. Kessel passa la soirée à nous raconter des histoires fabuleuses sur ses voyages. Quel homme extraordinaire ! Il a l'air d'un lion.

Nous sommes rentrés à la maison chez mes parents vers 2 heures du matin, la tête tournante de champagne, riant aux larmes, Georges est venu me dire bonsoir dans ma chambre. Je le revois dans son pyjama bleu, m'embrassant pour me dire bonne nuit et s'en allant ses souliers à la main pour ne pas réveiller toute la maison. Je m'endormis en pensant : « Demain, c'est mon mariage », et en même temps je n'en étais pas bien sûre, d'autant plus que nous n'avions pas encore toutes les permissions.

Une heure avant le mariage, je me suis précipitée à la maison pour enfiler à la hâte une chemise blanche et mon *battle-dress* kaki, pendant que Georges allait à l'autre bout de la ville chercher Médor.

A 3 heures, nous étions à l'église. Nous n'avons rien vu, rien entendu. Ma propriétaire, arrivée une des premières, compta cinquante-sept invités : un prêtre anglais nous fit répéter la formule, qui est très belle. Il y avait des fleurs blanches, des enfants de chœur et l'orgue jouait du Mozart et du Bach. Une volontaire française chanta l'*Ave Maria* de Gounod. Nous avions quatre témoins : Annette Alexandre, qui est la secrétaire de Maurice Schuman; Maurice Dejean, mon ancien patron; M. Granchaume, directeur du Poste parisien; et Marguerite, une sous-lieutenante amie de ta maman, qui arriva du camp trop tard! Un jeune aumônier français de l'aviation prononça un sermon et puis Georges me saisit le bras et m'entraîna au pas de course à travers l'allée vers la sortie. A la porte, il y avait les invités. Cinquante-sept invités dont il fallut serrer la main et embrasser les joues. Quelle corvée! Georges avait eu la bonne idée d'oublier son calot à la sacristie; aussi, il s'en alla le chercher et me laissa le soin de remercier les gens à sa place. Ma petite cousine Ryśia, très émue, pleurait à chaudes larmes et moi je lançais des regards désespérés vers la porte de l'église pour voir apparaître mon mari.

Il apparut lorsque les derniers invités finissaient leurs félicitations, me rattrapa par le bras, me précipita dans la voiture de Maurice Dejean, me ramena à la maison et là, tous les deux fatigués, énervés, nous avons saisi notre valise d'une main, Médor de l'autre et nous sommes partis « en lune de miel » à la campagne. Il nous restait deux jours.

A la campagne, nous avions une grande chambre dans une petite maison qui s'appelait la « Ferme rouge », au milieu des champs. Le premier soir, nous avons dîné avec notre hôte, l'amiral Muselier, qui me rappelait Napoléon à Sainte-Hélène. Puis, de sa maison à la nôtre, nous sommes revenus à travers champs dans la nuit, la tête légère de tout le champagne offert par l'amiral.

Dans notre chambre brûlaient des lampes à pétrole comme dans les maisons de campagne d'autrefois. Il y avait partout des vases pleins de lilas blancs. Nous étions enfin seuls, heureux et si jeunes.

Et nous voulions notre enfant. Nous en parlions déjà, nous le voulions tout de suite. Ce n'était pas une chose raisonnable, il y avait la guerre, nous n'avions ni argent ni maison, nous ne savions rien de l'avenir, mais nous voulions un petit Dominique ou une petite Marie-Catherine.

Dans le grand lit entouré de lilas blancs, au milieu des champs endormis, nous étions étendus, serrés l'un contre l'autre, ne formant qu'un seul corps et qu'une seule âme et nous demandions à Dieu de nous donner ce bébé qui serait l'Avenir. Ce bébé que tu es, que je porte en moi ce soir, ce bébé que nous désirons pur, sain, bon.

4 juillet

Tu as déjà été voir deux fois ton papa, mon amour. C'est un grand voyage pour un embryon de bébé d'aller à six heures de Londres passer le week-end dans les parages d'une division blindée. Georges était si heureux de sentir son fils ou sa fille, tout près de lui, logé non loin du cœur de sa femme.

Tu as voyagé en ambulance conduite par une de tes grands-mères, la belle-mère de Georges, Suzanne, qui commande une section de femmes ambulancières qui vont partir sur le front, bientôt. Tu as été reçu au mess des officiers, tu as passé en revue des chars, des jeeps, des camions et tu as dormi dans ta maman, tout contre ton papa, qui posait sa main sur toi en disant avec joie : « Ici est mon enfant. »

La première fois, lorsque je suis arrivée à la DB, j'avais l'adresse de Suzanne que Georges m'avait donnée, c'est elle qui devait me conduire à l'unité de Georges, qui se trouvait à plusieurs kilomètres de là.

Je ne connaissais pas encore Suzanne, mais Georges m'avait parlé d'elle. Elle est mariée à son père, Henry, et elle vient d'arriver en Angleterre, d'Afrique du Nord, avec la division blindée. Il n'y avait que « ses filles », les Rochambelles, dans la maison qu'elles habitent; Suzanne ne m'attendait pas ce jour-là et elle était partie dîner en ville.

Les « filles » de Suzanne m'ont couchée dans une pièce au rez-de-chaussée et ont décidé de faire une farce à leur capitaine. Lorsque Suzanne est rentrée, tard le soir, elles lui ont annoncé mon arrivée, et Suzanne, qui se demandait qui Georges avait bien pu épouser, surtout avec un nom aussi slave, leur avait déjà fait part de ses craintes que je sois une « aventurière russe ». Les ambulancières lui ont donc raconté que j'étais une divorcée de vingt ans plus âgée que Georges, avec des cheveux décolorés, très maquillée, « un peu » alcoolique, la voix éraillée, habillée de façon extravagante, etc. La pauvre Suzanne ne dormit pas de la nuit. Le lendemain matin, la porte de la chambre s'ouvrit et je vis paraître ma belle-mère. Je m'assis en pyjama sur le lit de camp et je vis Suzanne se précipiter vers moi, me serrer dans ses bras, en riant, en répétant : « Comme je suis heureuse, ma petite fille, comme je suis heureuse ! Quel bonheur, comme Henry sera heureux. » Je ne comprenais pas pourquoi elle riait tellement, jusqu'à ce qu'elle m'explique le tour que ses filles lui avaient joué.

Ensuite, Suzanne m'emmena dans une de ses ambulances chez Georges. En route, elle me parla beaucoup de lui, me racontant des histoires sur son enfance et sur sa famille. J'aime énormément Suzanne et elle aime Georges comme s'il était vraiment son fils.

Juillet

Tu commences la vie en pleine guerre, mon bébé, tes parents sont des soldats, l'une de tes grands-mères est dans l'armée et l'un de tes grands-pères est soldat dans les forces polonaises. Tes parents n'ont ni argent ni maison, ils sont en exil et toi, tu es leur espoir, tu es ce monde futur dont ils rêvent et pour lequel ton père demain partira se battre sur le front de France.

Tu as déjà une âme que Dieu vient de te faire, une petite âme toute claire, et c'est à toi qu'appartient l'avenir et toute la joie qu'il y aura à vivre en France, et tout le bonheur que tu connaîtras de posséder la paix, d'aimer, de vivre.

Pendant que nous bavardons ensemble, les sirènes hurlent. Il y a encore une alerte. Des bombes que l'on vient d'inventer, des espèces d'avions sans pilotes, éclatent de tous côtés, le soir vient, et le black-out avec lui ; dans les métros, des milliers d'hommes, de femmes, d'enfants, de vieillards, dorment dans la poussière et la saleté, étendus sur le pavé, pâles et effrayés. Dans les magasins, on ne peut rien acheter sans « points », sans « coupons », on ne peut pas voyager comme on veut, ni écrire où l'on veut, ni manger des fruits, ni, la nuit, allumer l'électricité et se pencher à la fenêtre ouverte. C'est la guerre. Chaque seconde, des hommes meurent, la Normandie est ravagée. En Europe, les enfants n'ont rien à manger. Pour toi, la guerre ça ne sera plus qu'une histoire que tu apprendras en classe et qui t'ennuiera peut-être, alors souviens-toi que cette guerre, tu y as pris part, que tu existais déjà au moment du fameux second front et qu'en ce moment le plus grand sacrifice que je puis te faire, c'est que je ne pars pas en France avec ton papa, pour que rien ne t'arrive, mon enfant chéri.

Mais tu naîtras probablement en France et en tout cas déjà après la guerre. Tu seras appelé, comme nous l'avons été, un enfant de la paix. C'est ce que je voudrais de toi le plus. Je voudrais que tu sois un vrai enfant de paix.

Lorsque tu connaîtras mon père à moi, tu sauras ce que c'est que cette paix dont je parle, que je voudrais que tu possèdes parce que, sans elle, jamais tu ne seras heureux. Cette paix que mon père a dans les yeux, dans le sourire et dans la voix, qui fait que tous ceux qui l'approchent en sont imprégnés.

L'atavisme que je t'apporte, c'est celui que m'ont transmis mes parents. Le culte de la Beauté, de la Poésie. Tu connaîtras tous les contes dont je vivais lorsque j'étais petite, tu sauras que les poupées sont vivantes parfois, qu'il y a des nains dans les champignons, des danses de fées au clair de lune, des animaux qui parlent, des rivières enchantées. Tu sauras que ton imagination est comme une baguette magique, qu'il te suffit d'en frapper un coup pour que naissent des merveilles. Et pour que tu ne sois pas emporté trop loin par une imagination ailée, tu auras le solide sang français que te donne ton papa. Un sang français, qui sait créer l'équilibre et le bon sens.

Parce qu'un de tes ancêtres, le premier Torrès, partit avec Christophe Colomb à la recherche des terres inconnues, tu aimeras l'Aventure ; parce que certains de tes aïeux se sont imbibés de Montaigne, de Racine, tu aimeras la culture latine, l'élégance, la finesse ; parce que d'autres de tes aïeux ont fui l'Inquisition, ont connu les exils, les pogroms, tu hériteras d'eux ton âme à la fois juive et slave.

Demain, j'irai voir le médecin de l'armée pour obtenir une permission d'une semaine pour que nous allions tous les deux voir de nouveau ton papa à la division Leclerc, dans le nord de l'Angleterre, et rester avec lui jusqu'à son départ.

Tout de suite après notre mariage, Dominique, et après notre retour de notre lune de miel chez l'amiral, nous avons habité, Georges et moi, à Hampstead, dans cette pension où Georges vivait depuis un an. Le premier soir, la propriétaire de la pension vint prendre le thé dans notre chambre et elle me raconta alors que, six mois auparavant, lorsque Georges m'avait emmenée dîner au restaurant chinois pour la première fois, il était ensuite rentré à Hampstead et était venu frapper à sa porte. Il tenait à la main le numéro du *Picture Post* où était parue une photo de moi en train de sauter d'un camion militaire et il lui montra cette photo en disant : « Voici la jeune fille que je vais épouser. »

Tu es si petit, si inconnu, tu es là, je te porte en moi, je ne m'y habitue pas. Ils me disent des mots scientifiques, je n'y crois pas. Ils me disent que tu deviendras un homme, que tu me ressembleras, je souris, Dominique, je ne m'y habitue pas. Si tu étais une étoile, si tu étais une fleur, cela me paraîtrait plus normal. Mais un enfant à moi, c'est un trop grand bonheur.

2 août

Non, je ne t'ai pas oublié, mon enfant chéri, mais tu as été tellement insupportable, tu as donné tant de maux de cœur à ta maman, que je n'avais plus envie d'écrire. Et puis, surtout, je ne suis pas encore habituée à toi, tu es une espèce de petit être que je ne sens pas encore et dont la présence m'effraye un peu. Tu es si neuf, si étrange, si inhabituel, que je ne te conçois pas, Dominique (ou Catherine), et que je ne sais pas te parler.

Il me faut ta réalité palpable, ton corps, tes yeux, ta voix, pour que je puisse croire à ce miracle : un enfant à moi.

Après dix jours passés auprès de Georges à la 2e DB, dans le Yorkshire, je suis rentrée à Londres dans des trains bondés d'évacués qui fuient les « bombes volantes » dans toutes les directions. C'est l'été à Londres, un été sans soleil et sans chaleur ; un été pluvieux qui sent le vent. Je travaille à la section Presse et cinéma de la liaison, et je pense cesser tout à fait à la fin de septembre, mais à cette époque j'espère être en France avec toi. Meyer Levin est dans le même service, côté américain.

Georges est, je crois, en France. Je n'ai pas de nouvelles de lui depuis une semaine, je sais seulement qu'il est soit au secret dans un port anglais, soit déjà en Normandie. Les Russes sont aux portes de Varsovie et l'on dit que la guerre va bientôt finir. En attendant, je te tricote des culottes, et Dieu sait que je déteste tricoter ! Mais il faut bien que tu aies une layette et je veux un fils ou une fille très élégante. Bientôt, dès que tu commenceras à manifester ton existence, je commencerai ton éducation, je t'emmènerai au concert, au musée, je te ferai voir de beaux visages, je te lirai de beaux vers, pour que tu n'aimes que la beauté, mon enfant chéri, même avant de naître.

En allant à la caserne l'autre jour, j'ai appris l'affreuse nouvelle : la petite Kropotkine, qui souriait toujours, s'est suicidée. Elle était enceinte. Le père de son bébé a été tué en Normandie. Il était avec nous officier à Camberley. Personne ne savait qu'elle attendait un enfant. Kropotkine, en apprenant la nouvelle, n'a rien dit à personne, elle s'est tuée. Elle était tellement jeune ! Plus jeune que nous toutes, très profondément jeune et innocente.

23 août

Que tu as été insupportable, Dominique ! J'ai passé plusieurs semaines à ne pouvoir rien avaler sans le rendre aussitôt, plusieurs semaines avec un mal au cœur permanent. Enfin, cela va mieux. Et aujourd'hui... Aujourd'hui, Paris a été libéré. Paris libre. Il n'y a pas une ville au monde dans laquelle les habitants ne se sentent heureux parce que Paris est le symbole de la Beauté, de la Culture. Georges doit y être en ce moment. Je n'ai aucune nouvelle de lui et je suis terriblement inquiète. Mais j'espère qu'il est là-bas, qu'il va bien, qu'il ira voir Mère Marthe, que bientôt arrivera une lettre de lui.

J'ai reçu une lettre de France, d'Annie, postée à Londres, probablement apportée par quelqu'un du maquis. Annie a un fils de trois mois, qui sera ton ami plus tard.

Tout le monde quitte Londres pour la France. Carlton Gardens se vide. J'espère moi aussi rentrer dès que cela sera possible. Je suis tellement, tellement heureuse ce soir parce que Paris est là près de nous, de nouveau notre Paris, de nouveau libre, lavé de toute tache et que la guerre enfin semble presque finie ! Si tu savais ce que cela signifie, Dominique…

Lettre de Paris.

« *Dear Tereska,*

« *I've only time for a note to let you know I've delivered your letters. Monique was not in but I saw her father and shall dine with them tomorrow. He said Georges had been to see them during the first Paris days, and that Georges looked fine. Their apartment as you know looks out on Notre-Dame and some of the windows were shot up but no one was hurt.*

« *I also went to your house and you must tell Marek and Guina that everything is as they left it. No one has lived in the place, and the concierge was very nice about the whole thing. She said the Germans never came around to bother them. So you can move right back in, when you get to Paris.*

« *I have not yet had a chance to look up any of the other people as I have had a good deal of work to do, but I'll get to them in the next few days.*

« *You know I keep on being in love with you. Perhaps that is why I've never been more moved by Paris.*

« *I hope you are well.*

« I don't think you need fear to come here; the food situation is rapidly getting better.

« Yours,

« Meyer [1]. »

30 septembre

Les premières nouvelles de Paris arrivent. Lettres de Mère Marthe, de Monique, d'Annie, de Meyer.

Tout le monde a vu Georges, qui est entré à Paris dans la nuit du 24 août, mais je n'ai aucune lettre de lui et je crains perpétuellement qu'il ne lui arrive quelque chose. J'ai envoyé à Monique, à Annie, aux Fumet, des paquets de savon, de cigarettes et d'alimentation. Claire est partie à Paris voir son mari.

Pour appliquer tout de suite les principes sociaux dont on parle tant, la caserne, vu mon « état », m'enlève grade et solde actuelle, sous prétexte que la MMLA est en France et que je redeviens donc VF et caporale. Je dois me battre pour obtenir une solde suffisante, quant au grade je m'en fiche ! Cela promet pour l'avenir.

1. « Chère Tereska, Je n'ai guère le temps de vous envoyer plus qu'un mot pour vous faire savoir que j'ai bien transmis vos lettres. Monique n'était pas chez elle mais j'ai vu son père et je dîne chez eux demain. Il m'a dit que Georges était venu les voir dès le début de son passage à Paris, et qu'il avait l'air très en forme. Leur appartement, comme vous savez, donne sur Notre-Dame, et ils ont eu pas mal de vitres brisées, mais personne n'a été blessé.

« Je suis aussi allé chez vous : vous direz à Guina et à Marek que tout est resté exactement dans l'état où ils l'ont laissé. Personne n'a habité chez eux, et la concierge a été très gentille pour tout. Elle m'a dit que les Allemands ne sont jamais venus rôder ni les ennuyer. Ainsi vous pouvez vous y réinstaller dès votre retour à Paris.

« Je n'ai pas encore pu joindre les autres personnes parce que j'ai eu énormément de travail, mais je le ferai ces très prochains jours.

« Vous savez que je continue à être amoureux de vous. C'est peut-être pour cela que je n'ai jamais été aussi ému par Paris.

« J'espère que vous allez bien.

« Je ne pense pas que vous deviez craindre de revenir ; pour l'alimentation, les choses s'améliorent rapidement.

« Votre

« Meyer. »

Je crois que le poids le plus lourd qui pèse sur l'humanité est la croûte invraisemblable d'égoïsme qui recouvre la terre entière. A de rares exceptions près, chacun ne veut vivre que pour soi, pour son bien-être et son ambition. Chacun ferme les yeux sur les besoins des autres pour se mettre à la première place et ne songe qu'à écraser le voisin qui pourrait le gêner.

Le devoir d'un gouvernement serait de faire des lois si minutieuses que l'égoïsme et la méchanceté d'une organisation ou d'un seul homme ne pourraient rien contre l'Individu. Et je crois que de telles lois sont possibles.

Le fils d'Annie s'appelle François, il est né le jour de notre mariage. C'est symbolique, dit maman.

Le colonel Baranger, avec lequel j'ai déjeuné aujourd'hui, annonce une révolution prochaine, et Annette Alexandre me promet la fin de la guerre pour très bientôt, mais suppose aussi qu'il y aura ensuite une révolution.

L'autre jour, un jeune lieutenant me disait : « Ce n'est pas une époque pour avoir des enfants. » Mais je ne crains pas d'avoir des enfants : s'ils vivent d'abord dans un temps troublé, ils n'en seront que plus braves et plus trempés.

Dominique, mon mystérieux petit avenir, mon mystérieux « moi », mon petit garçon ou ma petite fille, comment seras-tu, qui seras-tu, est-ce que je saurai faire cette chose la plus difficile de toutes, t'élever ? C'est-à-dire te guider, te suivre, te comprendre, développer *ta* personnalité, *ton* caractère et non pas ce qui me flatterait que tu sois.

Georges me manque davantage chaque jour, son corps me manque à mes côtés la nuit, et ses yeux noirs et sa voix m'appelant « Bébé chérie », et son rire, le rire de mon frère Georges, et sa force devant tous les obstacles qu'il sait toujours vaincre, alors que chaque obstacle, chaque combat, m'épouvante et me donne envie de fuir.

17 octobre

Lorsque mon père était petit… Ô les merveilleuses, les innombrables histoires qu'il m'a racontées sur le temps « quand il était petit ».

Marek avait neuf frères et sœurs. Il habitait dans une petite ville de Pologne, que j'ai souvent visitée lorsque j'étais enfant. Les maisons peintes de couleurs diverses étaient pourvues de petits perrons. Les rues étaient bordées d'arbres chargés de boules de fruits couleur corail, assemblés en grappes, dont les enfants se faisaient des colliers. Ils jouaient dans les rues. Petits paysans polonais, blonds, pieds nus, et petits enfants juifs, en costumes sombres, des capotes longues et noires. De chaque côté des oreilles, ils avaient des boucles de cheveux qui leur caressaient les joues. Sur la tête, ils portaient toujours de petits calots noirs, car il leur est interdit d'être nu-tête.

Ma grand-mère, la mère de Marek, habitait une grande maison, une des plus grandes de la petite ville. Au-dessus de la porte d'entrée, sur un balcon, poussaient des lauriers-roses, dans des caisses de bois.

On entrait : après la cour, il y avait un escalier saupoudré de sciure de bois et, sur tous les murs de cet escalier, des dessins au charbon que mon père faisait sur la chaux des murs lorsqu'il était petit. On ne les avait jamais enlevés. Maintenant, je ne sais pas. Il est probable que les Allemands les ont effacés, après avoir causé la mort de mon grand-père. Peut-être que la maison n'existe plus. Peut-être que tout le monde est mort là-bas.

A cette époque, lorsque mon père était très jeune, il jouait dans la cour de sa maison avec tous ses frères et sœurs. Mais si, par malheur, les enfants ou leurs amis des cours voisines s'aventuraient dans l'escalier saupoudré de sciure de bois, ma grand-mère, qui était une femme énergique et ressemblait à une bohémienne avec ses yeux noirs, sa peau basanée et ses cheveux tout blancs, s'avançait au haut des marches, brandissant un seau d'eau froide qu'elle renversait sur les petits, qui se sauvaient alors au plus vite !

A l'école juive, on n'apprenait que l'hébreu. Les garçons, assis devant d'énormes bibles, balançaient leurs boucles de cheveux le long de leurs joues roses en psalmodiant les textes hébreux. Le premier jour, lorsque Marek arriva à l'école, l'instituteur le fit asseoir devant une de ces bibles, lui mit le doigt sur une ligne et lui dit de répéter avec les autres ce qu'ils lisaient, et le petit Marek, se balançant avec ses camarades, répéta les paroles incompréhensibles, jusqu'à ce qu'un jour il sût lire et comprît l'hébreu. C'étaient les méthodes de ce temps-là.

L'hiver, lorsqu'il faisait très froid, mon père allait en classe entre deux murs de neige et il pleurait de froid en marchant. Parfois, lorsqu'il arrivait enfin devant l'école, il trouvait devant la porte un écriteau : « Fermé pour cause de froid ». Alors, il devait s'en revenir entre les murs de neige jusqu'à sa maison.

Dans sa maison, il faisait très chaud. De hauts poêles de faïence blanche montaient jusqu'au plafond. Dans l'entrée, le sol était pavé de carreaux peints en rouge. Mon grand-père passait ses journées dans sa bibliothèque. Les enfants ne le voyaient qu'au repas. C'était un savant très distrait qui ne s'intéressait qu'à sa collection de livres, écrits dans toutes les langues mortes possibles.

Lorsque je connus mon grand-père, il avait une barbiche blanche et portait sur la tête un calot noir brodé d'un fil d'or. J'entrais dans la bibliothèque, il était assis sur une chaise qu'il faisait pivoter d'un seul coup sur elle-même, ce qui m'impressionnait beaucoup. Il m'embrassait distraitement, je crois qu'il ne savait que très vaguement laquelle de ses nombreuses petites-filles j'étais. Un jour, il m'emmena en promenade. Il me tenait par la main, j'étais encore très petite, il marchait lentement sans parler et nous montions une longue rue déserte. Il y avait beaucoup de soleil. Je ne me souviens guère de ce père de mon père, mais je revois cependant les traits de son visage intelligent.

Mon père, petit, avait très peur des églises et ne serait jamais entré dans l'une d'elles. On lui avait dit que les chrétiens tuaient les enfants juifs et, lorsque Marek entendait les cloches de l'église, vite il se sauvait. Jamais non plus il n'aurait mangé de viande de porc, parce que c'était interdit. Mais la cuisinière préparait de magnifiques repas, spécialement le vendredi soir et pour les fêtes de la Pâque. Des carpes sucrées, des hors-d'œuvre composés de harengs salés avec des oignons, des concombres marinés pendant des semaines dans de l'eau salée, de la *matza*[1], des soupes de champignons, de la *kacha*[2], de la soupe de betteraves, du vin sucré de Palestine, des œufs durs trempés dans de l'eau salée, du poulet bouilli, des gâteaux de miel et de riz sucré et bien d'autres choses très bonnes.

Le vendredi soir, veille du Sabbat, on allumait les bougies et on mangeait le repas rituel, au début duquel mon grand-père lisait des prières en hébreu. Si un étranger frappait à la porte, il était reçu à la table comme un invité envoyé par Dieu.

24 octobre

Je me suis mariée il y a aujourd'hui cinq mois et, depuis deux mois, je suis sans nouvelles de Georges.

J'ai tout essayé. J'ai envoyé des lettres par des gens qui partaient en France, le colonel Forrare a écrit personnellement au général Leclerc et attend sa réponse, j'ai écrit à Suzanne. Chaque matin, j'espère recevoir enfin une lettre. Depuis une quinzaine, je n'ai plus non plus de lettre d'Henry de New York, et cela aussi m'inquiète, quelque chose serait-il arrivé à Georges qu'on craint de me faire savoir ? Cette nuit, j'ai rêvé que je marchais avec Georges et qu'il me disait : « Je suis tellement fatigué que je n'en peux plus... » et, pendant ce temps, toi Dominique, tu bouges comme un vrai petit diable. Lorsque je pose la main sur toi, je te sens remuer et on dirait que ton cœur bat et que tu agites bras et jambes.

Tu as un nouveau petit cousin qui est né au Portugal, il s'appelle Joad da Silva; son grand-père, mon oncle Samuel, le frère de Marek, m'écrit de longues lettres à ton sujet, au sujet de mon mariage. Il est très mécontent que je me sois mariée à l'église, et sera très fâché si je t'appelle Dominique, parce qu'il souffre encore beaucoup de la conversion de mes parents.

Pourtant, il s'est passé une chose étrange au sujet de cette conversion qui, lorsqu'elle fut connue, a causé un tel scandale.

1. Pain azyme.
2. Bouillie d'orge ou de sarrazin.

Quand Marek avait seulement quatorze ou quinze ans, et qu'alors il n'était jamais entré dans une église, n'avait jamais mangé de porc et n'avait probablement aucune notion du Christ, à cette époque, le père de Marek, ton arrière-grand-père, alla rendre visite à un rabbin très connu dans sa petite ville, qui, disait-on, était un *tzadik*, un saint, qui pouvait lire dans le cœur des hommes et même prédire l'avenir. Ce rabbin était ami de ton arrière-grand-père. Il le reçut donc très bien, le fit asseoir, sa femme apporta à ton arrière-grand-père des gâteaux faits à la maison, et les deux hommes se mirent à parler comme ils le faisaient souvent. Soudain, au bout d'une heure environ de cette conversation amicale, le rabbin sembla se plonger dans des pensées graves, il ne dit plus rien et mon grand-père, étonné, vit que ses yeux étaient lointains et fixes, comme s'il regardait quelque chose devant lui. Au bout d'un moment, le rabbin sembla se réveiller et dit à mon grand-père avec une certaine colère : « Je viens d'avoir une étrange révélation à votre sujet et je vais vous la dire, vous allez beaucoup souffrir à cause d'un de vos fils. Ce fils sera connu et il se convertira au catholicisme, ce sera une cause de grande honte pour toute votre famille. » Le rabbin ne voulut ou ne sut rien dire d'autre, et mon grand-père, qui ne croyait pas beaucoup aux révélations et qui n'était pas mystique, repartit cependant étonné et anxieux. Il pensa que, si la prédiction du rabbin devait se réaliser, elle concernait certainement son fils Samuel (le grand-père de ton nouveau petit-cousin Joad da Silva), parce que Samuel était parti tôt de sa petite ville, il était l'aîné, il vivait à Paris, où il étudiait à l'École des mines, et il avait des idées modernes avancées.

Cependant, des années passèrent et rien ne sembla montrer que Samuel était devenu chrétien. Il se maria avec une jeune Juive russe très riche, s'établit au Portugal où il dirigeait des mines, s'intéressait au sionisme, et mon grand-père oublia complètement sa visite chez le rabbin. Il ne devait s'en souvenir que longtemps plus tard, lorsque, comme un coup de foudre, lui arriva la nouvelle que son fils Marek, qu'il aimait tout particulièrement, ainsi que sa femme et sa fille, étaient déjà catholiques depuis douze ans. Ce fut alors qu'il écrivit à mon père pour lui raconter cette prédiction et lui dire sa douleur de ce qu'il considérait comme une trahison envers le peuple juif.

Je me souviens du jour où cette conversion fut dévoilée et du scandale que cela causa. Marek avait été vu dans une église en train de communier par un critique d'art écrivant pour les journaux juifs. A la sortie de la messe, celui-ci s'approcha de mon père et lui demanda la vérité. Il y avait très longtemps que Marek et Guina s'étaient convertis en secret. Peut-être Marek n'en pouvait-il plus de vivre cette double vie ? Il répondit que oui, que nous étions catholiques, et il demanda au journaliste de n'en rien dire à cause de ses parents.

Quelques jours plus tard, la nouvelle était dans tous les journaux juifs de cette époque.

4 novembre

Je pars à Paris !

Hier soir, j'ai été appelée à la caserne, où la capitaine Lord m'a montré un ordre de mission signé Rothschild, m'enjoignant de prendre l'avion pour la France, « dans le plus bref délai possible ».

Après dix minutes de pleurs, maman s'est faite à l'idée de me laisser partir ; papa, après avoir pesé les « pour » et les « contre », est d'avis que les « pour » l'emportent ; et, à partir du 13 novembre, je serai en état d'alerte.

Paris. C'est incroyable de penser qu'après quatre années d'exil je vais revoir ses rues, ses ponts, Notre-Dame, la petite maison du bonheur, le couvent, les amies d'autrefois.

La nuit, je me réveille pour y songer et, dans mon corps, mon enfant remue doucement comme s'il se réjouissait.

La seule tristesse dans tout cela est de laisser (pour combien de temps ?) mes parents. J'ai l'impression physique de m'arracher à eux, comme si je faisais intimement partie de leur corps. Je me répète seulement que je pars pour leur bien, que je pourrai plus facilement les faire venir, que je me rapproche de Georges, que la séparation ne sera pas longue.

Guina, Marek, mes parents-enfants, mes enfants-parents, mes amours. En attendant le départ, je te promène, mon bébé, à travers les vernissages, les studios d'artistes, les galeries d'art ; et si tu n'as pas de goût plus tard ce ne sera pas ma faute. Je commence à faire mes malles, à acheter de quoi remplir d'immenses garde-manger pour les amis en France. L'idée que je retourne là-bas me paraît toujours incroyable. J'ai trop attendu ce moment, trop longtemps, pour arriver maintenant à y croire.

Et Londres, pour ces derniers jours, se fait d'une beauté particulière.

Le temps est doux, les arbres dans les parcs, dans les squares, sont en feu. Toutes les rues sont recouvertes de feuilles tombées, il fait si beau, si calme. Il y a un ciel léger tout gris et de gros pigeons satisfaits sous les fenêtres. Je dis au revoir aux autobus rouges à plate-forme, aux brumes du soir, aux V2 [1] qui viennent nous rendre quotidiennement des visites bruyantes, aux petits restaurants de Soho où l'on mange des *chips and steaks*. Steaks de cheval, bien sûr. Je dis au revoir à toutes ces rues dans lesquelles je marchais avec Georges, lorsque je ne me doutais pas, oh ! pas un instant, qu'il allait devenir le père de Dominique. Combien j'aime Londres, le gros, le lourd Londres, venteux, pluvieux, brumeux, le Londres des Blitz, le Londres de guerre, dans le black-out, combien je l'aime, combien de souvenirs j'y laisse tout autour de Hyde Park !

Lettre du 28 octobre 1944.

« Ma pauvre petite Tereska chérie,

« J'ai attendu et attendu pour t'écrire, car je ne pouvais me résoudre à te porter le coup le plus affreux ! Mais je sais que, malgré mes efforts et en dépit des promesses que j'avais reçues, tu as dû être avisée officiellement de la disparition de notre pauvre petit Georges. Je ne l'avais pas quitté pendant tous ces jours, depuis le départ de Paris ! Il prenait tous ses repas avec moi, se lavait chez moi. Et puis il est parti en patrouille, à côté de chez moi et… le soir, le commandant est venu me dire que lui et un de ses camarades n'étaient pas revenus. Impossible d'aller sur les lieux mêmes. J'ai interrogé tout le monde, tous ceux qui étaient présents, ses camarades qui l'adoraient, ses officiers. Hélas ! rien de bien rassurant. Il était si

1. « Bombes volantes ».

brave ! On le considérait comme un des héros de la compagnie. Il est parti en tête naturellement.

« Je ne puis rien te dire de plus, ma pauvre petite chérie. Ma pensée ne te quitte pas, mais si je n'ai aucune certitude absolue, je n'ai pas grand espoir non plus que nous le revoyions. Je te le dis franchement, car il me semble qu'il serait monstrueux que tu gardes un trop grand espoir pour t'effondrer ensuite. Le coin où cela s'est passé n'est pas encore pris. On ne peut y aller. Je suis à côté, à moins de deux kilomètres. C'est intolérable de ne pouvoir y aller.

« Je vis des heures atroces, mais c'est à toi, à toi surtout que je pense, puis à mon pauvre Henry, à Janot, à la pauvre grand-mère.

« Ma Tereska, il faut que tu sois très brave pour le petit Dominique que tu portes. Que tu ne songes qu'à lui. Sa vie, sa santé vont dépendre de ton courage. Pour lui, il faut te crisper, ne pas te laisser aller, manger, dormir... tout ce qui paraît impossible à qui souffre ce que tu vas souffrir. Je voudrais tant être avec toi, pleurer avec toi, te parler de lui.

« J'ai toutes ses affaires, son portefeuille qu'il a confié à un camarade pour me le remettre en cas d'accident, juste avant de partir. J'ai deux pellicules de lui et moi prises quelques jours avant, et que je ferai développer en lieu sûr.

« Mon petit, je t'en prie, ne te laisse pas aller. Je t'aime tant ! Nous parlions de toi tout le temps. Il t'adorait ! Je ne peux continuer. C'est trop dur pour moi de penser à toi me lisant.

« Je vis au milieu de ses camarades, dans son souvenir perpétuel.

« Écris-moi. Je ferai tout pour savoir l'exacte vérité et te l'écrire aussitôt.

« Je t'embrasse avec une infinie tendresse, ma pauvre petite fille.

« Suzanne. »

10 novembre

Ce matin m'est arrivée la lettre de Suzanne.

Georges a disparu.

Il était considéré comme un héros par toute sa compagnie, il est parti en patrouille et n'est jamais revenu.

Il y a encore un faible espoir cependant. Un très faible espoir que ton papa ne soit pas mort, mon pauvre petit enfant.

Heureusement que je t'ai.

11 novembre

Je ne veux pas croire qu'il soit mort.

Je ne le croirai pas jusqu'à la dernière seconde d'espoir.

Mardi matin, je pars en avion à Paris. Là, je tâcherai de voir Suzanne et d'avoir plus de nouvelles.

Je n'arrête pas de demander à Dieu un miracle. Pour toi, Dominique, pour toi, Dieu peut faire ce miracle.

Paris, 17 novembre

Je suis à Paris, Paris que j'ai attendu quatre ans, avec une telle hâte de le revoir ! Et je ne vois rien, je ne sens rien. Je marche comme en rêve, absolument plongée dans un tel désespoir qu'il me semble ne pouvoir plus jamais remonter vers aucune joie. J'ai été partout pour savoir quelque chose sur Georges. Cet après-midi au ministère de la Guerre. On m'a confirmé officiellement que Georges a été porté disparu le 9 octobre. J'ai demandé qu'on fasse venir Suzanne, et on me l'a promis.

Je ne sais rien, je ne comprends rien, je ne peux que répéter : « Mon Dieu, fais un miracle, mon Dieu, sauve Georges, mon Dieu, fais un miracle ! » J'ai été au couvent, où j'ai sangloté pendant des heures. Les Mères m'ont couchée dans un grand lit, m'ont revêtue d'une longue chemise blanche de religieuse, m'ont apporté mon dîner au lit, puis ce matin mon petit déjeuner. Elles étaient d'une bonté inouïe, comme tout le monde, les Fumet, les parents de Monique, le capitaine au ministère de la Guerre, les parents d'Annie, tous ceux que j'ai vus et qui me disent d'espérer encore.

Mon Dieu, pour notre petit enfant, fais un miracle, je t'en conjure, fais un miracle, mon Dieu sauve Georges. Mon Dieu, je t'en supplie.

18 novembre, hôtel Château Frontenac

Mon petit enfant que je porte en moi avec une telle inquiétude, que tous ces événements, que toute cette douleur ne puissent te faire de mal ! Mon petit Dominique, mon enfant de Georges et ma raison de vivre, me voici seule avec toi dans cette chambre d'hôtel, attendant sans cesse le miracle qui me rendra ce garçon qui est ton père, ce grand garçon pur et courageux, qui est parti se battre pour toi, pour tous les enfants de France.

Mon petit enfant chéri, aimé, j'ai si peur pour toi ! Je peux te donner si peu, et tu arriveras dans un monde si bouleversé ! Je n'ai pour toi aucune sécurité, je n'ai même pas de maison à t'offrir, je ne sais pas même ce que je ferai demain. Alors que je voudrais te donner tout le bonheur du monde, et toute la joie et tout le soleil.

20 novembre

Ton papa est parti en patrouille, le 8 octobre dernier, lui et ses camarades sont tous morts là-bas.

Il est couché sous la terre de France, sous une croix de bois, tu ne le connaîtras pas, Dominique. Tu sauras seulement que ton père était un héros de vingt ans, qu'il était pur, courageux, que tout le monde l'adorait et qu'il pensait à toi sans cesse. Il a donné sa vie pour toi.

Je voudrais que tu vives dans le souvenir présent, dans l'amour de ce père si jeune, je voudrais que tu lui ressembles et que tu sentes sa présence, je voudrais que tu saches bien que tu as un père, un vrai, un merveilleux père, qui est seulement parti pour un long voyage.

21 novembre

J'ai vu hier soir le Père Caffarel, chez lequel Georges est allé deux fois lorsqu'il était à Paris (il est le huitième Français de la division Leclerc entré dans Paris). Le Père m'a dit combien Georges l'avait impressionné, qu'il était si droit, si magnifique de courage, à la fois si jeune et si mûr.

Il parlait de toi sans cesse. Il était si heureux à la pensée de ton existence. Pour lui, tu étais son enfant et tu vivais déjà vraiment.

Je ne sais pas beaucoup de lui lorsqu'il était petit. Je sais seulement qu'il était un vrai diable, qu'il faisait enrager toute sa famille. Il m'en parlait parfois et je riais tant avec lui de ses histoires. Nous avons tant ri ensemble, mon chéri ! Ce mois de mariage et avant, ces cinq mois, nous avons ri pour une vie entière.

Ce garçon qui terrifiait sa famille autrefois n'était que douceur avec moi. Il s'occupait de toutes les petites choses qui pouvaient me faire plaisir. Il était immensément fier de sa femme et puis immensément fier d'être père. Un jour, juste avant le mariage, nous étions à la campagne, étendus l'un à côté de l'autre sur l'herbe, c'était chez mes cousins, il faisait si beau, c'était le mois de mai. Georges me dit : « Dans notre mariage à nous, il n'y aura jamais rien de cynique », et il a ajouté : « Je veux que vous soyez très, très heureuse. » Après le mariage, pendant ces quelques jours seulement où nous avons été ensemble, il me disait en me serrant contre lui : « Chaque jour, j'aime ma petite femme davantage. »

22 novembre

Nous devions savoir par un instinct profond et que nous-mêmes, alors, ne discernions pas, que nous avions très peu de temps à vivre. Nous savions que nous avions peu de jours et c'est pourquoi tout s'est fait si vite, c'est pourquoi nous étions possédés d'une telle rage de nous marier le plus rapidement possible. En dix jours, nous devions faire toutes les démarches et, un mois après, tu devais être conçu, et Georges devait n'avoir que le temps de savoir que tu étais là, n'avoir que le temps de poser sa main sur moi pour te sentir là, petit embryon, encore immobile, de quelques jours. Il y a des gens qui ont besoin d'une vie entière, nous avons eu à peine un mois. Nous n'avons jamais connu l'embourgeoisement, ni la tiédeur, ni l'habitude. Nous étions deux enfants heureux et nous fermions les yeux obstinément sur l'avenir comme si nous savions que l'avenir pour nous n'existerait pas.

Je savais toujours, depuis l'instant où il avait été accepté à la 2e DB, qu'il allait mourir. Je l'ai pensé clairement et plusieurs fois. Lorsque je l'ai quitté la dernière fois pour rentrer à Londres, j'étais assise dans une jeep, il s'est mis au garde-à-vous pour saluer le capitaine qui me conduisait. Je le revois, je le reverrai toujours ainsi, grand, très droit, saluant, et moi, dans la jeep, j'ai pensé alors : « C'est la dernière fois que je le vois. » Lorsqu'il a été tué, il a dû tomber ainsi, tout droit, face à l'ennemi. Il avait au cou une chaîne d'argent que je lui avais donnée avec des médailles de la Sainte Vierge.

Une ambulancière de Suzanne m'a apporté cet après-midi deux photos de Georges prises au front avant sa disparition. Sur l'une d'elles, je retrouve Georges si changé par sa barbe en collier et sa moustache, mais surtout avec sur son visage une flamme, une douceur intense.

Quand Georges était petit, il allait au lycée Montaigne en tricycle. En arrivant, il l'attachait à un anneau dans l'entrée. Tous les autres petits garçons admiraient ce tricycle et Georges en était très fier. Enfant aussi, lui et son frère, pour les fêtes costumées, étaient toujours habillés en avocats. Leur mère, Janot, qui en ce moment est en prison dans un camp en Allemagne, leur taillait de longues robes de papier noir, qu'on attachait avec des épingles et, lorsqu'ils arrivaient ainsi, intimidés et furieux, au milieu de tous les enfants habillés en marquis, en pierrots, en Peaux-Rouges, Georges, lui, sentait les épingles le piquer, tandis que tout le monde s'exclamait : « Oh ! les petits Torrès vêtus comme leur papa ! Que c'est original ! » Avant notre mariage, un soir Georges avait raconté cette histoire à mes parents.

Lorsque j'ai été passer ces dix jours de permission, péniblement arrachés au docteur de l'armée, à la division blindée, dans le Yorkshire, nous ne pouvions nous voir qu'à midi et le soir, car Georges toute la journée était au camp.

Nous habitions chez des paysans, dans un village, une toute petite chambre. Le matin, Georges partait alors que je dormais encore et il m'embrassait vite pour ne pas me réveiller.

Tout le matin, je me promenais dans la campagne en l'attendant et, à midi, je le voyais arriver au loin sur sa bicyclette.

Nous déjeunions avec les paysans dans leur cuisine, puis nous montions dans notre chambre pour bavarder et nous embrasser pendant cinq minutes, car il devait repartir. Le soir, enfin, il arrivait de nouveau. Alors nous allions nous promener, ou, étendus sur notre lit, nous parlions longtemps, et Georges me racontait qu'il voulait, après la guerre, faire de la politique, une nouvelle sorte de politique, sans mensonges, sans intrigues. Nous parlions aussi du Clos des Metz, où il avait été élevé, à la campagne, près de Paris. Il m'en décrivait la beauté et me promettait que nous irions, après la guerre, vivre là-bas avec notre enfant. Lorsque la nuit tombait, nous descendions à la cuisine, seul endroit où il y eût de l'eau courante, pour nous laver. La pièce n'était éclairée que par le feu, c'était très calme, très beau. Nous nous endormions ensuite serrés dans les bras l'un de l'autre et je m'imaginais que peut-être la vie serait toujours aussi simple. Mais, lorsque le jour revenait et que je regardais le visage de mon mari, la passion qui étincelait dans ses yeux noirs, lorsque je sentais cet élan qui le portait vers moi avec une telle force, cet élan qu'il donnait à tout ce qu'il faisait, ma peur revenait, la peur de le voir partir vers les champs de combat, avec la même âme entière.

Le dernier soir de son séjour là-bas, il y eut un bal à la division blindée et nous y fûmes invités par Suzanne. Georges détestait danser, mais il y alla, et tout la soirée nous restâmes ensemble, soit dehors, dans un champ, assis sur un tronc d'arbre, soit sous la grande tente pleine de musique, nous tenant par le bras et refusant de danser. Il m'avait dit : « Si quelqu'un te demande de danser, surtout refuse » et, malgré mon goût de la danse, je refusais toujours, parce que je sentais qu'il aurait un tel chagrin à l'idée que sa femme puisse être dans les bras de quelqu'un d'autre. Le bal se termina vers 1 heure du matin, et on nous reconduisit en ambulance au milieu de la nuit. J'avais tellement sommeil que je m'étendis sur la banquette, ma tête sur ses genoux, et sans cesse il me demandait si j'étais bien, si je n'avais pas froid. Moi, je ne dormais pas, j'étais heureuse, je n'avais peur de rien, il faisait nuit, l'auto nous emmenait, je reposais sur les genoux de mon mari, aucun mal ne pouvait arriver, ni à moi, ni à toi, Dominique.

Et ce fut dans la petite chambre notre dernière nuit.

Le lendemain, je repartis pour Londres. De l'arrière de la jeep, je vis Georges pour la dernière fois, et je pensais : « C'est la dernière fois que je le vois. »

Plus tard, environ deux ou trois semaines après, un matin de bonne heure, le téléphone sonna et j'allai répondre encore tout endormie. C'était lui, j'entendis sa voix pour la dernière fois. Il me disait qu'il était en route pour un port d'embarquement, il partait en France. Il venait de passer la nuit à cette même Ferme rouge de l'amiral Muselier où nous avions passé les deux jours qui avaient suivi notre mariage, et son camion repartait. Il me disait qu'il m'embrassait et qu'il m'écrirait. Lorsque je raccrochai l'appareil, ce fut vraiment la dernière fois et tout était coupé. Mais je ne le savais pas.

Depuis que je suis à Paris, je sais que je dois retrouver « bonne-maman », la grand-mère de Georges. Il m'avait parlé d'elle, la mère de Janot, mais je ne savais que son nom. Hier, enfin, j'ai décidé de la retrouver. J'ai cherché dans un annuaire téléphonique et j'ai été à la première adresse, une rue sur l'esplanade des Invalides, parce qu'il me semblait que Georges m'avait dit que sa grand-mère habitait dans ce quartier. La concierge n'était pas là. Mais le nom était sur la liste affichée à la porte de la loge. Je suis montée au deuxième étage. J'ai sonné. Une femme de chambre m'a ouvert, mais avant que j'aie eu le temps de rien expliquer, j'ai vu s'avancer une vieille dame très fine, avec des cheveux tout blancs, qui s'est exclamée : « Tereska ! » et m'a ouvert les bras. Elle riait et pleurait et disait : « Je vous ai reconnue immédiatement. Georges m'a montré votre photo. Georges m'a tant parlé de vous. »

C'est ainsi que j'ai retrouvé bonne-maman, et elle est la plus belle, la plus merveilleuse des vieilles dames de la terre.

« Mais, a-t-elle tout de suite demandé, n'attendez-vous pas un bébé ? » Je suis toujours en uniforme et on ne t'aperçoit pas du tout, Dominique, tu es très discret.

Bonne-maman m'a raconté que, le jour de la libération de Paris, le 24 août, elle s'était réfugiée au rez-de-chaussée d'un autre appartement. La fenêtre était ouverte, elle était assise au salon. Soudain, un soldat s'est profilé sur l'appui de la fenêtre et a sauté dans le salon. Il portait l'uniforme avec l'insigne à croix de Lorraine de la division Leclerc. Bonne-maman ne l'a pas tout de suite reconnu, seulement lorsqu'il l'a appelée. Il avait à peine seize ans la dernière fois qu'elle l'avait vu et, soudain, il y avait devant elle cet homme grand, fort, avec une barbe et qui la serrait dans ses bras. C'est là qu'il lui raconta son mariage, lui montra ma photo en uniforme et lui dit qu'il allait avoir un enfant.

Ensuite il lui dit : « Viens, bonne-maman, je vais te montrer la libération de Paris. » Dans la rue, devant la fenêtre, il y avait un attroupement qui l'attendait. Les gens riaient, chantaient. Georges sortit avec sa bonne-maman, il la fit monter dans la jeep, à côté de lui, et il la promena toute la journée à travers un Paris en liesse.

Nous nous sommes adorées dès le premier regard et nous nous sommes monté la tête, elle et moi. C'est-à-dire que moi, je lui ai monté la tête. Georges n'est pas mort. Je suis sûre qu'il est passé en Allemagne pour sauver sa mère, car un garçon comme lui en est capable. J'espère donc de nouveau et je veux espérer. Tant que je ne verrai pas Suzanne, tant que Suzanne ne me dira pas : « Je l'ai vu de mes yeux, il avait au cou ses médailles et au bras sa plaque d'identité. » Alors seulement je croirai à sa mort.

Bonne-maman m'a donné des photos merveilleuses de Georges lorsqu'il avait six, sept, dix ans. Il est si beau dessus. Non, je ne crois pas, je ne crois pas à sa mort. Je ne sens pas qu'il est mort.

25 novembre

J'ai déménagé de l'hôtel *Château Frontenac* où je logeais jusqu'ici, car il est réservé à l'armée. Je me suis installée chez bonne-maman et, aujourd'hui, j'ai reçu une lettre de Georges datée du 4 septembre, que mes parents m'ont fait suivre à Paris.

« 3184145 BPMG
« US Army,
« 4 septembre.

« Bébé chérie,

« J'ai tant de choses à te raconter que je ne sais vraiment plus par quoi commencer. Tu ne peux savoir ce qu'a été cette campagne de France. J'ai eu peur souvent que tu t'inquiètes ; seulement, malgré mon grand désir de le faire, je n'ai jamais ou presque jamais pu réunir tout ce qui était matériellement utile pour écrire une lettre. Combats de jour, patrouilles de nuit. Voilà notre vie depuis le débarquement.

« Nous sommes maintenant au repos dans Paris.

« Quelle récompense.

« Mère Marthe, Monique, l'abbé Caffarel ont été adorables. Je n'ai, hélas ! pas eu le temps encore d'aller voir les Fumet, qui publient de nouveau leur hebdomadaire.

« Morandat, Grandchaume sont à Paris, de même que le commandant Haas-Picard.

« Le Clos des Metz, très abîmé par la piraterie allemande, tient toujours debout. Les prés étaient en fleurs quand j'y suis arrivé seul un après-midi. J'y ai été accueilli par les souvenirs de toute mon enfance.

« Ma grand-mère est à Paris. Elle se réjouit tant de te connaître. Tout le monde a ton adresse.

« Monique s'occupe déjà de la clinique de Dominique. Tu as raison de vouloir revenir le plus tôt possible.

« Il est possible que je retourne chez Marek bientôt pour m'occuper, avec Morandat, de Janot et de son mari.

« Dès que les communications seront rétablies, je te ferai savoir tout cela.

« De ton côté, prends les dispositions nécessaires pour rentrer.

« Ma grand-mère : Mme Charles Humbert, 25 rue de Constantine, Paris VIIe. INV 47.44.

« Bébé, j'ai encore tant de choses à te raconter.

« Tu sais mon amour.

« Je t'embrasse des millions de fois comme je t'aime.

« Georges. »

« Bon anniversaire !

« Schumann m'a chargé de t'envoyer son amitié par ce qu'il appelle la voie des airs.

« Dis toute mon affection à tes parents. A Maisonneuve, qui ne m'écrit jamais, donne mon amical souvenir. J'ai dîné hier soir chez les parents de Monique. Ton appartement est intact. Je file à Jouy cet après-midi régler ton arrivée. Le jardinier, sa femme, ma grand-mère et Renée Blum, la belle-fille de Léon, te préparent non seulement une des maisons de Jouy, mais encore le ravissant appartement de Léon au quai Bourbon pour que tu puisses y habiter dès ton arrivée.

« Suzanne laisse à Paris sa voiture, prise de guerre, qui sera à ta disposition dès que tu seras à Paris. »

« Le 5.

« Nous remontons au front demain.

« Je t'embrasse un million de fois.

« Georges. »

26 novembre

Cette attente est la chose la plus affreuse qui puisse exister. Le pire des supplices chinois. Je ne veux pas croire à sa mort et, pourtant, je ne peux m'empêcher parfois de mesurer toute l'énormité de mon espérance et de la folie qui me pousse à croire, alors qu'on me dit qu'il a été enterré. Bonne-maman et moi, nous attendons Suzanne, qui n'arrive toujours pas, et parfois je m'effraye d'avoir mis au cœur de cette femme âgée une si grande flamme d'espoir, alors qu'il y en a si peu et que je ne compte que sur un miracle. J'ai tellement prié Dieu que je ne peux plus prier et que, dans les églises, à la chapelle du couvent, je ne fais plus que de répéter machinalement : « Mon Dieu, rends-le-moi, rends-le-moi. » Il y a en moi quelque chose qui répète : « Il n'est pas mort, il ne peut pas être mort, c'est impossible », envers et contre toute évidence. Que Suzanne me rapporte son alliance avec nos noms gravés à l'intérieur, qu'elle me rapporte sa chaîne et ses médailles, alors seulement je verrai que c'est bien fini. Sinon, je suis certaine qu'il est passé en Allemagne pour délivrer sa mère, il le voulait tellement et il faisait tout ce qu'il voulait.

J'ai retrouvé Wanda, Annie, toutes mes amies d'enfance, mais je ne sens rien, je ne me rends compte de rien, une seule chose compte, Georges, savoir qu'il n'est pas mort.

Hier, Meyer est venu me voir chez bonne-maman. Il m'a emmenée dans un café du boulevard Saint-Michel et nous avons beaucoup parlé. Je lui ai dit que je ne croyais pas que Georges soit mort.

Georges m'a souvent expliqué son plan pour passer en Allemagne, même en se laissant faire prisonnier, pour essayer de sauver sa mère et Léon Blum. Je suis de plus en plus convaincue que c'est ce qui s'est passé. J'ai confié à Meyer que j'attendais un enfant, car je suis toujours en uniforme, cela ne se voit pas du tout, heureusement, et la MMLA à Paris ne le sait pas. J'espère recevoir un ordre de mission pour partir au front voir Suzanne, mais si l'armée apprenait que je suis enceinte de six mois, jamais ils ne me laisseraient partir au front. Meyer m'a promis d'aller, lui aussi, peut-être avant moi, voir Suzanne. Comme correspondant de guerre, il a une jeep à sa disposition et la possibilité de rejoindre l'unité de Suzanne. Il a essayé de me dissuader d'y aller moi-même, mais le capitaine au ministère de la Guerre m'a promis que je pourrais partir. J'ai eu beaucoup de chance de trouver ce capitaine en arrivant à Paris, car il a été extrêmement bon pour moi.

Grâce à mon uniforme, je suis entrée au ministère de la Guerre comme si j'en faisais partie et la sentinelle m'a même saluée. Je n'avais pas la moindre idée de l'endroit où j'allais. J'ai vu un escalier, je suis montée. J'ai vu un couloir, je l'ai suivi. En passant devant une porte, je me suis dit que je pouvais bien frapper à celle-là, et j'ai trouvé dans ce bureau un capitaine qui, en entendant mon nom, m'a demandé si j'étais de la famille d'Henry Torrès. C'est ainsi que tout a été si facile. En apprenant que mon mari était le fils de son ami, que Georges était porté disparu et que la femme d'Henry, Suzanne, était à la division Leclerc, il m'a tout de suite promis que j'aurais un ordre de mission.

Meyer aussi a été tellement bon ! Tout le monde veut m'aider, et j'en suis vraiment reconnaissante. Meyer m'a dit qu'il était toujours aussi amoureux de moi. C'était étrange de le voir assis dans ce salon de bonne-maman, puis, en face de moi, dans ce café où j'allais avant la guerre avec mes amies. Meyer qui jouait avec moi lorsque j'étais petite, qui m'asseyait sur ses genoux. Aujourd'hui, nous sommes tous les deux en uniforme, dans un Paris encore en guerre. Il fait froid et sombre. J'essaie de ne pas me plaindre, d'être brave. Je veux croire. Je ne veux pas que mon inquiétude, mon désespoir puissent te faire du mal en quoi que ce soit, mon petit enfant, Dominique. Meyer m'a dit que je pouvais compter sur lui, sur son aide, pour tout.

29 novembre

Demain, je vais chercher mon ordre de mission pour partir au front voir Suzanne. Je ne veux plus attendre ainsi et je ne peux plus laisser dans cette attente la pauvre grand-mère. Lorsque je verrai Suzanne, je saurai ce qui s'est passé et s'il n'y a plus le moindre espoir.

J'ai été à l'atelier de papa, dans notre petite maison. J'en étais partie il y a quatre ans, presque cinq. J'ai ouvert la porte. Tout était pareil, sinon que l'atelier avait été rempli par la concierge des affaires d'un autre artiste, un peintre qui était pendant la guerre aux États-Unis. La concierge, pour sauver ses tableaux, ses meubles, a tout mis chez nous. Seules les mites avaient mangé tous nos vêtements. Mon ourse était assise sur mon lit, à sa place. Mon ourse, que mon oncle Samuel m'avait offerte lorsque j'avais un an. Mes livres sont en partie chez Annie et en partie chez Marie-Thérèse Ch., qui les a pris chez elle pour les sauver au cas où les Boches seraient venus réquisitionner chez nous. Il y avait partout une poussière épaisse. Tout était silencieux et froid. J'ai essayé de ranger et de nettoyer un peu, mais cela me prendra très longtemps. Que c'était triste, ce retour !

2 décembre

Je fais peu à peu connaissance de ceux qui connurent Georges enfant et c'est étrange, parce que tous ces gens qui pendant seize ans ont eu Georges ne l'ont vraiment pas connu, sauf peut-être sa grand-mère. L'insupportable petit garçon du Clos des Metz, qui terrifiait sa famille et dont les méfaits sont restés célèbres, était devenu à Londres, depuis que je l'ai connu, un être si différent. Mais je comprends ce petit Georges d'autrefois à Paris, qui a jugé très tôt son entourage et s'est formé très tôt une opinion. Ce petit Georges qui étouffait au milieu de la vie mondaine de sa famille. Plusieurs fois, il m'a dit : « Mes parents sont des monstres sacrés. » Il aimait la modestie de mes parents, leur côté bohème, il était parfaitement à l'aise auprès d'eux. Il était fier de la célébrité de son père, mais, en même temps, il le jugeait très sévèrement. Je crois surtout qu'il ne se faisait aucune illusion.

J'ai connu le Georges heureux de dîner *Chez Rose* à Londres, ou *Chez Céleste*, entouré de matelots. Le Georges qui avait horreur de l'argent, sinon pour le dépenser tout de suite.

Mon mari, comme je te comprends d'avoir été si « enfant terrible », toi qui étais au fond très doux, très sensible, désirant avoir un foyer que tu n'as jamais connu, ce foyer idéal dont nous parlions souvent. Je n'ai pu te donner cette illusion de vie familiale que si peu de temps, j'aurais tant voulu te donner davantage ! Mon seul bonheur est que tu aies été si heureux pendant ces quelques jours avec moi.

Je couche dans le lit de Georges, son petit lit d'enfant, dans lequel il dormait chez sa bonne-maman. Personne d'autre que lui et moi n'y a couché. Je m'étends chaque soir là et je pense à Georges et à tous les rêves qu'il devait faire dans ce lit lorsqu'il avait dix ans. Se doutait-il qu'un jour une petite fille qui s'appellerait « Mme Georges Torrès » serait étendue à sa place, portant en elle un enfant de lui ? Encore maintenant, quoique la sœur de Suzanne m'ait dit que c'est sûr, qu'il est mort, qu'il est enterré, je ne peux croire à sa mort, à la mort de toute cette force, de toute cette jeunesse qu'était Georges. Encore maintenant, je me prends à penser que c'est une effroyable erreur, que je vais recevoir une carte, par la Croix-Rouge, me disant qu'il est prisonnier ou que l'armée s'est trompée, qu'on a enterré un autre soldat et que Georges est passé en Allemagne.

6 décembre

Hier soir, je suis rentrée du front.

Je suis partie en petit convoi de Paris avec trois voitures militaires. Nous avons eu les inévitables pannes, avons dû coucher à Nancy dans un hôtel borgne, puis, par Sarrebourg et Saverne, nous avons atteint Strasbourg, où je suis arrivée à la nuit. Dans les rues absolument noires, nous nous sommes remis à chercher des chambres. Des sentinelles nous arrêtaient pour le « mot de passe », c'était « Fifi, maste ». De temps à autre, on voyait une fusée éclairante dans le ciel, on entendait le canon.

Le lendemain matin, je me suis mise dès 8 heures à la recherche de Suzanne. J'ai ainsi découvert le PC du 12e cuirassiers, où l'on m'a promis pour 10 h 30 une jeep qui pourrait me conduire au front. De Strasbourg, j'ai aperçu seulement la cathédrale rouge, les ruelles anciennes, les rues pavoisées et les maisons détruites par les bombardements. Pour venir, nous étions passés par la Lorraine, tout près de Domrémy, et encore là je répétais : « Pays de Jeanne d'Arc, terre de Jeanne d'Arc, rends-moi mon mari, fais cet impossible miracle. » La jeep m'a emmenée à toute allure et par un vent glacial. Nous avons traversé de petits villages dont, à chaque tour de roue, l'allure devenait plus guerrière.

On voyait les Vosges, où la première neige mettait des taches blanches et, au loin, la Forêt-Noire, l'Allemagne. De la jeep, je suis passée dans une ambulance et, enfin, vers midi, je suis arrivée au PC du commandant Putz, ancien chef de Georges et chez lequel Suzanne déjeunait.

Elle ne s'attendait pas à me voir. Elle n'avait pas reçu ma lettre lui annonçant mon arrivée. Elle aussi s'est écriée en me voyant : « Ton bébé ! Est-il arrivé quelque chose au bébé ? » Je l'ai rassurée, lui disant que tu étais bien là, en moi, Dominique. Suzanne m'a dit qu'il ne fallait plus que j'espère. Mais je n'ai pu lui parler qu'après, une fois que nous avons été seules dans sa petite chambre glaciale, aux carreaux cassés. Elle m'a raconté là, à quelques kilomètres des lignes allemandes, comment ton père était parti le dimanche 8 octobre vers 10 h 30 en patrouille, comme volontaire. Avant de partir, il avait dit en confiant son portefeuille à une ambulancière : « J'ai un mauvais pressentiment. » Il était parti très calme, la pipe à la bouche, la tête haute. Ils étaient trois : Dahan, d'Ornano et lui. Il y avait une crête à franchir, d'Ornano, qui était en arrière, les avait vus monter la crête et disparaître. Du château de Villers, les Allemands avaient ouvert un feu de mitrailleuses. D'Ornano était tombé étourdi; lorsqu'il s'était relevé, il n'avait plus vu personne, les Allemands tiraient, il était revenu sur ses pas.

Le 26 octobre, un prisonnier allemand interrogé dit qu'il y avait deux corps devant le château de Villers, dont l'un portait une barbe et un nom comme « Dorès » sur sa plaque.

C'est alors que Suzanne m'envoya sa première lettre.

Tous les camarades de Georges s'offrirent comme volontaires pour aller chercher le corps dans ce terrain entièrement miné; quatre d'entre eux partirent sans permission, une nuit, mais ne purent arriver jusqu'à l'endroit. Enfin, vers le 8 ou le 10 novembre, le commandant Putz y alla lui-même. Lorsqu'il revint, il envoya des hommes et on ramena les deux corps. Dahan était très abîmé. Suzanne vit Georges, il était absolument intact, elle me l'a juré, il n'avait qu'un minuscule petit trou à la nuque, et sur son visage pas le moindre signe de souffrance. Avant de l'inhumer, son aumônier, le Père Fouquet, lui enleva son alliance, sa plaque d'identité et son insigne de la division. Je garde l'insigne et la plaque pour toi. Le Père Fouquet l'inhuma avec ses médailles. Il était recouvert du drapeau tricolore, les soldats lui rendirent les honneurs. Suzanne était là. Pauvre Suzanne, c'est elle qui s'occupa de tout.

Je dormis chez Suzanne, avec elle, et de longues heures à la lumière d'une bougie elle me parla de Georges, de son enfance, de sa famille, de son éducation, de l'amour qu'il te portait, Dominique, et des projets qu'il faisait.

Le lendemain, j'allai chez le commandant Sarazac, qui vit

Georges un des derniers, et je parlai avec les sous-officiers qui étaient dans sa compagnie, la 10e. Tous me dirent : « Torrès ? C'était un crack, un homme d'élite, un chef. » J'ai copié chez Sarazac sa citation. Il a été proposé pour la croix de la Libération ou la Légion d'honneur.

J'ai pris pendant ces deux jours tous mes repas avec les hommes de la division et Suzanne. Tous ces jeunes garçons qui savent que la mort les guette à chaque instant. Suzanne est magnifique. Elle mène une vie héroïque, dans des conditions spécialement effroyables pour une femme. J'ai pour elle la plus grande admiration. Elle va soigner les blessés jusqu'aux premières lignes, elle couche par terre ou dans son ambulance, ne se lavant pas, ne se déshabillant pas parfois pendant de longs jours.

Je suis rentrée à Paris en *command car* entre deux officiers de la division. Je leur ai montré la citation de Georges et sa photo. Ils m'ont dit : « Vous êtes une vraie Française. »

2e division blindée
État-major, 1er bureau.

CITATIONS A L'ORDRE DU RÉGIMENT

« Soldat TORRÈS Georges, matricule 55322 :

« S'est conduit d'une façon très brillante au cours de l'attaque d'Andelot, progressant audacieusement, et forçant de nombreux Allemands à se rendre.

« LA PRÉSENTE CITATION COMPORTE L'ATTRIBUTION DE LA CROIX DE GUERRE AVEC ÉTOILE DE BRONZE. »

QG, le 31 octobre 1944
Le général de division Leclerc
Commandant la 2e division blindée
Signé : Leclerc.

Extrait certifié conforme
SI 84145, le 16 novembre 1944
Le lieutenant-colonel Putz, commandant le IIIe RMT.

Doncière.

ORDRE DE L'ARMÉE

« Dahan-Torrès (titre posthume) :

« Combattants d'élite, au cours d'une patrouille très dangereuse, se sont approchés très près des lignes ennemies, faisant preuve d'une grande bravoure, ont trouvé la mort en pleine action. »

2e DB, IIIe RMT.

Lettre du 16 novembre 1944, reçue le 13 décembre à Paris.

« Ma Tereska chérie,

« Je t'ai écrit une lettre affreuse, il y a quinze jours, et depuis je me ronge, de penser à toi et d'être sans nouvelles.

« A ce moment, j'avais la certitude morale de notre malheur, mais l'endroit où était tombé notre pauvre petit Georges était entre les mains des Allemands. Le lendemain, je repartais pour une nouvelle attaque, qui a fini par libérer ce coin. Hier, j'ai enterré notre petit enfant au cimetière d'un petit village de par ici. J'ai son alliance, son bracelet d'identité, tes photos et j'ai vu la jeune fille chez qui lui et ses camarades ont déjeuné le matin de cette patrouille.

« Tous ses camarades étaient là pour lui rendre les derniers honneurs, un drapeau couvrait son cercueil et le Père du régiment a dit pour lui les prières que tu aurais voulu qui soient dites. J'ai pensé à toi, à toi tout le temps, ma pauvre petite fille, j'ai pleuré pour nous deux, pour toi encore plus. Nous retournerons là ensemble et, d'ici là, une jeune fille m'a promis de veiller sur sa tombe.

« Ma chère petite fille, comme je voudrais te voir, je tremble d'anxiété à t'imaginer si désespérée. Et le petit Dominique, ne l'oublie pas, vis pour lui, sois forte pour lui. Je ne sais que te dire. Si tu étais là, je t'embrasserais, je te serrerais contre moi. Je t'aime tant, ma petite, pauvre petite fille !

« J'ai chargé Lucie d'aller prévenir Mme Charles Humbert, au cours d'une mission à Paris. Je n'ai pas osé lui écrire.

« Je t'embrasse, ma Tereska, de tout moi.

« Ta Suzanne. »

Lettre du 26 novembre 1944, reçue le 13 décembre à Paris.

« Ma chérie,

« Je suis déchirée de ne pouvoir venir à toi, mais cela m'est impossible. Je suis à Strasbourg après une incroyable équipée qui m'a empêchée de t'écrire plus tôt et ici tout est loin d'être fini. Nous sommes bombardés sans cesse et nous faisons reconnaissance sur reconnaissance pour purger la ville et ses environs. Mes "filles" ne peuvent se passer de moi, mon absence serait une catastrophe, plus que jamais. Notre pauvre petit Geo était dans une forme admirable, il était devenu si calme, si serein, et son lieutenant m'a dit de lui : "C'était un homme d'élite, un de mes meilleurs soldats, un vrai héros." Et il est mort ainsi à la première place de la patrouille qu'il avait exigée. Le matin même, il avait voulu m'écrire, car j'étais à un kilomètre de lui, mais je ne pouvais aller le voir pour raisons militaires. Il avait confié à un ami son portefeuille pour moi "au cas où il lui arriverait quelque chose".

« Quand son corps a été retrouvé, je l'ai inhumé à Doncière, près de Roville-aux-Chênes, à cinq kilomètres de Rambervillers. L'aumônier du régiment l'a enterré comme je sais que tu aurais voulu qu'il soit fait et ses camarades et ses chefs lui ont rendu les honneurs militaires. Son cercueil était recouvert d'un drapeau, j'étais là, seule, et cela a été affreux ! Une jeune fille du pays, Mlle Coltat, chez qui il mangeait et qui l'aimait tant, veille sur sa tombe. Je lui ai dit que nous irions ensemble.

« Voilà, mon pauvre petit. Il me parlait de toi sans cesse et t'adorait comme peu d'hommes ont aimé une femme. Et son bébé, comme il en parlait ! Je te raconterai tout, mais j'aimerais que tu retournes auprès de tes parents. Je souffre de te savoir seule à Paris.

« Chérie, comme je voudrais t'embrasser, et mon pauvre Henry ! Je lui ai écrit le même jour qu'à toi et n'ai rien reçu de lui depuis. Je t'embrasse, mon pauvre petit, et je t'aime profondément.

« Suzanne. »

Télégramme ou message, origine : Washington, envoyé le 6 décembre 1944 à 17 h 48.

« Pour le lieutenant-colonel Escara.

« Henry Torrès, qui vient d'apprendre que son fils, le sous-lieutenant Georges Torrès de la division du général Leclerc, a été tué dans les dernières opérations en France, vous demande de communiquer au capitaine Georges Meyer, chef de la presse au ministère de la Guerre, le message suivant. Citation :

« Veuillez prévenir ma belle-fille, sous-lieutenant Torrès – Georges Torrès –, que je ne vis plus désormais que pour elle et son enfant. Du fait de l'événement attendu pour mars, j'estime contre-indiqué pour elle de résider à Paris ou Londres en raison des conditions d'existence et du danger de guerre.

« Je la supplie de chercher à obtenir mission aux États-Unis qui lui permettra d'attendre l'événement dans les conditions optimales nécessaires après ce terrible choc. Toutes les dispositions seront prises par moi sur place pour l'installation et toutes les dépenses nécessaires.

« Signé : Henry Torrès. »

15 décembre

J'ai reçu un télégramme de ton grand-père Henry qui me supplie de venir le rejoindre à New York, mais je ne peux pas le faire à cause de mes parents.

Ce matin, je vais au Clos des Metz, la propriété dont Georges me parlait sans cesse et où il voulait que tous nos enfants soient élevés.

Retour du Clos. Je me souviens de la première fois, lorsque Georges m'en avait parlé. C'était dans le métro un soir, peu avant qu'il ne me demande de l'épouser. Il m'avait parlé des champs, des arbres, du bungalow et de la « maison des enfants ». Il en parlait avec un tel amour. Ensuite, juste avant notre mariage, il m'en parlait sans cesse. Un soir de mai, nous étions partis à bicyclette dans Hampstead. Une maison entourée d'arbres lui parut ressembler au

Clos des Metz. Il s'arrêta, poussa la porte du parc, me fit entrer. J'étais un peu effrayée de pénétrer dans ce domaine inconnu. Mais il était si heureux parce que cela lui rappelait sa maison d'enfance. Nous sommes rentrés dans un très grand jardin plein de silence et d'herbes. Nous nous sommes assis sur un banc, nous devions nous marier dans quelques jours, tout était neuf pour nous, inépuisable. Il me parlait du Clos, des enfants que nous aurions. Tous nos projets étaient toujours vagues, imprécis. Georges voulait « faire de la politique » ou bien acheter un autobus et le transformer en maison. Nous aurions fait dedans le tour du monde avec nos neuf enfants.

Jamais nous ne nous sommes inquiétés de savoir comment nous aurions de l'argent, ni en quoi consistait le « faire de la politique », ni où nous habiterions après la guerre. C'est peut-être pourquoi nous étions si heureux. Heureux comme des bohémiens. Dans ce grand jardin anglais d'où les propriétaires furieux auraient pu nous chasser d'un moment à l'autre, Georges me tenait la main, je me serrais contre lui et il me disait : « Tu verras lorsque je t'emmènerai au Clos des Metz. »

J'y ai été ce matin. Il pleuvait et les chemins étaient pleins de boue jaune. C'était l'hiver et le bungalow, comme la maison des enfants, était vide, abandonné, un obus était entré dans une pièce, les carreaux étaient cassés, des toiles d'araignée couvraient les plafonds, par terre traînaient des bouteilles vides laissées par les Allemands. Mais je me suis penchée à la petite fenêtre de la chambre de Georges. Le même saule pleureur qu'il avait vu durant toute son enfance s'inclinait devant moi et les champs étaient intacts, comme les joncs, les herbes et les arbres. De la terre montait ce parfum de terre et de pluie que j'aime tant et que Georges respirait lorsqu'il était enfant. J'ai retrouvé la maison merveilleuse où il voulait m'emmener. J'ai retrouvé l'ombre de Georges dans les sentiers et autour des arbres fruitiers et je le sentais qui me guidait à travers son rêve et son bonheur d'autrefois. Et toi aussi, Dominique, un jour tu iras à la recherche du passé, du passé de tes parents, du passé de ton père que tu ne connaîtras que par ce cahier.

Quand je pense à toi Dominique, je ne m'imagine jamais ce rêve des mères : un enfant sage, pas remuant, obéissant. Au contraire, je voudrais un enfant plein de vie, d'énergie, de volonté, un enfant bien remuant, gai, qui sait ce qu'il veut. Je ne serais pas du tout effrayée si tu étais un vrai petit diable comme l'était Georges et je crois même que j'en serais ravie.

17 décembre

C'est tout froid en moi. Toute la journée, j'ai répété : « Jamais plus, jamais. »

La rue ouvre ses bras noirs, en moi c'est comme dans la rue, une longue avenue avec une lueur vacillante dans une brume épaisse.

Le son des pas ne s'entend pas. Comme en rêve passent des silhouettes. Je dis tout bas : « Jamais plus, jamais. » Pourtant, je ne le crois pas encore.

C'est si froid en moi depuis que l'on m'a dit que tu étais mort.

19 décembre

Un jour, lorsque j'avais environ dix ans, je descendais la rue de Babylone, accompagnée de je ne sais plus trop qui. Vers nous venait un jeune prêtre qui, tout en marchant lentement, lisait, je crois, un petit livre. Il approchait de nous et je voyais son visage très maigre, très jaune, avec une bouche tirée et triste. Il faisait beau, c'était le printemps et j'étais très heureuse. Lorsque le jeune prêtre arriva à ma hauteur, il leva les yeux et je vis, dans ce visage tourmenté, deux yeux sombres, les plus douloureux que j'aie jamais croisés. Alors, avec tout mon désir de voir les gens heureux, je lui offris au passage mon plus chaud sourire. Son visage à lui instantanément s'illumina. Il répondit à mon sourire par un sourire si plein de reconnaissance, le sourire d'un blessé auquel on apporte de l'aide, le sourire d'un naufragé que l'on sauve. Cela avait duré en tout peut-être trois ou quatre secondes, mais je ne l'oublierai jamais et je crois que j'ai fait ce jour-là le plus grand acte de charité de ma vie.

Lorsque j'avais à peu près le même âge ou un peu plus, chaque printemps était pour moi un nouveau et plus grand bonheur. Je me souviens du jardin du couvent qui s'emplissait de soleil et de bourgeons. Je profitais de chaque minute de solitude pour grimper sur l'appui d'une fenêtre et, de là, contempler de toute mon âme une branche de marronnier, toute couverte de gros bourgeons qui s'agitaient devant la fenêtre. C'étaient des moments de très grand bonheur, que je pourrais seulement comparer à mon bonheur lorsque j'étais dans « mon » île à Héas ou au bonheur d'être avec Georges à la Ferme rouge ou dans ce domaine de Hampstead où nous étions entrés en fraude. J'aimerais, Dominique, que tu ailles à Héas dans les Pyrénées. Tu y retrouveras tous mes amours : la vieille maison de contrebandiers où nous habitions, le chaos plein de framboises, le gave, la petite chapelle blanche et, dans le fond, le cirque de Troumouse. Seule mon île n'existe plus. Les eaux du gave ont depuis longtemps recouvert le tout petit espace tapissé de sable tiède et d'œillets sauvages, où je lisais des journées entières lorsque j'avais dix ans.

Samedi 23 décembre

Ce matin, le Père Caffarel a célébré une messe pour Georges à Saint-Augustin. Il y avait là bonne-maman, des amis, des cousins de Suzanne, et Suzanne elle-même arrivée enfin du front pour quelques jours.

Au moment de l'élévation, on entendit monter un chant qui venait de derrière, du grand autel, c'étaient des scouts qui chantaient : « Ce n'est qu'un au revoir. » C'était absolument comme si Georges lui-même était près de moi et me disait : « Ce n'est qu'un au revoir. »

A la sortie, j'ai revu le pauvre Richard Dehais, le cousin de Suzanne, dont le fils a été tué à la 2e DB deux jours après Georges. C'était lui qui était venu me voir à l'hôtel *Frontenac* lorsque je suis arrivée à Paris pour me dire qu'il n'y avait presque plus d'espoir. Il savait déjà que Georges était mort, mais il m'a dit, après la messe ce matin, que j'avais l'air si fragile qu'il n'avait pas eu le courage de me dire la vérité. Le lendemain seulement, un dimanche matin, j'étais chez Annie, il est venu avec la sœur de Suzanne. J'étais au salon, tout à coup la porte s'est ouverte et je l'ai vu entrer avec cette personne inconnue qui ressemblait à Suzanne. Je ne comprenais absolument pas pourquoi et comment ils étaient là. En même temps, j'avais l'impression que le plancher allait s'écrouler sous moi, que quelque chose de terrible allait se passer dans une seconde.

La sœur de Suzanne s'est assise et m'a dit d'un trait : « Il ne faut plus espérer, il est mort. » J'étais assise en face d'elle, je pensais seulement : « Je ne dois pas pleurer. » J'entendais Annie qui pleurait et il me semble que la sœur de Suzanne pleurait, je ne sais plus. Moi, je pensais seulement : « Je ne dois pas pleurer. » Et puis je suis sortie du salon et j'ai été dans la chambre d'Annie, je voulais surtout être seule, je ne pleurais pas vraiment, mais j'essayais tellement de me retenir que j'avais une sorte de sanglot sans larmes que je ne pouvais plus maîtriser. Tout, autour de moi, était comme plongé dans une nuit dont il était impossible de sortir. Toute la journée, je suis restée assise près du feu sans penser à rien et, le soir, à table, je me suis évanouie. Mais, le lendemain, je me suis remise à espérer, cette idée folle que ce n'était pas lui qu'on avait enterré, que c'était une erreur.

24 décembre

Il y a un an, j'étais avec Georges.

Après la messe de minuit, nous sommes tous rentrés à la maison. Il y avait là des tas de garçons, c'était très gai, Georges plaisantait sans cesse. Michel aussi était présent. Toujours silencieux et timide. Le « petit Michel », qui devait mourir tué en Normandie le 19 août en laissant une lettre dans laquelle il disait qu'il m'aimait. Il y a un an, et maintenant tous deux sont couchés sous des croix de bois.

Ce soir, je suis seule à Paris, c'est le plus triste Noël que j'aie connu. Mes parents sont seuls à Londres et leur chagrin m'arrive à distance et me fait mal. J'aurais tant voulu être auprès d'eux ce soir.

Noël sans Georges.

Tout ce qui reste, c'est toi, Dominique, et nos alliances réunies à mon doigt et sa plaque d'identité à mon bras.

Dehors, il fait froid, il gèle, on patrouille toutes les rues à cause des parachutistes boches qui sont tombés dernièrement en France. Dehors, c'est la nuit et la guerre; ma souffrance rejoint cette nuit les innombrables êtres qui souffrent sur la terre, les prisonniers, les déportés, les martyrs dans les camps et les prisons, sur les champs de bataille, tous ceux qui souffrent cette nuit du froid, de la faim, de la solitude.

Il n'est pas juste d'être heureux en cette nuit de Noël 1944.

Mais toi, plus tard, j'espère que tu connaîtras les Noëls merveilleux, comme moi lorsque j'étais petite et qu'on ouvrait enfin la porte et que je restais pétrifiée d'admiration devant le sapin flamboyant.

J'espère que tu connaîtras les matins de Noël lorsqu'on est assis dans son lit pendant des heures, avec les cadeaux étalés alentour, lisant les livres neufs, caressant les jouets.

Mais ce soir, toi et moi, nous sommes très malheureux.

La dernière lettre adressée à mes parents par le petit Michel Goldin tué en Normandie le 19 août 1944.

« Chers amis,

« Si vous recevez cette lettre, cela signifiera que je ne vivrai plus. Vous me connaissez si bien que je n'ai rien à ajouter. Seulement que je voudrais que vous priiez pour moi.

« J'aimais Tereska. Mais je n'avais rien à lui offrir. Ni maison, ni paix, ni patrie, ni Dieu. C'est pourquoi je me suis tu. C'était mieux pour elle. Qu'elle soit heureuse.

« Je vous serre et je vous embrasse.

« Michel. »

25 décembre

J'ai un peu honte d'avoir été si peu courageuse hier soir, de m'être laissé envahir par le cafard, alors que ma souffrance n'est qu'une infime parcelle de l'immense douleur du monde.

Aujourd'hui, Noël au Val-de-Grâce avec Suzanne chez les blessés de la division Leclerc. Des visages douloureux, des invalides, des aveugles, des garçons de vingt ans pour lesquels on préférerait la mort à cette agonie lente. Je ne pouvais faire autrement que de remercier Dieu de n'avoir pas permis un tel avenir pour Georges. Non pas pour moi, car pour moi tout m'aurait été bien égal si seulement j'avais pu l'avoir, mais pour lui. Pour que mon beau, mon splendide Georges, n'ait pas à subir un tel martyre. J'ai vu là-bas Jaboune, le Jaboune joyeux, bon vivant, que j'avais vu à Londres et qui maintenant est une « gueule-cassée » effroyable, méconnaissable. Je suis restée pétrifiée en le voyant.

Pour moi, la 2e division blindée est une sorte de famille. Lorsque, dans la rue, je vois passer un militaire portant l'insigne, ou une auto de la division, mon cœur instantanément bondit, comme lorsqu'on rencontre un visage ami. C'est ma division, celle de Georges, celle de Suzanne. J'ai l'impression d'en faire partie depuis son arrivée en Angleterre, depuis que Georges s'y est engagé. Peut-être qu'un jour, lorsque tu seras né et installé à Paris, je pourrai réellement en faire partie. Je ne désire ni pour toi, ni pour moi, une vie calme, réglée. Je ne désire qu'une chose : que nous n'ayons jamais de café au lait dans les veines au lieu de sang.

1945

1er janvier

Le premier jour d'une année nouvelle, dans laquelle pour la première fois j'entre sans étonnement. Soleil sur l'esplanade des Invalides. Je ne sens pas cette émotion annuelle du Jour de l'an et cette étrange curiosité de savoir ce que sera l'année qui vient. Je sais seulement que dans deux mois tu naîtras, Dominique, et cela seul est mystérieux, plein de bonheur et d'attente.

Pourtant, les soucis ne me manquent pas et je ne sais vraiment pas comment j'arriverai à la fois à t'élever, à travailler, à faire venir mes parents en France et à pourvoir aussi à leurs besoins. Car la vie est horriblement chère et, du moins au début, jamais ils n'arriveront à se débrouiller tout seuls. Arriver à faire vivre quatre personnes avec ma solde, c'est compliqué. Rien que d'y réfléchir me donne des migraines.

Enfin, tout ce qui est matériel s'arrange toujours.

7 janvier

Bonne-maman me raconte sa vie extraordinaire auprès de son étonnant mari, Charles Humbert[1]. J'aurais voulu qu'un jour, après Georges et moi, tu puisses aussi l'écouter pendant des heures te raconter le fameux procès de son mari, l'emprisonnement à la Santé, qu'elle te montre la petite boîte de parfum dans laquelle il lui envoyait des messages d'amour du fond de sa prison, ou la charmante petite chose faite par Poulbot, représentant Rintintin en cage, attaché par un fil à sa petite sœur Poupée, qu'il lui avait donnée comme porte-bonheur. Il est étonnant de penser que cette exquise vieille dame, si myope, très boulevard Saint-Germain, si comtesse de Ségur, a divorcé de son premier mari, a épousé un être tout en ébullition comme Humbert, a combattu à ses côtés, s'occupant entièrement du procès, manquant de se faire arrêter, plusieurs fois à deux doigts de la mort lorsqu'elle était auprès d'Humbert et qu'on tentait de l'assassiner. Ce n'est pas étonnant que d'elle soit née Janot, la mère de Georges, qui s'est constituée prisonnière volontaire pour suivre son mari Léon Blum en captivité. Ce n'est pas étonnant que Janot ait mis au monde un fils comme ton père. Et toi, Dominique, tu descendras tout droit de ce sang pur et brûlant. Souvent, si souvent, je songe à toi, me demandant ce que tu seras, ce que donnera ce mélange : d'un côté l'énergie, l'action, le courage, de l'autre côté la fantaisie, la poésie, toute la douceur de mes parents Guina et Marek.

J'ai acheté hier aux *Trois Quartiers* des petites chemises-brassières pour toi. Mardi, je vais te commander un superbe landau, cadeau de bonne-maman. On m'a promis déjà, de deux côtés, des berceaux. Je me tranquillise sur ton sort matériel.

Dans sept semaines environ, tu seras sur terre un petit bébé tout rouge, tout criant. Tu commenceras la route de ta vie. Profite de ton enfance, Dominique. Aime chaque jour de ton enfance, comme j'ai aimé la mienne. Jamais lorsque j'étais petite fille, je n'ai désiré « être

1. Charles Humbert avait été directeur du *Matin* et avait été arrêté à cause d'un scandale politique de l'époque.

grande ». Je me rendais compte (et c'est une chose rare) que les jours qui passaient étaient merveilleux et ne reviendraient jamais. J'aimais jouer et lire et rire et aller au couvent pour m'y dissiper et apprendre. J'aimais les vacances et l'année scolaire, j'aimais avoir dix, douze, quinze, dix-huit ans. A chaque anniversaire, je disais avec regret adieu à l'année qui finissait. J'ai toujours eu horreur de grandir, horreur de vieillir. Encore maintenant, chaque année je pense : « Cela suffit, je peux m'arrêter de vivre aujourd'hui, je suis bien assez vieille comme ça. »

Mon départ de Paris approche. Je me sépare avec un très grand serrement de cœur de mon bien-aimé Paris. Je dis adieu à chaque pierre, à chaque arbre. Mais je dois retourner à Londres pour te mettre au monde. A cause de mes parents. Aussi parce que les hôpitaux sont pleins ici et que tu naîtras dans de meilleures conditions là-bas. Après ta naissance, je te ramènerai à Paris, Dominique.

MORT D'UN HÉROS

Notre directeur, Henry Torrès, vient d'avoir la grande douleur de perdre son fils Georges de la division Leclerc, tombé au champ d'honneur, dans une patrouille en avant des lignes. Nous extrayons d'une lettre reçue par France-Amérique *ce passage qui dépeint bien le héros que fut Georges Torrès :*

« Calme, courageux, tranquille, volontaire pour tous les coups de main, considéré avec ses deux copains, Dahan et d'Ornano, comme les trois lions de la compagnie, il avait obtenu des citations splendides. »

A Torrès, à la jeune femme du héros, elle-même sous-lieutenant dans l'armée française, les collaborateurs et le personnel de France-Amérique *adressent leurs condoléances les plus émues.*

Engagé à dix-huit ans dans les Forces françaises libres, Georges Torrès était âgé de vingt ans.

(Extrait de France-Amérique)

14 janvier

Demain, je vais retenir ma place par avion. Hier soir, bonne-maman a eu une très sérieuse crise cardiaque. C'est la première fois de ma vie que je me suis trouvée en présence de quelqu'un de très malade. En une seconde, cette femme tellement vive, spirituelle, était un long corps immobile à terre.

J'ai cru qu'elle allait mourir. J'ai téléphoné au docteur, qui est venu lui faire une piqûre de morphine, et, ce matin, elle ne se souvient de rien, elle est absolument normale. Mais le docteur m'a dit que c'était grave. Évidemment, on ne le lui dit pas. La mort est quelque chose que tout le monde cache, entoure de mystères, comme un spectre affreux, alors qu'elle devrait être le but naturel de notre vie, notre porte de sortie vers la Vie. Lorsque, hier soir, je voyais cette femme si âgée, au visage blême, râlant, raidie, une mousse sanglante sur les lèvres et tout ce processus de piqûres, de fioles, de médecins, d'ouate, d'éther, je comprenais de plus en plus l'admirable poème de Péguy : « Heureux ceux qui sont morts dans les grandes batailles », morts comme Georges à vingt ans, d'un seul coup, face à l'ennemi, sur une terre qui, malgré la guerre, sent déjà l'automne, les arbres et le vent, morts dans l'action, dans le sacrifice volontaire. Et je demandais pour moi de toute mon âme une telle mort à Dieu, une mort propre et claire.

Dans deux jours, je quitte de nouveau Paris. Je rentre à Londres en avion. Je me souviens de mon baptême de l'air lorsque je suis partie pour Paris le 15 novembre. Papa m'avait conduite à l'aérodrome en Angleterre. Lorsque l'avion est parti, je pensais avec angoisse à ce qui m'attendait à Paris, je me demandais si je n'allais pas apprendre la mort de Georges, si j'allais pouvoir supporter les difficultés matérielles de Paris, sans que cela soit mauvais pour toi, Dominique. J'allais vers un immense inconnu. Lorsque l'avion fut tout à fait haut dans le ciel, au-dessus d'une mer de nuages, j'ai pensé déjà que peut-être je me rapprochais un peu de ces lieux où était Georges, mais je chassai cette idée. Je ne savais pas que, ce jour même, à Doncière, dans les Vosges, Georges était inhumé dans le petit cimetière du village, en présence de ses camarades de guerre. Maintenant, j'ai repris les innombrables courses pour les ordres de mission, visas, papiers, et tout est enfin en règle. Bonne-maman va mieux. J'aurais voulu cependant la savoir tout à fait bien avant de partir. Qui sait si je la reverrai jamais ? J'ai décidé de t'appeler Dominique, mon enfant chéri, que tu sois un garçon ou une fille. Car c'est de « Dominique » que Georges parlait toujours. Dans les quelques lettres que j'ai de lui, avant son départ d'Angleterre, c'est de Dominique qu'il me demande des nouvelles. C'est aussi à Dominique que je parle de plus en plus dans ce cahier que j'appelle : « Message à Dominique. »

Il a neigé de nouveau cette nuit, je ne sais pas si mon départ ne sera pas retardé. Devant les fenêtres de bonne-maman, c'est tellement beau, l'esplanade des Invalides ensevelie sous la neige, les arbres blancs, ces lourds flocons qui dansent légèrement devant les yeux.

Je voudrais cependant partir à cause de Guina et de Marek, qui vont s'inquiéter à mon sujet. J'ai rapporté de chez l'encadreur la photo de Georges que j'ai fait agrandir pour toi. Elle est très belle. Maintenant, à cinq semaines de ta naissance, je commence enfin à avoir l'impression que j'ai tout achevé. Mes malles ne sont pas encore arrivées de Londres au ministère de la Guerre, mais Annie doit s'en occuper. L'appartement de mes parents est en ordre, j'ai un berceau qui attendra pour toi et une voiture d'enfant. Les Fumet ont promis de faire rentrer mes parents à Paris à la fin de mai et le Père Caffarel m'a dit qu'il trouverait du travail à papa. Je ne vois presque plus rien d'autre d'urgent à faire. Sauf une chose : écrire encore avant ta naissance la deuxième partie de mon livre. Mais ça, j'ai peur de ne plus en avoir le temps, ni de corriger la première partie, dont beaucoup de pages sont à refaire.

Georges avait lu cette première partie et il l'avait beaucoup aimée. Je veux maintenant y ajouter encore une cinquantaine de pages.

Les nouvelles qui commencent à arriver sur ce qui s'est passé en Pologne pendant cette guerre dépassent en horreur tout ce qu'on peut imaginer.

Londres, 25 janvier

Suis rentrée depuis deux jours. Qu'il fait froid, que le brouillard est jaune et que les maisons sont lourdes !

31 janvier

C'est le père d'Iza qui sera mon accoucheur.

J'ai visité la clinique où dans un mois tu vas naître. Dans un mois. Je ne peux l'imaginer. L'année dernière, à cette époque, je connaissais à peine Georges.

J'ai retrouvé dans les papiers de Georges un manuscrit qu'il a écrit à seize ans, sur l'armistice et les journées de Bordeaux en juin 1940, sur Léon Blum et les hommes politiques qu'il avait alors rencontrés.

C'est un document admirable, d'une maturité, d'une intelligence étonnante pour un enfant de cet âge. J'ai écrit à Henry à ce sujet, car je voudrais que ce soit publié. Je donnerai ce manuscrit à Janot, si elle est sauvée.

12 février

Anniversaire d'Annie.

Ton petit lit, Dominique, est arrivé et attend auprès du mien. Je le regarde sans pouvoir me dire que, vraiment, notre enfant va y reposer dans si peu de temps.

Je passe mes journées à faire des courses et à tricoter pour toi. Impossible de lire, tous les livres m'ennuient. Cette fois, j'ai bien fini le mien, celui que j'avais commencé à Trouville en septembre 1938. En ce splendide été, lorsque nous habitions sur le bord même de la plage, avec Monique, son frère et sa famille. Nous avions loué une villa ensemble. C'était un des plus beaux étés dont je me souvienne.

Chaque jour vers 4 heures, lorsqu'il faisait encore si chaud, je quittais la plage, je rentrais dans la villa vide et fraîche. J'avais une toute petite chambre, tout en haut de la maison, et, par la fenêtre, je voyais la mer. Je m'asseyais en costume de bain, mes nattes sur les épaules, jambes nues devant une table près de la fenêtre et, là, j'écrivais les pages de mon premier roman. Depuis, sept ans ont passé. La première version de ce roman, qu'alors j'avais nommé « Jeunesse », a été changée, déchirée, remaniée, refaite, je ne sais plus combien de fois, mais au moins sept ou huit ! En fin de compte, de cette première version j'ai fait la première partie du *Sable et l'Écume*[1] actuel, et j'y ai ajouté une deuxième partie, que je viens seulement de terminer, et qui est sur Georges. A la mémoire de Georges. Papa dit que c'est très beau.

Il me semble si curieux d'être de nouveau à Londres. Le Paris étrange, vide d'autos, sentant la campagne, le Paris affamé et endormi que je viens de quitter, m'était redevenu absolument familier. Je l'ai reconnu, retrouvé en un jour. Je me suis refaite à lui sans transition. Acceptant les métros infernaux où l'on s'écrase, les pannes d'électricité, l'eau froide, les appartements glacés, les rues vides, les avenues sombres la nuit, les modes nouvelles, les prix exorbitants. Acceptant tout ce Paris nouveau, merveilleux, sévère et plus beau que jamais.

Je me suis refaite à lui malgré toute la douleur que j'y ai connue, et lorsque tant d'êtres que j'aimais autrefois m'ont paru soudain incompréhensibles, perdus pour toujours. Certaines amies d'enfance, je les ai retrouvées absolument. Certaines, comme Lucilla, sont extrêmement changées, mais le contact entre nous n'était pas rompu, au contraire. D'autres, je n'avais plus rien à leur dire. Entre nous s'était creusé un tel fossé en ces quatre ans ! Dire qu'elles comptaient parmi celles que je désirais tant retrouver durant les longs rêves de l'exil !

A Londres, il pleut sans cesse, mais ce Londres brumeux et lourd, pour moi, est plein de souvenirs.

Hampstead, le quartier où tu vas naître. C'est là qu'habitait Georges. C'est là qu'il m'a dit un soir, il y a neuf mois : « Si nous nous mariions ? » C'est là que nous faisions de la bicyclette le soir, c'est là

1. Ce livre a été publié en 1946 aux éditions Gallimard et signé du pseudonyme Georges Achard, le nom de guerre de Georges Torrès.

que Georges m'a emmenée dans un domaine inconnu qui ressemblait au Clos des Metz, c'est là que nous sommes revenus après deux jours passés chez l'amiral près d'Oxford et que, au-dessus de la porte de notre chambre, la propriétaire de Georges avait accroché une couronne de gui. C'est là que Georges m'a embrassée pour la première fois, et les nuits passées là-bas, je ne les oublierai jamais.

Piccadilly. Combien de fois avons-nous arpenté cette avenue, Georges me racontant un livre qu'il voulait écrire, qui s'appellerait « Le Tyran ».

Soho. Nous allions déjeuner ou dîner *Chez Céleste*, *Chez Rose*, au *Santi Romano*, au *Boulestin*.

Le matin du 6 mai, j'ai retrouvé Georges devant le 3 Saint Jame's Square. Je crois qu'aucun de nous deux n'arrivait encore à croire que vraiment, depuis la veille au soir, cette chose étrange s'était passée, que nous allions nous marier. Nous allâmes déjeuner dans Soho et dans Old Compton Street, Georges m'acheta un bouquet de muguet chez une vieille marchande de fleurs.

Dans Charing Cross Road, il y a une petite rue avec un club nègre, où nous sommes allés un soir, et aussi le club *Chez Jacqueline*, où nous allions souvent. Nous allions aussi au cinéma russe, au cirque.

Le 6 mai, nous sommes entrés dans une chapelle ravissante et Georges s'est approché d'un prêtre en lui demandant de sa voix grave : « *Is it possible to get married?* » Ce à quoi le prêtre avait répondu en souriant : « *Why not? I have never heard that the Church forbids marriage*[1]. »

Je voulais me marier à l'église. Georges n'y voyait aucun inconvénient. Il m'avait parlé de son désir éventuel de devenir catholique, mais pas avant que la guerre soit terminée et Hitler vaincu. Avant de me connaître, Georges avait eu de longues discussions avec Bernanos, au Brésil, sur les questions religieuses. Mais la veille de notre mariage, plusieurs socialistes de Londres étaient venus nous voir pour dissuader Georges de se marier à l'église, à cause de son beau-père Léon Blum. Également quelques jours

1. « Est-il possible de se marier ? – Pourquoi pas ? Je ne sache pas que l'Église interdise le mariage. »

après le mariage, un rabbin à Saint John's Wood nous avait appelés et avait réprimandé Georges pour la même raison. Il était extrêmement fâché. Il nous semblait que notre cérémonie de mariage, comme nos croyances religieuses ou politiques, ne regardaient que nous. Tous les deux engagés activement dans un combat pour les libertés individuelles, pour la liberté de conscience de tous, ne pouvions-nous utiliser ces mêmes droits ?

J'ai tant de souvenirs à Londres que, partout où je vais, je peux retrouver Georges. Georges marchant dans son large manteau kaki et fumant la pipe. Georges assis devant moi dans les restaurants chinois, Georges me tenant la main dans la poche de son manteau, Georges dans le *lift* de Saint Jame's Square lorsque je lui ai annoncé que j'étais reçue à mes examens d'officier, et qu'alors son visage s'épanouit. Georges à Camberley, après notre mariage, venant chercher avec moi mes affaires pour les ramener à Londres. Georges dans le Surrey, à Chipstead, étendu dans l'herbe trois jours environ avant le mariage, et me disant : « Je veux que vous soyez très, très heureuse. » Il a ajouté aussi : « Dans notre mariage à nous, il n'y aura jamais rien de cynique. »

Je ne veux pas me permettre de penser à ce que ç'aurait été s'il n'était pas mort, si ce matin, en écrivant dans ce cahier, j'aurais pu marquer qu'il allait bientôt arriver pour ta naissance, qu'il allait te voir couché dans ce petit lit et te prendre dans ses bras. Je ne veux pas me permettre de penser à tout ce bonheur qui est mort avec lui.

18 février

Encore dix jours, et je saurai qui tu es, et j'aurai un enfant, le fils ou la fille de Georges. Dans dix jours. J'ai attendu si longtemps ce bonheur ! A quinze ans, je regardais les bébés et je pensais à toi, je t'attendais déjà, je t'aimais déjà. Toutes ces années, et maintenant, dans dix jours, tu seras là.

Mon enfant. Notre enfant, pour qui je dois remplacer un père et à qui, en même temps, je dois transmettre ce père unique qui lui a donné la vie.

Encore dix jours.

L'avenir ? Je ne sais rien. Il n'est pas possible de savoir moins. Je sais seulement que je vais te ramener en France, à Paris. C'est tout. Comment je te ferai vivre, où je te logerai, ce qui se passera ensuite ? Je ne sais rien et j'aime mieux ne pas y penser, de peur d'avoir peur.

Aux quatre coins du monde, on pense à toi, on t'espère. Ton grand-père à New York, ton oncle au Brésil, tes arrière-grands-parents au Canada, ta grand-mère et Léon Blum en Allemagne, ton arrière-grand-mère à Paris, tes grands-parents à Londres, Suzanne au front. Que de gens pour un si petit enfant ! Et tout cela parce que, ce 9 décembre 1943, je suis allée dîner avec Robert Speaight au petit club français.

Un printemps merveilleux, plein de crocus dans le parc et dans notre petit square. Un vrai temps pour l'arrivée de notre enfant. Et déjà la terre sent bon, les bourgeons montrent un petit bout de langue verte et fraîche.

J'ai entouré la photo de Georges de deux petits vases pleins de ces bourgeons et, chaque jour, je me penche pour voir naître ces mystérieuses merveilles. Chaque branche est différente, certaines se couvrent de fleurettes jaunes, de l'une naît une sorte de touffe orange, de l'autre une feuille épaisse et presque bleue. Il y a des bourgeons pointus qui deviennent tout verts et d'autres ronds, qui éclatent brusquement. Je ne sais le nom d'aucune de ces branches, qui donneraient, en terre, des arbres. Pour moi, elles fleurissent, des deux côtés de la photo de Georges qui sourit.

Il fait si beau et l'on voudrait pouvoir être heureux, pouvoir respirer cet air neuf en toute liberté et regarder ce ciel neuf sans souffrir, comme certains jours à quinze ans, lorsque tout encore était devant nous.

Mais, aujourd'hui, derrière le ciel d'un bleu pâle, j'essaie de deviner un royaume inconnu. L'air trop pur, je pense qu'il ne le respire plus et, l'herbe qui pousse, il n'est pas là pour la regarder avec moi.

Aujourd'hui, tout ce qui se prépare est seulement pour toi, pour toi tout seul, notre avenir.

24 février, 4 h 30

Il y a neuf mois aujourd'hui que, à 3 heures de l'après-midi, Georges et moi, nous nous sommes mariés dans la chapelle Our Lady of Victories de Kensington Square.

Il y a neuf mois, à cette heure-ci, nous étions enfin rentrés à la maison, nous empaquetions à la hâte et en vrac nos affaires dans un sac et, emportant Médor, nous partions en lune de miel près d'Oxford.

Il y a neuf mois ce soir, nous sommes arrivés à la petite Ferme rouge, dans la pièce décorée de fleurs blanches.

Dans le « château », l'amiral Muselier, vêtu de tweed beige, nous accueillit autour d'une table garnie de bouteilles de champagne. Il avait beaucoup vieilli, écrivait ses mémoires et promenait autour de lui des regards nostalgiques, noirs et vitreux.

Il y a neuf mois aujourd'hui que j'ai reçu cette alliance d'or, à laquelle j'ai ajouté depuis trois mois celle de Georges. L'alliance qu'il portait à son doigt encore un mois après sa mort, lorsqu'on retrouva son corps devant le château de Villers.

Il y a neuf mois de cela, c'était le printemps. Je courais dans le parc de l'amiral avec Georges. L'herbe était mouillée et Georges me promenait sur son dos. Nous visitions en riant une vieille chapelle abandonnée dans le parc. Je portais des pantalons bruns, une chemise de flanelle à col ouvert, une veste rouille. J'avais plutôt l'air du petit frère de Georges que de sa femme.

Une jeune fille nous apportait chaque matin un petit déjeuner anglais, œufs, beurre, confiture, toasts, dont il ne restait jamais une miette. Médor bondissait sur notre lit. Le soir, étendus dans l'herbe devant « notre » maison, nous parlions longtemps. Je ne me souviens pas de quoi. Nous ne faisions aucun projet. Nous disions peut-être des bêtises et plaisantions, car sans cesse je me souviens que nous riions. Ce qu'il y avait entre nous, c'était un amour tellement sain, joyeux, dépourvu de fausse honte, qu'il me semble que ce devait être l'amour tout pur.

C'est pourquoi j'ai foi en toi, Dominique, parce que je te sais issu de cette joie parfaite, dans l'équilibre de nos corps et de nos âmes. Il est si important de te donner cela en te mettant au monde. Cet équilibre qui manque tellement aux êtres et au monde d'aujourd'hui. Cela a été ma pensée continuelle pendant ces derniers mois : te protéger contre mes propres émotions, mes propres nerfs ; que la mort de Georges ne puisse en rien te nuire. Pour cela, je devais être calme, sourire, ne jamais me permettre de t'agiter, toi.

Dans si peu de jours : quatre ou cinq, tu commenceras ta route, Dominique.

26 février, 4 heures du matin

Tu commences à naître. Dans cinq minutes, l'ambulance sera là. Mon enfant chéri, maintenant je n'ai plus que pour quelques heures à t'attendre. Tu me fais très mal. Dominique, je suis heureuse.

DOMINIQUE
Lundi 26 février 1945
Onze heures moins dix du matin
Veille de la pleine lune
Deuxième semaine du Carême

13 mars, 25 Cornwall Gardens

… Tu es née, ma petite fille, par une nuit de grand vent. Toute la nuit, je l'entendais qui hurlait au-dehors. J'étais étendue sur le lit, au milieu des couvertures en désordre, un feu flambait dans la cheminée, des rideaux roses voilaient les fenêtres, une vieille infirmière penchait vers moi son visage encadré d'un petit bonnet blanc et répétait en souriant : « *Nice little pains, nice little pains*[1]. » Je ne les trouvais pas *nice*, ni *little*, mes *pains*, je t'assure, et je criais de tous mes poumons, à en ébranler les murs de la clinique.

1. « Gentilles petites douleurs ! »

Toute la nuit, la longue nuit, et j'appelais ton père, lui demandant de venir, de se pencher au-dessus de moi. Si seulement il avait pu être là, toutes les souffrances n'auraient été rien. Mais ton père est mort, il y a cinq mois déjà. Il y a cinq mois qu'il dort dans un petit cimetière des Vosges, sous une croix de bois, à côté de son camarade tué en même temps que lui.

Tu as quinze jours déjà, et depuis le premier instant lorsqu'on m'a apporté ce petit paquet, avec au milieu ta petite tête ronde, je ne cesse de t'admirer et, chaque fois, tu es plus belle et plus ressemblante à ton papa.

Je voulais un fils. Je voulais tellement un fils en ces longs mois, depuis la mort de Georges ! Cependant, dès que les infirmières m'ont dit : « *It is a girl* », j'ai été heureuse et je n'ai plus une seconde regretté le petit garçon que je voulais tant. *Ma fille*. Je répète ces mots avec un même étonnement. Je ne peux m'y faire, je ne peux mesurer l'étendue de ce miracle. Ma fille. Faite de notre chair réunie, de notre amour brûlant, de nos esprits confondus.

Ma fille. Formée en moi pendant des mois, remuant dans mon corps, se nourrissant de mon sang. Ma fille à moi, à moi toute seule.

Ma fille. Et tu es si belle, si rose, si douce ! Tu as des yeux immenses, bleu-noir, tu as un teint d'abricot, une petite bouche fraîche, un petit nez, un petit front bombé, déjà volontaire. Tu as des mains merveilleuses, élégantes, pleines d'expression, des mouvements délicats, un corps bien proportionné. Ô ma belle petite fille au regard grave et pur.

Lorsque je te donne ton biberon, je peux te regarder tout à mon gré et, chaque fois, ma pensée repart vers ces nuits de printemps où tu as été faite, au milieu d'une campagne fleurie, dans la grande pièce silencieuse. Il a donc vraiment suffi que nous nous aimions et que ce soit le printemps et que nos corps s'aiment comme s'aimaient nos cœurs. Il a suffi de ces quelques nuits pour que, dans un baiser, ma petite fille soit formée. Dominique. Petite enfant endormie. Chacun de tes soupirs, chacun de tes petits cris, pénètre en moi comme du miel. Tout entière, j'ai l'impression de fondre de bonheur et que tout disparaît, sauf ce bonheur. Sauf toi, tes gestes, tes petites mains, tes yeux si graves, devant lesquels je me sens impure. Dominique, lorsque j'avais douze ans, je pensais déjà à toi.

Lorsque j'avais quinze ans, je te désirais déjà, je rêvais la nuit que tu naissais, que je te tenais dans mes bras. Dominique, nous parlions sans cesse de toi avec ton papa et il était si fier d'être père.

A l'abri du grand voile de tulle qui tombe sur ton berceau, tu dors, Dominique, ma fille.

18 mars

Tu as déjà vingt jours, ô ma merveille. Ta vie est remplie par le sommeil et les tétées. Lorsque tu dors, tu sembles littéralement baignée de paix et de recueillement. Tu dors comme il y a des saints qui prient. Ton visage alors est si grave, si doux, si lumineux, que j'en suis presque effrayée. Je te réveille pour te donner le biberon (ma fille moderne élevée au sein de caoutchouc), alors tu t'étires, tout ton petit corps se cabre, tu plisses les lèvres, tu soulèves paresseusement les paupières, tu grognes de chaleur et de bonheur. Je te soulève dans mes bras et, tout de suite, tu es bien réveillée, tu te souviens que c'est l'heure du lait. Tu ouvres une bouche ronde qui cherche la tétine et, lorsque tu l'as saisie, tu t'en empares avec un soupir ravi. Tu tètes alors voluptueusement, les yeux sérieux, conscients d'accomplir un acte important, parfois le front plissé comme celui d'un écolier studieux, et un bras étendu en croix, la main ouverte, le dernier petit doigt relevé avec élégance.

Mais c'est étendue au-dessus de ton petit pot de chambre que tu es la plus drôle. Tu deviens rouge de bonheur, alors qu'une odeur nouvelle m'avertit que « c'est fait », puis tu prends un air angélique, et tu me regardes, l'air de dire : « Que c'était agréable ! »

Dominique, que signifient toutes ces lignes mystérieuses dans la paume de ta main ? Je les scrute comme le plan d'une contrée inconnue. Que dit cette ligne de cœur si longue et si tourmentée, et cette ligne de tête droite, bien marquée, et cette ligne de vie qui n'en finit plus et ces mystérieuses hachures sur ton mont de Vénus ? Petites lignes dans la petite paume de Dominique, avenir de ma petite fille. Mon enfant intacte, je me penche sur ta menotte et je voudrais pouvoir écarter de toi, à l'avance, tout ce que la vie apporte d'amer et ne conserver pour toi que le soleil et la joie. Aimeras-tu beaucoup, ma fille ? Danseras-tu en robe de tulle à ton premier bal ? Vas-tu voyager, souffrir, vas-tu faire des folies, seras-tu soldat à la prochaine guerre, ou mère de famille, ou célèbre ou inconnue ? Pour le moment, tu dors et tu es heureuse parce que tu as eu ton biberon et que tes couches sont sèches, parce que ton berceau est chaud et que dehors les oiseaux chantent.

27 mars

Hier, tu as eu un mois. Je me souviens de ma joie lorsque tu as eu une semaine et que je pensais : « Elle a vécu une semaine ! » Maintenant, je pense : « J'ai réussi à la garder un mois ! » J'ai tellement peur pour toi sans cesse. Je voudrais te voir déjà courir et parler, savoir pourquoi tu pleures, ne pas te voir si fragile, si petite. Alors que toutes les mères semblent vouloir que leurs enfants restent tout petits, moi, au contraire, je ne rêve qu'à une grande fille. Je voudrais savoir déjà comment tu parleras et ce que tu penseras et si tes cheveux vont boucler et si tu seras têtue ou boudeuse ou coquette, et tes goûts et tes désirs. Quoique je sache qu'alors m'attendent toutes les nouvelles craintes : le feu, l'eau, les ciseaux, les escaliers, les fenêtres et puis les influences, l'école, les camarades, chaque jour une nouvelle crainte, cependant tu ne seras plus si menue, comme un bijou rare, tu ne seras plus ce poupon qui pleure soudain et qu'on ose à peine toucher.

Lorsque je te quitte, que je sors dans les rues, je marche en pensant avec fierté : « J'ai une fille », et il me semble que tous les gens dans la rue doivent deviner ce miracle et dire : « Elle a une fille ! »

Demain, Pâques

L'année dernière, à cette époque, je quittais le camp où je suivais mes cours d'officier pour rentrer à Londres où je retrouvais Georges pendant les week-ends.

Il y a des gens qui croient réellement à la mort. Ceux qui meurent cessent alors d'exister. On les oublie, on se remarie, on les remplace. Les morts sont dans les cimetières et les vivants continuent.

Pour moi, Georges est chaque jour plus vivant et sa présence invisible est chaque jour plus réelle.

4 avril

Hier matin m'est arrivée une lettre officielle de Paris, me disant que l'« autorité supérieure » (?) avait décidé (?) que mon mari Georges Torrès, disparu le 9 octobre 1944, était prisonnier. Si c'était vrai, ce serait tellement fantastique, tellement incroyable, un tel miracle que j'ai refusé absolument de le croire. J'ai écrit à Paris, disant que j'avais été au front, à la DB, que j'ai reçu la plaque d'identité et l'alliance de mon mari, qu'on m'avait affirmé qu'il avait été enterré le 15 novembre 1944, que sa belle-mère et son aumônier avaient vu eux-mêmes le corps.

Maintenant, je sais que Georges a été tué. On ne peut plus me torturer en me redonnant de l'espoir. Cet espoir est trop insensé et ressemble trop à une erreur administrative. Non, je ne veux pas le croire. Je n'ai plus la force de recommencer à espérer et à demander un miracle. Mais il est affreux de recevoir des lettres pareilles et c'est pousser le désordre administratif un peu loin.

Toi, Dominique, tu dors, tu prends ton biberon, tu contemples avec étonnement la lumière de la lampe, l'ombre du rideau, le visage de ta mère et tu es chaque jour plus belle et plus rose. Ma merveille !

Avril

J'ai rangé tes robes, les cadeaux que j'ai reçus pour toi, dans une malle avec les affaires de ton papa. Ses pantalons kaki, ses chemises, ses papiers, voisinent maintenant avec tes manteaux roses, tes *rompers*[1] et tes petits souliers. C'est comme une caresse de lui

1. Combinaison de bébé, serrée à la taille.

vers toi. De ce qui a touché son corps, vers ce qui enveloppera le tien.

Fenêtre ouverte sur un soir ensoleillé, sur tous les arbres du square qui éclatent de bourgeons gonflés. Ma fille gazouille avant de s'endormir. Elle a déjà une telle personnalité, à sept semaines, que j'en suis presque effrayée et consciente en même temps qu'elle ne m'appartient pas, qu'elle est libre, déjà elle-même, déjà formée, consciente que je peux si peu pour elle et qu'elle a sa route à elle, sa destinée à elle, dans laquelle je n'ai rien à dire.

Je la regarde grandir avec étonnement. Elle a de brèves et rares colères, elle a des accès de coquetterie. Elle sourit immédiatement à tous les garçons et fait déjà des manières lorsqu'on l'admire. Elle regarde les femmes d'un air grave et qui sait. Elle est très têtue, volontaire et d'une sensibilité excessive. Sensible à chaque son, à chaque personne dans la pièce. J'ai peur pour elle. C'est étrange à dire, mais j'ai peur de ses yeux trop profonds, de son intelligence trop éveillée, j'ai peur de cette responsabilité effrayante : un enfant à former.

Si Georges était auprès de moi, tout serait différent. Je sais combien mon père a compté dans mon éducation et c'est pourquoi ce manque dans la vie future de Dominique m'épouvante.

J'ai peur parce qu'elle est fille unique. J'ai peur d'être seule pour la guider. A chaque fois qu'un homme lui sourit, la prend dans ses bras, avec ce geste gauche et ravi d'un homme qui tient un bébé, mon cœur se fend à la pensée que Georges ne la tiendra jamais ainsi, lui qui désirait tant notre enfant, lui qui posait sa main sur moi en disant avec un tel bonheur : « Mon enfant est ici. »

Pourquoi m'a-t-il quitté ? Pourquoi l'a-t-on tué, lui qui semblait invincible ? Je ne peux croire à sa mort. Je ne peux croire que cet homme si fort, si joyeux, qui ne craignait rien, dort maintenant dans un cimetière de campagne. Je ne peux pas croire que ce corps jeune et chaud, si intimement lié au mien, peut être maintenant sans vie. Puisque moi je vis, je ne peux pas comprendre que lui soit mort.

30 avril, 11 h 30 du soir

Ce soir est peut-être le dernier de la guerre. On s'attend à la paix en Europe d'une minute à l'autre. Mussolini a été fusillé, Hitler est, dit-on, caché dans un shelter à Berlin, l'Allemagne est entièrement envahie, Goering en fuite, et Himmler demande la paix. A Londres, plus de black-out. Pour la première fois depuis cinq ans et demi, la nuit est trouée de lumières aveuglantes. C'est beau comme la naissance des fleurs. Peut-être, demain ou après-demain, toutes les cloches se mettront à sonner… mais Georges ne les entendra pas.

Georges couché dans le petit cimetière de Doncière, dans un printemps sanglant et pourtant si plein d'espoir. Espoir pour ceux qui attendent des soldats qui reviendront.

Et Janot ? Où est-elle ? Que fait-elle ? Chaque instant, je pense à elle et à Léon Blum. Je voudrais déjà la savoir sauvée, en sécurité. Le rêve de Georges. Sa mère. L'amour de Georges.

Dominique dort. Si belle, si confiante. Est-ce possible qu'elle soit notre enfant ? Est-ce possible que Dieu n'ait pas pitié d'elle et ne lui rende pas son père ? Alors que tant d'enfants retrouveront le leur, Dominique, elle, ne connaîtra que sa photo. Je ne peux le croire encore.

Toute cette terre douloureuse depuis cinq ans. Toute cette terre ravagée depuis cinq ans. Toute cette pauvre terre qui crie depuis cinq ans. Ce soir, elle attend, tendue, anxieuse. Elle attend le *cease fire*[1]. A Londres, le roi sortira sur son balcon, et à Paris toutes les cloches vont sonner.

Dans cette étrange guerre, la paix arrive trop tard et ne nous réjouit même plus. On a cessé, paraît-il, de se battre en Allemagne, mais les Russes continuent encore la lutte en Tchécoslovaquie. A San Francisco, Molotov s'est retiré de la conférence. A la nouvelle du cessez-le-feu, il n'y a pas eu de cris de joie, ni de confettis, ni de défi-

1. « Cessez-le-feu ».

lés comme en 1919. Dans les restaurants, les gens n'ont même pas levé la tête de dessus leurs plats. On ne comprend rien à cette paix incertaine et partielle. Les Alliés se détestent tous entre eux, le Japon est toujours en guerre contre l'Amérique, les Russes semblent menaçants à l'Angleterre.

En cette première année de guerre, 1939, je me souviens que nous ne rêvions que de la paix. En 1940, après l'armistice, je ne pensais qu'au glorieux défilé de la victoire sous l'Arc de triomphe. En 1941 et 1942, on rêvait du bonheur de vivre sans black-out, sans coupons, sans bombardements. En 1943 et 1944, on a peu à peu cessé de croire à la fin de la guerre et, en 1945, on s'y est tellement habitué que c'est l'idée de la paix qui paraît incroyable, invivable. Comme si la guerre était devenue un état permanent, habituel et normal. On est soulevé d'horreur à la vue des photos atroces des camps de concentration et, pourtant, on continue à vivre, à se nourrir, à rire.

Léon Blum est libéré. Cela vient d'être annoncé. J'avais téléphoné hier à Louis Lévy pour savoir si on avait des nouvelles de Janot, mais on ne sait encore rien sur elle. Pour Janot aussi, j'imagine que tout l'espoir maintenant résidera en ce petit enfant qui dort dans son berceau auprès de moi.

Petit enfant si doux, si calme, si confiant, vers lequel tant de vies se tournent pour lui demander le réconfort.

Toute la journée, aujourd'hui, je pense à Janot, à sa joie de revenir en France, d'être libre, et tout à coup ce choc qui l'attend, pauvre Janot qui n'aura pas connu son fils tel que je l'ai connu, pauvre Janot qui devra souffrir de nouveau, qui passera maintenant par cette agonie. Comme je voudrais être déjà auprès d'elle !

Il y a hier un an, le 5 mai, Georges m'a dit, assis par terre dans sa petite chambre de Hampstead : « Si nous nous mariions ? »

Il y a hier un an, pour la première fois il m'a embrassée. Il y a hier un an, c'étaient nos fiançailles.

Armistice, 8 mai 1945

Après une nuit d'orage, le matin s'est levé, ensoleillé. Toutes les rues ont été pavoisées.

Je ne me rends pas compte, pas encore. C'est incroyable que la guerre puisse être finie. Je ne me rappelle plus comment c'est, de vivre dans la paix. Aller, venir, écrire librement, acheter sans coupons, manger des fruits, ouvrir des journaux pour y lire des articles de politique intérieure, tout cela, toute la vie d'autrefois, me semble maintenant irréel, impossible, presque monstrueux.

La guerre est finie. C'est pourtant vrai et Janot est libre. Mais Georges ne reviendra pas.

J'étais cet après-midi à Piccadilly voir ces manifestations de joie dont on m'avait tant parlé après la dernière guerre. C'était prodigieusement triste, écœurant. Une énorme foule suante, aux visages rouges, haletants, boursouflés, ivres morts. Une énorme foule de prostituées, de matelots, de vieillards déchaînés, de soldats sentant la bière. Tout cela criait, chantait, agitait des drapeaux, dans une joie bestiale, d'une vulgarité dont on ne peut se faire une idée. Américains, Britanniques, Français, Polonais, Canadiens, Norvégiens, enroués, luisants, sales, débraillés, dans un vacarme incroyable, au milieu de confettis, de drapeaux, de bouteilles cassées, des hommes aux lèvres maculées de *lipstick*, des filles soûles, des hurlements de sauvages.

Voici donc comment l'humanité fête la paix.

TABLE

DU MÊME AUTEUR

Ouvrages en français

aux éditions Phébus

Jeunes femmes en uniforme, 2007
Les Maisons hantées de Meyer Levin, 2005
Les Poupées de cendre, 2003

chez d'autres éditeurs

Le Choix, Desclée de Brouwer, Paris, 2002
Le Pays des chuchotements, Séguier, Paris, 1987
Le Labyrinthe (version française de *The Dangerous Games*, voir *infra*), Del Duca, Paris, 1959
Pas encore (version française de *Not Yet*, voir *infra*), Del Duca, Paris, 1958
Le Sable et l'Écume (sous le pseudonyme de Georges Achard), Gallimard, Paris, 1946

Ouvrages en anglais

The Converts, New York, Knopf, 1970 et Londres, Hart Davis, 1970
The Open Doors, New York, Simon & Schuster, 1968
By Cecile, New York, Simon & Schuster, 1963
The Only Reason, New York, Simon & Schuster, 1961
The Golden Cage, New York, Dial Press, 1959
The Dangerous Games, New York, Dell Books, 1957 et Londres, W. H. Allen, 1958
Not Yet, New York, Crown, 1953
Women's Barracks, New York, Fawcett, « Golden Books », 1951, et Londres, David Bruce & Watson, 1960

Cet ouvrage
réalisé pour le compte des Éditions Phébus
a été mis en pages par In Folio,
reproduit et achevé d'imprimer
en mars 2007
dans les ateliers de Normandie Roto Impression s.a.s.
61250 Lonrai
N° d'imprimeur : 07-0250

Imprimé en France

Dépôt légal : mars 2007
I.S.B.N. : 978-2-75-290259-7
I.S.S.N. : 1285-6002